Palazzo Cavour

IL BIANCO E ALTRO E COMUNQUE ARTE
WHITE AND OTHER, IN ANY CASE, ART

A CURA DI / EDITED BY
ACHILLE BONITO OLIVA

REGIONE PIEMONTE

UMBERTO ALLEMANDI & C.
TORINO ~ LONDRA ~ VENEZIA ~ NEW YORK

Presentazione

Il bianco, colore che totalizza tutti i colori dello spettro della luce, rimanda non solo alla neve, all'inverno, alle montagne, ma al concetto di convivenza, di coesistenza, di sinergia e di integrazione. Immagini e concetti che hanno significati profondi per il nostro territorio dal punto di vista morfologico, ma anche sociale e culturale.

«Il bianco e altro e comunque Arte», mostra curata da Achille Bonito Oliva, è l'evento culturale che la Regione Piemonte in collaborazione con l'Associazione Velan Centro d'Arte Contemporanea di Torino organizza per promuovere le Olimpiadi Invernali del 2006.

È Palazzo Cavour, uno dei migliori esempi dell'architettura barocca piemontese del Settecento, tra i più significativi edifici storici di Torino, ad ospitare le opere di grandi artisti dell'arte contemporanea provenienti da tutto il mondo.

Le stanze del prestigioso Palazzo diventano in alcuni casi cornice, in altri contenitori, in altri ancora elementi integrati nelle creazioni dei singoli artisti. La visita diventa così un viaggio tra le diverse correnti dell'arte contemporanea, un percorso esplorativo tra la potenzialità espressiva dei media: disegno, scultura, musica, parole, luci, video, scrittura.

Commistione di astrazione e di realtà, di materia e di alchimia, di uguaglianze e di differenze, di paure e di sogni, l'esposizione offre numerosi spunti di riflessione sui rapporti che la società contemporanea deve inevitabilmente intrecciare con la cultura. Tema, questo, che coinvolge in modo significativo il nostro territorio.

Gianni Oliva
Assessore alla Cultura e alle politiche giovanili della Regione Piemonte

Presentation

White, the colour that totalises all colours in the light spectrum, refers not only to snow, to the winter, to mountains, but also to the idea of living side by side, of co-existing, of synergy and of integration.
These are images and concepts that hold profound meanings for our territory from a morphological, but also social and cultural, point of view.

"White and other, in any case, Art", the exhibition curated by Achille Bonito Oliva, is the cultural event that the Piedmont Region, together with the Velan Center for Contemporary Art of Turin, has organised to promote the Winter Olympic Games of 2006.

Palazzo Cavour, one of the best examples of eighteenth-century Baroque Piedmontese architecture and one of the most significant buildings in Turin, hosts the works of great contemporary artists of world renown.

The rooms in the historic building will in some cases act as frames, in others as containers, and in others as integral elements in the creations of the individual artists. A visit to the exhibition will be a trip through varying currents of contemporary art, an exploratory path among the expressive potential of the media: drawing, sculpture, music, words, light, video, writing.

A mixture of abstraction and reality, of matter and alchemy, of equality and difference, of fears and dreams, the exhibition offers numerous stimuli for reflection on the relationships that contemporary society must inevitably weave with culture. This is a theme that involves our territory in a significant way.

GIANNI OLIVA
Councillor to Culture and Youth Politics of the Piedmont Region

Il bianco e altro e comunque Arte
White and other, in any case, Art

Palazzo Cavour, Torino
21 ottobre - 22 gennaio 2006
21 October - 22 January 2006

A cura di / Curator
Achille Bonito Oliva

Concertazione / Planning
Vezio Tomasinelli

Assistente curatoriale / Curator's assistant
Lorena Tadorni

Organizzazione / Organisation
Regione Piemonte
Direzione Promozione Attività
Culturali, Istruzione e Spettacolo
Rita Marchiori, Direttore

Con la collaborazione di / With the collaboration of
VELAN
Centro d'Arte Contemporanea,
Torino

Progetto e direzione dell'allestimento / Layout project and direction
Claudio G. Massaia

Segreteria organizzativa / Secretariat
Beppe Calopresti
Marianna Policastro

In collaborazione con / In collaboration with
Patrizia Moffa
Silvana Morino
Luciana Rossetti
Alessandra Santise

Ufficio Stampa / Press office
Opera, Torino
Noesis, Milano

Audiovisivo in mostra / Audiovisuals in the exhibition
Coordinamento / Co-ordination
Beppe Calopresti
Realizzazione / Production
La Bottega dell'immagine,
Claudio Paletto, Torino

Immagine grafica / Graphics
Umberto Allemandi & C., Torino

Illuminazione / Lighting
Paolo Ferrari, Torino

Impianti tecnici elettronici / Electronic systems
Deltasound, Torino

Allestimento / Layout
Expostand, Rivalta

Assicurazione / Insurance
Marsh Spa, Torino;
Axa Art Versicherung A.G.
Rappresentanza Generale
per l'Italia, Milano

Trasporti / Transport
E. S. Logistica, Calenzano, Firenze
Musso Trasporti, Torino

Comunicazione / Communications
Sipea, Torino

Fotografie delle opere in mostra / Photographer of the exhibited works
Roberto Goffi

Traduzione inglese / English translation
Harriet Graham

Ringraziamenti / Acknowledgments

Si ringrazia gli artisti, le istituzioni, i collezionisti, le gallerie e tutti coloro i quali hanno offerto il loro prezioso contributo / Thanks to the artists, the institutions, the galleries and all those who have contributed

Ninì Ardemagni Laurini, Sally Benjamin Salvadori, Sergio Bertaccini, Lorenzo Fiaschi, Gianni Fioccardi, Alice Fontanelli, Patrizia Leonelli, Luisa Mensi, Beatrice Merz, Massimo e Alessandra Minini, Giorgio Persano, Maria Pistoletto, Filipa Ramos, Elisabetta Salzotti, Sophie Streefkerk, Piera Verdecchia

Un particolare ringraziamento è rivolto ai prestori delle opere in mostra / Special thanks to all those who have loaned the works on show

Gli Artisti; Galleria Continua, San Gimignano - Beijing; Fondazione Lucio Fontana, Milano; In Arco, Torino; Massimo Minini, Brescia; Ram Radio Arte Mobile, Roma; Christian Stein, Milano

Le fotografie della sezione «Gli artisti» sono cortesia di / Photographs in the section "The Artists" are courtesy of

Massimo Audiello, New York; Daniel Buren, Paris; Boxart, Verona; Rossana Ciocca, Milano; Cittadellarte, Biella; Galleria Continua, San Gimignano - Beijing; Fondazione Lucio Fontana, Milano; Galerie Beyeler, Basel; Gam, Galleria d'Arte Moderna, Torino; Emi Fontana, Milano; Fumagalli, Bergamo; In Arco, Torino; Sean Kelly Gallery, New York; Joseph Kosuth, New York; Emilio Mazzoli, Modena; Archivio Merz, Torino; Massimo Minini, Brescia; Liliana Moro, Milano; Oredaria, Roma; Giorgio Persano, Torino; Ropac, Paris-Salzburg; Lia Rumma, Milano; Sperone, Torino; Christian Stein, Milano; T293, Napoli; 130PE, Los Angeles; Archivio Gilberto Zorio, Torino

In copertina foto di / Cover photo by
Rocco Dubbini

Sommario | Contents

Il bianco e altro e comunque Arte

ACHILLE BONITO OLIVA

Cominciamo dal bianco. Il bianco nell'arte è un colore. Nella pittura occidentale è utilizzato per la rappresentazione naturale di condizioni atmosferiche legate alla neve, al ghiaccio, alla nebbia, al deserto in cui gioca fortemente la luce. Le quattro stagioni sono state imprigionate nell'arte contemporanea mediante l'uso del bianco che fissava nella tela lo stato abbacinato del fattore luminoso, indice sempre di assoluto, di sublime e di silenzio. Simbolicamente il bianco sembra introdurre uno stato di pausa, di intervallo e isolamento dei rumori della vita. Un colore dunque assoluto e nello stesso tempo flessibile per impastarsi con altri colori, per favorire una policromia sottile e complessa. Dunque il bianco come protagonista cromatico è presente nell'arte non soltanto nella pittura ma anche nella scultura e nell'installazione d'arte contemporanea per una sua interna forza irradiante e per le sue capacità di incontrare altri colori, nessuno escluso. Fino a scomparire nel suo timbro originario e iconograficamente sopravvivere come traccia.

Nell'arte contemporanea degli ultimi decenni il bianco come colore trova il suo massimo elaboratore in Lucio Fontana, che lo ha adoperato come supporto dei suoi tagli e matrice irradiante dei suoi ambienti percorribili. Lo spettatore non è soltanto il *voyeur* di una fonte di luce sublime ma soggetto peripatetico avvolto in uno spazio totale. Dal bianco, percorribile come esperienza di Fontana, gli artisti delle generazioni successive sono passati a un impiego sottotraccia che evidenzia l'*altro*, la complessità di una realtà che assume cadenze policromatiche per rappresentare non soltanto il senso di una pura contemplazione ma anche quello di processi di conoscenza di un mondo che vive altrove. L'*altro*, oltre il bianco, è comunque l'opulenza dell'arte che non è mai riconducibile al puro timbro cromatico ma tende a volere rappresentare una realtà contaminata, frammentaria e avvolgente. L'arte sempre più tende a rappresentare nella certezza delle sue forme oggettive e l'identità dell'artista e il suo rapporto problematico con il mondo. Questo fanno, partendo dal bianco (colore simbolico delle Olimpiadi Invernali di Torino del 2006), gli artisti come Buren, Chiasera, De Maria, Fontana, Innocente, Kapoor, Kosuth, Marisa Merz, Moro, Muntadas (Uzunovski), Nannucci, Paladino, Pistoletto, Rabbia, Salvatori, Spalletti e Zorio.

E di questo ora dobbiamo parlare.

> Bello, quando sul mare si scontrano i venti
> e la cupa vastità delle acque si turba
> guardare da terra il naufragio lontano:
> non ti rallegra lo spettacolo dell'altrui rovina,
> ma la distanza da una simile sorte.

Così recita il secondo libro del *De rerum natura* di Lucrezio, riportato da Hans Blumenberg in *Naufragio con spettatore*.

Esso fonda la metafora dell'arte *e* dello sguardo rivolto verso lo spazio intenso dell'opera. L'intensità è commisurata allo squilibrio insinuato dall'artista dentro il sistema codificato del linguaggio. La catastrofe indotta dall'immaginario dell'artista attraversa l'equilibrio tettonico di un linguaggio che normalmente funziona lungo prevedibili traiettorie di attesa: quella del soggetto abituato a un uso funzionale di ogni codice.

Il linguaggio fa naufragio nel senso che si articola lungo linee di scollamento di ogni affinità e sembra dunque produrre la disintegrazione di ogni unità semantica, di ogni costruzione prefabbricata.

L'arte vive sistematicamente di questa attitudine antisociale mediante una creatività che non sembra prevedere l'incontro con lo sguardo esterno a sé. L'identità specifica della creazione artistica è fatta di disarticolazione e stravolgimento, di dissestamento e riparazione secondo linee non convenzionali.

D'altronde l'artista trova proprio nel coraggio di questa rottura la sua identità particolare, il riconoscimento di una pratica che sembra non produrre una efficacia sociale. Il suo lavoro consiste nel formalizzare una diversa dislocazione del linguaggio, nell'assicurare lo spettacolo della rovina.

L'antipatia dell'arte consiste proprio nell'imporre il doppio movimento della distruzione e della successiva costruzione formale del linguaggio. «L'occhio segue le vie che nell'opera gli sono state disposte» (Paul Klee). Qui è l'imperio dell'artista, che dispone il naufragio del linguaggio secondo una messa in scena che obbliga lo sguardo a seguire tutte le traiettorie delle sue aggregazioni e dei suoi scollamenti.

L'antipatia dell'arte è costitutiva dell'attività creativa in quanto lavora sulla diacronia di ogni attesa consolatoria, sulla solitudine di un gesto che non chiede alcuna solidarietà.

L'artista esegue la prescrizione nicciana di partire sempre da uno stato rovinoso del linguaggio, da una condizione non conciliante con le cose, si muove dentro il crollo di ogni ordine, per effettuare una ricomposizione che annulli la precedente disposizione a favore di una forma capace di fondare un ordine nuovo, uno scenario in cui i reperti si aggregano tra loro secondo disposizioni impreviste dagli altri.

Paul Klee ci avvisa che l'occhio può seguire soltanto le vie disposte dall'artista e non altre. Questa è l'antipatica disponibilità dell'arte, quella di permettere e suscitare lo sguardo ma dentro un sistema di segni senza alternative. L'arte è autorevole ma anche autoritaria, propone simulacri formalizzati secondo la necessità soggettiva dell'artista che non chiede più comprensione che fraintendimento.

Anzi, il fraintendimento diventa il momento iniziale di connessione dell'opera con l'esterno che scatena una serie di schermaglie per stabilire un minimo contatto sociale, ma fuori dei codici comuni.

La precarietà del contatto dell'arte ha trovato ampi riscontri anche in una precarietà di più vasta portata. Dal Manierismo in avanti la società ha riconosciuto in modo sempre più esplicito lo stato di imprevedibilità del mondo, una insicurezza strutturale che regge ogni sistema di relazione individuale e interpersonale: sovente l'uomo ha imparato che la realtà si dipana secondo un groviglio di motivazioni insensate.

L'arte per questo è divenuta paradigmatica, indicativa di un modello che attraversa ogni attività e condizione. Se prima l'opera era il luogo di condensazione di ogni paura e di ogni evento improgettabile, ora non esiste più differenza con il fuori dell'opera. Il fuori è ingovernabile, è l'immaginario dell'artista.

> Noi vaghiamo in un vasto mare, sospinti da un estremo all'altro, sempre incerti e fluttuanti. Ogni termine al quale pensiamo di ormeggiarci e di fissarci vacilla e ci lascia: e, se lo seguiamo, ci si sottrae, scorre via e fugge in un'eterna fuga. Nulla si ferma per noi. È questo lo stato che ci è naturale e che, tuttavia, è più contrario alle nostre inclinazioni. Noi bruciamo dal desiderio di trovare un assetto stabile e un'ultima base sicura per edificare una torre che si innalzi all'infinito; ma ogni nostro fondamento scricchiola e la terra si apre sino agli abissi.
> (Blaise Pascal, *Pensieri*)

Culturalmente la società ha accettato il rischio come condizione dell'esistere e ha introdotto stabilmente nella propria antropologia la nozione di viaggio come movimento inarrestabile che governa le dinamiche individuali e storiche.

Paradossalmente l'artista nel corso della storia ha lavorato in una condizione che già presuppone il naufragio, una realtà a rischio, per introdurre un ulteriore evento destabilizzante che a sua volta è l'unico evento capace di dargli statuto e identità. In una condizione di squilibrio egli si adopera per realizzare uno squilibrio a lui adattabile e adatto per la sua sopravvivenza. La catastrofe introdotta dall'opera si innesta in una situazione storica assolutamente non garantita.

Il problema dell'arte è quello di realizzare una forma linguistica che in principio sembra costituire un punto di ancoraggio. Perché la forma nella sua tensione condensatrice tende a dare stabilità agli elementi reperiti dall'artista. Questi deve trovare un punto di staticità iniziale che gli funzioni da piattaforma di lavoro. Ma non è facile. La realtà è fluttuante e mutante. L'artista deve operare lungo linee di permanente movimento entro cui trovare punti di inerzia.

Alla ricerca di un buco di silenzio provvisorio, egli si muove con il proprio bagaglio. Non si può chiedere solidarietà per effettuare un ulteriore scompaginamento del naufragio esterno, per poi introdurre quello personale e cifrato.

La cifra viene vista come un segno di egotica frigidità verso la catastrofe generalizzata della storia. L'opera suscita antipatia in quanto sembra il prodotto di uno scollamento antisociale, di una mancanza di integrazione con il destino comune.

Suscita antipatia il fatto che l'artista trovi il tempo e lo spazio di organizzare la propria opera in un contesto già destabilizzato che acquista maggior destabilizzazione proprio dall'introduzione della cifra individuale dell'artista che, narcisisticamente, non si commuove per il naufragio storico.

Nei tumulti della storia l'artista trova la prontezza e il cinismo per effettuare una peripezia personale a futura memoria, tramite la durata di una forma con cui superbamente sfidare ogni movimento disgregante. La fiducia nella propria opera, nella capacità di sfidare ogni forza disgregatrice, diventa il fattore che individua negativamente l'artista nel suo comportamento verso il mondo.

Il nucleo narcisista dell'artista, la pulsione a lasciare una propria traccia, diventa il fattore di resistenza che gli permette di manovrare i reperti linguistici arrivatigli tra le mani o raccolti sapientemente nel suo vagabondaggio.

Questo suo chinarsi nella sua meticolosa e maniacale raccolta segnala ancor più il carattere individualista dell'artista che non si lascia distrarre più di tanto dai tumulti esterni.

Sembra quasi che tale comportamento designi un modello per l'intero corpo sociale, invitato anch'esso a preoccuparsi non in maniera collettiva.

Il ripiegamento in se stesso, che indica un'attitudine antisociale, è indispensabile per l'artista, che deve organizzare uno scenario personale di catastrofe, capace di suscitare per un momento stupore e meraviglia, e forse sospendere per un momento anche l'angoscia contingente che attanaglia sicuramente ogni individuo.

D'altronde ogni corazza che l'uomo adotta come protezione sembra liquefarsi sotto i colpi della temperatura incandescente che promana dalle cose. Ogni sistema di ancoraggio morale e civile sembra sciogliersi sotto gli strattoni della mano sociale. Per questo l'artista non si adatta e non adotta tale corazza, e fin dall'inizio pone mano al suo lavoro di smantellamento delle convenzioni, visto che nessuna di esse è destinata a durare. Tale consapevolezza comporta per l'artista la possibilità di acquistare ancora più velocità nell'affrancarsi da qualsiasi solidarietà sociale. D'altronde per poter percepire il naufragio è necessario il conforto della distanza, quell'interstizio che permette di percepire lo spettacolo del pericolo.

Probabilmente senza spettacolo non c'è pericolo, nel senso che manca l'elemento che determina lo sguardo e la sua concentrazione sul punto dove si consuma la catastrofe. In ogni caso l'uomo adotta procedimenti rassicuranti mediante l'assunzione di norme che garantiscono almeno teoricamente il tragitto. Ma è poca cosa.

> Quell'enorme impalcatura e travatura di concetti, aggrappandosi alla quale il misero uomo viene a salvarsi lungo la sua vita, costituisce, per l'intelletto divenuto libero, soltanto un'armatura e un trastullo per i suoi audaci artifici: e se manda in frantumi tutto ciò, se lo mescola, lo ricompone ironicamente accoppiando le cose più estranee e separando le cose più affini, con ciò esso fa vedere di non aver bisogno di quei ripieghi della miseria. (Friedrich Nietzsche).

L'artista produce con la sua opera tale svelamento e manda in frantumi la miserevole organizzazione di sopravvivenza che il corpo sociale ha inventato storicamente. Egli aggrega diversamente i dati della convenzione, scompagina le affinità per differenze capaci di destare domande e quesiti. Da qui il fraintendimento iniziale dell'arte che suscita atteggiamenti interdetti. La trave nicciana diventa l'arnese di partenza per l'artista che deve muoversi da un presupposto naufragio, da cui reperire la trave, per poter poi inscenare un eloquente e paradigmatico spettacolo sotto gli occhi di tutti.

Forse la forza dell'opera consiste nell'inscenare da una parte la propria differenza rispetto al mondo, e nell'indebolire dall'altra il corpo sociale tramite questo spettacolo. Uno spettacolo dunque di forza e di debolezza insieme. Questa è l'ambiguità dell'arte.

La forza è il portato della determinazione fantastica dell'artista, capace di formalizzare con un atto creativo un'immagine contenente una capacità di destabilizzazione della convenzione. Saltano tramite questo spettacolo ogni ancoraggio e garanzia. La debolezza è l'effetto dello spettacolo di questa forza che dimostra l'inanità di ogni sforzo compromissorio, di ogni speranza di conciliazione e di coesione unitaria dei frammenti entro cui l'uomo passeggia. In tal senso l'artista produce un atto di differenziazione che lo separa ancor più dalle cose comuni, che lo allontana da ogni processo di coesione sociale, uno scudo protettivo dall'angoscia individuale.

Suona così come una verità fatale l'affermazione di Voltaire nel suo *Zadig*: «Quaggiù tutto è pericoloso, e tutto è necessario».

Evidentemente il pericolo è condizione ineliminabile e indispensabile dell'esistenza, quella condizione che gioca tra la vita e la morte, quel paesaggio che mette in movimento ogni pulsione secondo oscillazioni che garantiscono in ogni modo la dinamica e il destino dell'uomo. L'artista parte proprio da questa condizione, intervenendo con i suoi attrezzi a dare maggiore esemplarità ai caratteri di precarietà e di smottamento che sembrano ormai diventati i tratti sostanziali dell'esistenza.

D'altronde il sospetto di queste connotazioni esisteva da sempre nella cultura occidentale, anche in ambiti insospettabili, quando cioè la società affermava nella pratica modelli di sicurezza e di stabilità sociale e psicologica.

> Non sai tu che lo mondo,
> si poria dir non mondo,
> considerando quanto
> ci hanno mondezza e pianto?
> Che truovi tu che vaglia?
> [...]

Di', che vai tu cercando?
Già non sai l'ora e quando
vien quella che ti porta,
quella che non comporta
oficio o dignitade:
[...]
Adunque, omo, che fai?
(Brunetto Latini, *Tesoretto*)

Sembra proprio che sempre l'artista abbia posto quesiti antipatici all'uomo, da un punto di osservazione privilegiato, quello della sensibilità esasperata e preziosa che lo accompagna, lo disarma e nello stesso tempo lo arma di specificità rispetto al mondo. Si arriva così alla interrogazione metafisica che pone un quesito senza risposta, in quanto l'opera prevede solo ascolto e non possibilità di incontro.

Da qui l'affermazione perentoria e sfidante di Witold Gombrowicz: «Dal momento che mi dà fastidio la vostra ottusità, consentitemi di darvi un po' fastidio anch'io». Dunque l'artista che sembrava semplicemente preso dalle proprie pratiche e distratto dai destini altrui, alla fine sente la differenza di partenza con il sociale e lo sfida.

In tal modo parte da un risentimento, asseconda la ferita che nasce dall'isolamento per poi inscenare simulacri capaci di dimostrare e legittimare la propria alterità.

Per far questo è necessaria naturalmente la concentrazione, la condizione indispensabile per compiere il doppio movimento della decostruzione e della costruzione. Un lavoro improbo che si giustifica soltanto mediante la peripezia, la capacità di creare uno scenario di linee obbligate, capaci di portare lo sguardo del sociale dentro la propria ossessione.

Nel suo essere artefice, nel tragitto creativo, l'artista deve comunque sospendere ogni tremore o rassegnazione, deve rimuovere i precedenti ostacoli a cui ha assistito, per mettere mano al proprio. Sospendere e sospendersi diventano i verbi da coniugare durante il processo creativo, in maniera da non subire interferenze di memoria capaci di attraversare e inquinare il gesto di puro narcisismo formalizzato mediante l'opera. Soltanto in tal modo è possibile non turbare il naufragio messo in atto, non contenere la catastrofe che organizza la scena terremotata del linguaggio.

Per far questo, l'artista adotta un forte carattere di irresponsabilità, un procedimento di distanziamento che gli permette di non subire tremori che possano ridurre l'opera di radicalizzazione compiuta. Per poter dar fastidio, bisogna prima non avvertirne alcuno durante l'esecuzione del lavoro creativo.

Non ho voglia di scrivere, se non mi sento in una condizione esplosiva, in un clima di *regolamento di conti*, in uno stato di febbre o esasperazione, o stupore frenetico, come prova chi ha subito un'ingiuria senza reagire. Scrivere è un rivalersi tardivo, un'indignazione differita, di chi non può digerire l'onta e si vendica con le parole. Scrivere è disfarsi dei rimorsi e dei rancori, vomitare i propri segreti, combattere contro tutti e contro se stessi. Finché la mia temperatura è normale, non so scrivere una sola riga. Trovo l'ispirazione in uno stato di intenso squilibrio. Allora è tanto più esaltante levarsi sopra la realtà, fare concorrenza a Dio, quanto più fragile e miserevole è la forza che ce lo consente: l'ironica forza del linguaggio. Che importa se la prospettiva è falsa?
(Emil Cioran, *Esercizi di ammirazione*)

Accanimento e smemoratezza dunque presiedono l'opera dell'artista che parte sempre da lontano, dalla memoria di *uno* spettacolo precedente, quello di un confronto inane con il mondo, di un affronto subito e da restituire. Ci deve essere dunque una situazione di fastidio necessario perché egli si metta all'opera, per non renderne gratuito il lavoro. Eppure quando l'artista è all'opera, niente più lo prende alla sprovvista del mondo, nemmeno la memoria ormai incorporata come motivazione nel suo agire. Nel suo agire egli acquista una strana condizione olimpica, capace di tenerlo applicato fuori di ogni rumore di fondo.

«Nel mezzo di una frase, con quale agio ci si crede al centro del mondo!» (Emil Cioran). Nel momento della creazione, l'artista sospende ogni rapporto, incentiva il distacco favorito d'altronde dalla sua attitudine asociale. Arriva a non sentire i disturbi interni dell'atto creativo, per definizione catastrofico, in una strana condizione di quiete dinamica.

Jakob Burckhardt afferma: «Ci piacerebbe conoscere l'onda sulla quale andiamo alla deriva nell'oceano; solo, quell'onda siamo noi stessi» (*Frammenti storici*, 1867). In questo movimento si inscrive quello ulteriore dell'artista che, dunque, non cerca assestamenti ma semmai ulteriori sommovimenti.

Fino alla modernità e alla postmodernità l'artista ha continuato nella sua opera di agitazione, ha sviluppato esempi sempre più espliciti di sovvertimenti linguistici capaci di sconfiggere l'armamentario convenzionale con il quale il corpo sociale si è imbarcato nell'esistenza, magari convinto di stare sopra e non dentro il movimento della storia, magari galleggiando.

Questo spettacolo non sfugge all'artista che ha sguardo acuto. Anzi più lo sguardo è forte e non tremolante e più è possibile reggere alla vista e percepirne la reale condizione. Perché lo sguardo sia forte, è necessario che l'artista abbia un reale distacco, una situazione diacronica dal corpo sociale, posto al sicuro in quella postazione egotica che gli permette di osservare fuori di ogni coinvolgimento.

Più lo spettatore è al sicuro e più è grande il pericolo che vede, tanto più si interessa allo spettacolo. Questa è la chiave di tutti i «segreti dell'arte tragica, comica, epica» (Ferdinando Galliani, *Dialoghi sui commerci del grano*).

L'artista è sicuro della propria postazione, della differenza che possiede rispetto al mondo, della distanza che lo ripara dagli affanni dell'ottusità quotidiana. In tal modo meglio vede lo spettacolo e meglio intravede il pericolo, il fluttuare dentro correnti incontrollabili e infide. Da qui egli parte, da questo osservatorio per poter poi in seguito inscenare il proprio spettacolo, al limite dell'esemplarità.

Antipatica è la posizione dell'artista che esemplifica il paradigma di Hans Blumenberg del «naufragio con spettatore», di colui che assiste e non interviene anche perché non può intervenire, di chi è dentro al proprio naufragio. Infatti l'opera d'arte non è mai utilizzabile per nessuna salvazione, non si propone mai come soluzione di immediati quesiti. Gioca sul rinvio, sulla capacità di farsi guardare e mai adoperare. Antipatica è l'opera d'arte perché manifesta l'intoccabilità del proprio carattere e fonda una distanza utile allo sguardo e anche alla sua irriproducibilità. L'arte non produce mai uno spirito di emulazione, semmai di sorpresa e di scoramento, in quanto dimostra con la sua fondazione formale di essere irriducibile a qualsiasi quotidianità.

L'arte contemporanea sembra ridurre questo distacco, mediante l'introduzione di materiali e tecniche estratti dal quotidiano. Eppure funziona sempre secondo l'effetto del rinvio e del distanziamento. Lo spaesamento delle materie è il sintomo della distanza, della diversa coloritura che esse assumono nella nuova dislocazione. Infatti l'arte contemporanea ha proprio scelto la spettacolarizzazione della sua differenza, l'introduzione di una formale antipatia dell'opera che si traveste mediante un linguaggio o astratto e sfuggente o figurativo e volutamente «antigrazioso» ed enigmatico. Tali caratteri sono intenzionali e progettati.

L'anticipo del gusto sociale, l'essere volutamente all'avanguardia, o anche l'eclettismo della transavanguardia, dimostra la volontà dell'arte di inscenare il proprio «naufragio con spettatore» in maniera precisa e intenzionale, evidenziando lo scollamento dal sociale.

Se nel Rinascimento l'antipatia dell'arte era prodotta dal valore di bellezza, nel Manierismo da quello dell'eccentricità, nel Barocco da quello della meraviglia, nell'arte contemporanea invece tale carattere costitutivo viene realizzato in maniera eclatante, perché non esistono, perlomeno sembra, sanzioni per l'artista. Prima egli era costretto a mimetizzare questo connotato, per non incorrere in pene financo corporali, e il travestimento metaforico garantiva l'esistenza dell'artista. L'antipatia dell'opera era dissimulata nella maglie di un linguaggio che costruiva immagini di bellezza ideale, irritante per la sua irraggiungibilità e impossibilità di realizzazione quotidiana. L'uomo veniva messo di fronte alla propria peritura e imperfetta esistenza, schiacciato dagli imperituri modelli dell'arte. Lo stesso artista era un errore di fronte alla perfezione dell'opera.

Ora nell'arte contemporanea l'arte non trova più praticabili quei modelli di perfezione e produce invece immagini non travestite ma direttamente collegate con gli squilibri dell'esistenza, immagini terremotate e costruite con i frantumi offerti dalla catastrofe generalizzata del vivere. Lo spettacolo è forte e frontale.

La falsa cordialità di materiali riconoscibili, appartenenti al quotidiano, aumenta la terribilità di immagini che raddoppiano la condizione del vedere e dell'essere visti, della precarietà e della fluttuazione.

La terribilità dell'affermazione di Picasso «Io non cerco, io trovo» è dimostrata dal fatto che l'artista contemporaneo si aggira fra travi nicciane, tra reperti di un probabile naufragio.

Ma per effettuare il doppio naufragio, il doppio terremoto, la doppia catastrofe, è necessario essere artisti, possedere lo sguardo che affonda nel naufragio dell'esistenza per poter poi eseguire ad arte un ulteriore sommovimento sconvolgente le norme del linguaggio comune.

Essere artisti, essere filosofi, essere pratici del gesto esemplare. «Se al posto di Socrate fossero stati uno schiavo o anche una donna greca a porre con la loro morte la fedeltà alla legge al di sopra di tutto, essi sarebbero stati folli e non saggi» (Theodor W. Adorno). Non tutti dunque possono eseguire il doppio naufragio: questo è il fatto necessariamente odioso dell'arte o del gesto esemplare della cultura. L'antipatia nasce dall'invidia sociale, dal non poter cioè seguire i modelli inscenati dall'arte che produce spettacolo ma anche impossibilità di una seconda esecuzione.

Il corpo sociale viene ancora ricacciato nella sua posizione di puro osservatore, seppure qualche volta sognante. Esso viene tenuto nella sua condizione di «onda», di movimento governato da forze superiori senza poterne simulare uno proprio. Su questo debolezza si fonda la supremazia odiosa dell'arte.

Per questo alla fine qualche volta l'opera stessa può risultare antipatica al suo stesso artefice. Perché l'arte, nel suo effettuarsi nella forma, assume i caratteri di realtà regolata circolarmente da leggi interne che nessuno, nemmeno l'artista, può ormai eludere. Infatti molti artisti hanno convissuto con alcune opere a lungo, Leonardo con la «Gioconda», oppure hanno confuso l'irriducibilità dell'immagine con il proprio corpo, come ad esempio Van Gogh.

Chiunque può trovare la propria «trave» nicciana, ma non tutti ne sanno fare uso. L'onesta superbia di Picasso nasce da questo assunto.

Se la natura è capace di produrre terremoti e catastrofi, solo l'artista riesce a realizzare nel disordine che ci governa un ulteriore gesto di disordine ma organizzato secondo leggi formali che governano un particolare ordine.

In tal modo l'arte non è mai duplicazione della realtà, raddoppiamento naturalistico delle cose. Perché si muove secondo traiettorie non inscritte nel normale sistema preesistente. Astratta o figurativa l'arte costringe il mondo a guardarla, risarcendo così la frustrazione dell'artista dal non essere egli direttamente la meraviglia del mondo stesso.

Perché questo avvenga si fa artefice, fino a un certo punto consapevole, di un gesto forte e sensibile che introduce un'ulteriore turbolenza nello scambio sociale. In questo è giusta l'affermazione di Leonardo che «la pittura è cosa mentale». Perché l'artista progetta non il risultato ma sicuramente l'intenzione del gesto creativo. Così facendo, egli focalizza l'attenzione intorno alla produzione dei propri simulacri e garantisce compagnia al suo atto di creazione solitaria che simula il terremoto mediante l'introduzione e l'irruzione dell'attività creativa nel tessuto della comunicazione sociale.

In definitiva, la catastrofe dell'arte sembra la messa in scena di un naufragio nel bianco, il colore che totalizza tutti i colori dello spettro della luce, dunque segno di coesistenza e sinergia.

Al contrario, gli altri sono la rappresentazione dell'*altro*, la lacerazione delle differenze che totalizzano la complessità della vita.

White and other, in any case, Art

ACHILLE BONITO OLIVA

Let us begin with white. In art, white is a colour. In western painting it is used for the natural portrayal of atmospheric conditions linked to snow, ice, fog, and the desert, where light plays a fundamental role. The four seasons have been imprisoned in contemporary art by the use of white, which fixes on the canvas the blinding state of light, always an indicator of the absolute, of the sublime and of silence. Symbolically, white seems to introduce a state of pause, an interval, a moment of isolation from the noise of life. So, white is an absolute colour, though at the same time ready to merge with other colours to create subtle complex polychromy. White, as a colour protagonist, is present in art not only in painting but also in sculpture and in installations of contemporary art thanks to its internal emanating force and to its capacity to encounter other colours, none excluded: right up to disappearing into its original hue and surviving iconographically as a trace. In the contemporary art of recent decades, white as a colour has found its greatest elaborator in Lucio Fontana, who used it as a support for his slashes and as an emanating matrix for his traversable environments. The spectator is not merely a *voyeur* of a source of sublime light but a peripatetic enveloped in total space. From Fontana's white, traversable as experience, the artists of subsequent generations preferred to use it covertly, emphasising the *other*, the complexity of a reality that assumes polychrome cadences to give not only the idea of pure contemplation but also that of the processes of knowledge of a world that lives elsewhere. The Other, beyond white, represents the opulence of art that can never be traced back to a pure chromatic hue but tends to want to represent a contaminated, fragmented and enveloping reality. Art increasingly tends to represent the identity of the artist and his problematic relationship with the world in the certainties of its objective forms. Starting from white (the symbolic colour of the Winter Olympics in Turin in 2006), this is done by artists such as Buren, Chiasera, De Maria, Fontana, Innocente, Kapoor, Kosuth, Marisa Merz, Moro, Muntadas (Uzunovski), Nannucci, Paladino, Pistoletto, Rabbia, Salvatori, Spalletti and Zorio.

And this is what we must talk about now.

> Tis sweet, when, down the mighty main, the winds
> Roll up its waters, from the land
> To watch another's labouring anguish far,
> Not that we joyously delight that man
> Should thus be smitten, but because 'tis sweet
> To mark what evils we ourselves be spared.

So says the second book of *On the Nature of Things* by Lucretius (trans. W. E. Leonard), quoted by Hans Blumenberg in *Shipwreck with Spectator*.

This explains the metaphor of art *and* of the gaze turned towards the intense space of the work. The intensity is commensurate with the imbalance insinuated by the artist within the codified system of language. The catastrophe induced by the artist's imagination passes through the tectonic equilibrium of a language that normally functions along predictable trajectories of expectation: that of the subject accustomed to a functional use of every code.

Language is shipwrecked since it is articulated along lines of divarication between every affinity and therefore seems to produce the disintegration of every semantic unit and prefabricated construction.

Art systematically lives on this antisocial habit through creativity that does not seem to foresee any encounter with the gaze outside it. The specific identity of artistic creation is made of disarticulation and distortion, disruption and reparation according to unconventional lines.

After all, the artist finds his particular identity and recognition for a practice that does not seem to produce social efficacy precisely in this courageous break. His work must formalise a different distribution of language and assure the spectacle of ruin.

The antipathy of art lies properly in imposing the dual action of destroying language and then formally reconstructing it. Klee tells us that the eye follows the paths prepared for it in the work. The power of the artist prepares the shipwreck of language in a *mise-en-scène* that obliges the eye to follow all the trajectories of its aggregations and divarications.

The antipathy of art is a constituent part of the creative process, in that it acts on the diachrony of every consoling expectation and on the solitude of an action that asks for no support. The artist carries out Nietzsche's precept of always starting from a ruinous state of language, from a condition that does not conciliate with things. He moves inside the collapse of every order to effect a recomposition that annuls the preceding arrangement in favour of a form that is capable of founding a new order, a scene where the remains come together in arrangements unforeseen by others.

Klee tells us that the eye can only follow the paths prepared by the artist and not others. This is the antipathetic open-mindedness of art: to permit and to excite the eye, but within a system of signs without alternatives. Art is authoritative but also authoritarian; it proposes images formalised according to the subjective needs of the artist, who asks for understanding and misunderstanding in equal measure.

Indeed, misunderstanding becomes the work's initial connecting moment with the outside, which unleashes a series of skirmishes aimed at establishing a minimum of social contact, although outside common codes.

The precarious nature of the art contact has found corroboration in a wider ranging precariousness. In an increasingly explicit way, from Mannerism onwards, society has recognised the unpredictable state of the world, a structural insecurity that governs every system of individual and interpersonal relationship: man has frequently learnt that reality unravels according to a tangle of meaningless motives.

For this reason, art has become paradigmatic, indicative of a model that passes through every activity and condition. If, before, every fear and every unplannable event in the art work was condensed, now, no difference exists between it and the outside. The outside is ungovernable; it is the artist's imagery.

> We sail within a vast sphere, ever drifting in uncertainty, driven from end to end. When we think to attach ourselves to any point and to fasten to it, it wavers and leaves us; and if we follow it, it eludes our grasp, slips past us, and vanishes for ever. Nothing stays for us. This is our natural condition and yet most contrary to our inclination; we burn with desire to find solid ground and an ultimate sure foundation whereon to build a tower reaching to the Infinite. But our whole groundwork cracks, and the earth opens to abysses.
> (Blaise Pascal, *Pensées*, II, 72, trans. W. F. Trotter)

Culturally, society has accepted risk as a condition of existence and has permanently inserted the notion of travel as an unstoppable movement that governs individual and historical dynamics into its anthropology.

Paradoxically, the artist throughout history has worked in a state that already presupposes a shipwreck, a reality at risk, in order to introduce a further de-stabilising event that in its turn is the only event capable of conferring a statute and identity on him. In a state lacking equilibrium, he endeavours to realise an imbalance that adapts to and suits his survival. The catastrophe introduced by the work is inserted into an absolutely unguaranteed historical situation.

Art's problem is that it has to realise a linguistic form, which, in the beginning, seems to constitute a point of anchorage. Because form, in its condensing tension, tends to give stability to the elements found by the artist. He must find an initially static point that functions as a springboard for his work. But it is not easy. Reality vacillates and changes. The artist must produce long lines of permanent movement within which points of inertia are found.

The artist moves with all his baggage, in search of a hole of temporary silence. He cannot ask for support to effect further disruptions of the external shipwreck, and then introduce his personal codified one.

His code is seen as a sign of egotistic frigidity towards the generalised catastrophe of history. His work arouses antipathy because it seems to be a product of antisocial divarication or lack of integration into the common destiny.

The fact that the artist finds the time and the space to organise his work in an already de-stabilised context that is further de-stabilised by the introduction of the artist's individual code, which, narcissistically, is not touched by the historical shipwreck, arouses antipathy.

In the turmoil of history the artist finds the readiness and cynicism to effect a personal adventure for future memory, through the duration of a form that proudly challenges every disintegrating movement. Trust in his work, in his capacity to challenge every disruptive force, becomes the factor that negatively identifies the artist in his behaviour towards the world.

The artist's narcissistic nucleus, his urge to leave his mark, becomes a factor of resistance that allows him to manoeuvre the linguistic finds that have come to him or that he has selectively gathered on his wanderings.

Stooping in his meticulous maniacal collecting signals even more strongly the artist's individualist character; he does not let himself be distracted to any great degree by the external turmoil. It almost seems as though such behaviour shapes a model for the whole of society, invited not to worry in a collective way.

Withdrawing into himself, indicating an antisocial attitude, is indispensable for the artist, who must organise a personal scenario of catastrophe, capable for one moment of arousing amazement and wonder, and perhaps suspending for one moment the contingent anxiety that certainly assails every individual.

After all, every defence that man adopts for protection seems to liquefy under the blows of the incandescent temperature that emanates from things. Every system of moral and civil anchorage seems to dissolve under the wrenches of society's power. For this reason, the artist does not adapt and does not adopt such a defence; from the start he turns his hand to demolishing conventions, since none of them are destined to last. Knowing this, the artist can become even more rapid in freeing himself from all social solidarity. After all, a comfortable distance is necessary in order to see the shipwreck; an interstice that allows perception of the spectacle of danger.

Without spectacle there is probably no danger, in that the element that determines the eye and its concentration on the point where the catastrophe is consumed is lacking. In any case, man adopts reassuring procedures through assuming norms that at least theoretically guarantee the journey. But it is not much.

> That enormous scaffolding and those beams of concepts, the saviour of wretched man as he grabs onto them throughout his life, are, for the intellect that has become free, only a frame and plaything for its audacious stratagems. And if it smashes this scaffolding to bits and mixes it all up, and then ironically recomposes it, pairing the most alien things and separating the most kindred ones, in so doing, it shows it has no need for those expedients dictated by wretchedness. (Friedrich Nietzsche).

With his work the artist produces a similar revelation and shatters the wretched organisation of survival that society has historically invented. He unites the data of convention differently; he disrupts affinities, seeking the differences that will raise questions and queries. This leads to the initial misunderstanding of art that provokes forbidden behaviours. Nietzsche's beams become the artist's first tool in his voyage from a presumed shipwreck, where he can find the beam, being able to stage an eloquent paradigmatic spectacle under the eyes of all.

The work's strength perhaps lies, on the one side, in staging its differences compared to the world, and, on the other, in weakening society through this spectacle. Thus, a spectacle of strength and weakness together. This is the ambiguity of art.

Strength results from the fantastic determination of the artist, who is capable of formalising an image containing the ability to de-stabilise convention through the creative act. This spectacle thus blows every anchorage and guarantee. Weakness is the effect of the spectacle of this strength that demonstrates the uselessness of every effort at arbitration and every hope of conciliation and unifying cohesion of the fragments within which man walks. In this sense, the artist produces an act of differentiation that separates him even more from the common things, that removes him from every process of social cohesion, a protective shield against individual anxiety.

In this way, Voltaire's "Here everything is dangerous, and everything is necessary", from *Zadig*, rings out like an inevitable truth.

Evidently danger is an ineliminable and indispensable condition of existence; a condition which plays between life and death; a landscape which causes every impulse to move according to oscillations that guarantee man's dynamics and destiny. The artist starts from this condition, intervening with his tools to give greater exemplarity to the features of precariousness and landslide that now seem to have become the substantial traits of existence.

After all, western culture always suspected that these characteristics existed, even in places above suspicion, that is, when society put into practice models of safety and social and psychological stability.

> Do you not know that the world
> itself ought not to be called "Not pure",
> Considering how much
> Impurity and woe there are?
> What do you find that has Value?
> [...]
> You do not ever know the hour or when
> Comes that which bears you away,
> And which no longer brings
> An office of dignity.
> [...]
> Then, man, what are you doing?
> (Brunetto Latini, *The Little Treasure*, II, 2457-2461, 2474-2477, 2495, ed. J. Bolton Holloway)

It seems that the artist has always posed awkward queries for man, from the privileged viewpoint of an exasperated sensitivity that accompanies him, disarms him and at the same time arms him with specific aspects with respect to the world. So, we come to the metaphysical interrogation that asks a question without answer, since the work expects only listening with no opportunity for encounter.

This leads to Witold Gombrowicz' peremptory challenging affirmation: "From the moment your obtuseness bothers me, allow me to bother you a little too". So, in the end, the artist who merely seemed occupied with his own affairs and distracted regarding those of others, feels the different starting point from society and challenges it.

In this way he starts from a feeling of resentment, complies with the wound resulting from isolation, and then stages images capable of demonstrating and legitimising his otherness.

Concentration is naturally necessary for this, an indispensable condition for performing the dual gesture of deconstruction and construction. It is arduous work, justified only by adventure and skill in creating a scenario of fixed lines, capable of taking society's eye into the artist's obsession.

In his role of author, during the creative journey, the artist must in any case suspend all trepidation and resignation; he must remove the previous obstacles he has witnessed, in order to turn his hand to his own. Suspend and suspend oneself are the two verbs to conjugate during the creative process, so that memory suffers no interference that can pass through and pollute the purely narcissistic action formalised by the work. Only like this is it possible not to disturb the shipwreck set in motion; not to contain the catastrophe that organises the earthquake-devastated representation of language.

To do this, the artist adopts a strongly irresponsible nature and a distancing process that allows him not to suffer trepidation that might in any way diminish his work of achieved radicalisation. To cause bother, it is first necessary not to feel any during the execution of the work.

> I don't want to write unless I feel in an explosive condition, an atmosphere of *settling scores*, in a feverish or exasperated state, or frenetic astonishment, like someone who has suffered an insult without reacting. To write is delayed retaliation, deferred indignation, of a person who cannot digest the offence and takes revenge with words. To write is to get rid of remorse and rancour, vomit one's inner secrets, to fight against everyone and against oneself. As long as my temperature stays normal, I cannot write a single line. I find inspiration in a state of intense disequilibrium. The more fragile and wretched the strength that permits us to rise above reality, the more exhilarating it is to do it, to rival God: the ironic force of language. What does it matter if the perspective is false?
> (Emil Cioran, *Anathemas and Admirations*)

Determination and forgetfulness therefore preside over the work of the artist, who starts from afar, from the memory of *one* earlier spectacle, that of useless comparison with the world, an insult suffered to be paid back. There has to be an irritating situation therefore, necessary to the artist beginning work, so that it is not gratuitous. And yet when the artist is at work, nothing of the world will take him unaware any more, not even the memory by now incorporated as a reason for his action. In his acting he acquires a strange Olympian condition, capable of keeping him isolated from every background noise.

As Cioran says, how easy it is to believe oneself at the centre of the world when in the middle of a phrase. In the creative moment, the artist suspends every relationship; he stimulates the detachment favoured besides by his asocial habits. He gets to the point of not feeling the inner disturbance of the creative act, catastrophic by definition, in a strange state of dynamic tranquillity.

Jakob Burckhardt declares: "We should like to know on which wave in the ocean we are floating, but we ourselves are the wave" (*Historical Fragments*, 1867). Within this movement, the artist's further movement is inscribed, which, then, does not search for adjustments but rather further commotion.

Until modernism and postmodernism, the artist continued his work of agitating, developing increasingly explicit examples of linguistic disruption capable of overcoming the conventional paraphernalia with which society embarked upon existence, perhaps convinced of staying above and not inside the movement of history, perhaps floating.

This spectacle does not escape the artist with a shrewd eye. Indeed, the more penetrating and steady the gaze, the more it is possible to stand up to the view and perceive the real state. For the eye to be strong, the artist must be really removed, in a diachronic situation from society, placed safely in that egotistic position that allows him to observe from an uninvolved stance.

The safer the spectator and the bigger the danger he sees, the more he will be interested in the show. This is the key of all the "secrets of tragic, comic and epic art" (Ferdinando Galliani, *Dialoghi sui commerci del grano*).

The artist is safe in his position, in his difference with respect to the world, in the distance that shields him from the worries of everyday stupidity. In this way he sees the show and perceives the danger better, the flowing within uncontrollable and treacherous currents. He starts from here, from this observatory, so that later he can stage his own show, on the limits of exemplarity.

The position of the artist who exemplifies Hans Blumenberg's paradigm of the "shipwreck with spectator" is antipathetic: it is the position of someone who assists but does not intervene because he cannot intervene; of someone who is in the midst of his own shipwreck. Indeed, the work of art is never used for salvation; it is never proposed as a solution to immediate issues. It plays on references and on the capacity for being observed but never used. The work of art is antipathetic because it manifests the untouchable nature of its character and creates a distance that is useful for the eye and because it cannot be reproduced. Art never produces a spirit of emulation, but rather one of surprise and dejection, since its formal foundation demonstrates that it cannot be reduced to the everyday.

Contemporary art seems to reduce this detachment by introducing materials and techniques taken from the everyday. Yet it still functions according to the effects of reference and distancing. The disorientation introduced by the materials is a symptom of the distance and different slant they take on in their new arrangement. Indeed, contemporary art has chosen to make its differences spectacular, to introduce a formal antipathy of the work that is disguised either by an evasive abstract language or by a figurative, deliberately 'anti-decorative' and enigmatic one. These traits are intentional and planned.

Being in advance of social taste, being deliberately avant-garde, or even the eclecticism of Transavanguardia, demonstrate art's desire to stage its "shipwreck with spectator" in a precise and deliberate way, emphasising its divarication from society.

If the antipathy of art was produced by the value of beauty in the Renaissance, by that of eccentricity in Mannerism, and by that of marvel in the Baroque, in contemporary art, instead, this constitutional feature is realised in a striking way, since it would seem that sanctions do not exist for the artist. Before, he was obliged to camouflage this characteristic in order not to incur even bodily punishment and the metaphorical disguise guaranteed the artist's existence. The antipathy of the work was dissembled in the mesh of a language that constructed images of ideal beauty, irritating due to its unattainable nature and the impossibility of everyday realisation. Man was placed before his transient and imperfect existence, crushed by the intransient models of art. The artist was a flaw in front of the work's perfection.

In contemporary art now, art no longer finds these models of perfection practicable and instead produces images that are not disguised but directly connected to the imbalances of existence; earthquake-devastated images created with the fragments proffered by the generalised catastrophe of living. The spectacle is strong and frontal.

The false warmth of recognisable materials, belonging to the everyday, increases the awfulness of images that double the condition of seeing and being seen, of precariousness and fluctuation.

The terribleness of Picasso's statement, "I don't seek, I find", is demonstrated by the fact that the contemporary artist roams among Nieztschean beams, among the remains of a probable shipwreck.

To effect the double shipwreck, the double earthquake, the double catastrophe, it is necessary to be an artist, to posses an eye that drowns in the shipwreck of existence in order to perform subsequently on art a further upheaval upsetting the norms of common language.

To be artists, to be philosophers, to be expert in the exemplary gesture. "If a slave or a Greek woman had been in the place of Socrates to witness with their death loyalty to the law above all, they would have been mad, not sages" (Theodor W. Adorno). So, not everyone can perform the double shipwreck: this is the necessarily hateful fact of art or of culture's exemplary gesture. Antipathy springs from social envy, from not being able to follow the models staged by art that produces show but negates the possibility of a second performance.

Society is still driven back into its position of pure, though sometimes dreaming, observer. It is kept in its condition of 'wave', of movement governed by superior forces without being able to simulate its own. The odious supremacy of art is based on this weakness.

For this reason, the work can sometimes be antipathetic even to its own creator. Because, becoming form, art takes on the characteristics of reality governed in a circular way by internal laws that no one, not even the artist, can now avoid. Indeed, many artists have lived with some of their works for a long time - Leonardo with the Mona Lisa - or have confused the irreducible quality of the image with their own body - Van Gogh, for example.

Everybody can find their Nietzschean 'beam', but not every one knows how to use it. This assumption gives rise to Picasso's honest pride.

If nature is capable of producing earthquakes and catastrophes, only the artist succeeds in realising in the disorder that governs us a further gesture of disorder, though organised according to formal laws that govern a particular order.

In this way art is never a duplication of reality, a naturalistic doubling of things, because it moves according to trajectories that are not inscribed in the normal pre-existing system. Abstract or figurative art obliges the world to look at it, thus redressing the artist's frustration at not directly being the marvel of the world.

For this to happen, the artist makes - to a certain extent consciously - a strong sensitive gesture that introduces further turbulence into the social exchange. In this, Leonardo's affirmation that "painting is a mental thing" is correct. Because the artist does not plan the result but the intention of the creative gesture. By doing this, he focuses attention on the production of his images and guarantees company to his act of solitary creation that simulates an earthquake through the introduction and irruption of the creative act in the fabric of social communication.

In short, the catastrophe of art appears to be the staging of a shipwreck in white, the colour that sums up all the colours of the light spectrum, and therefore a sign of co-existence and synergy. On the contrary, the other colours are the depiction of the *other*, the laceration of differences that sum up the complexity of life.

Gli artisti / The Artists

DANIEL BUREN
PAOLO CHIASERA
NICOLA DE MARIA
LUCIO FONTANA
INNOCENTE
ANISH KAPOOR
JOSEPH KOSUTH
MARISA MERZ
LILIANA MORO
MAURIZIO NANNUCCI
MIMMO PALADINO
MICHELANGELO PISTOLETTO
LUISA RABBIA
REMO SALVADORI
ETTORE SPALLETTI
NIKOLA UZUNOVSKI
GILBERTO ZORIO

Daniel Buren

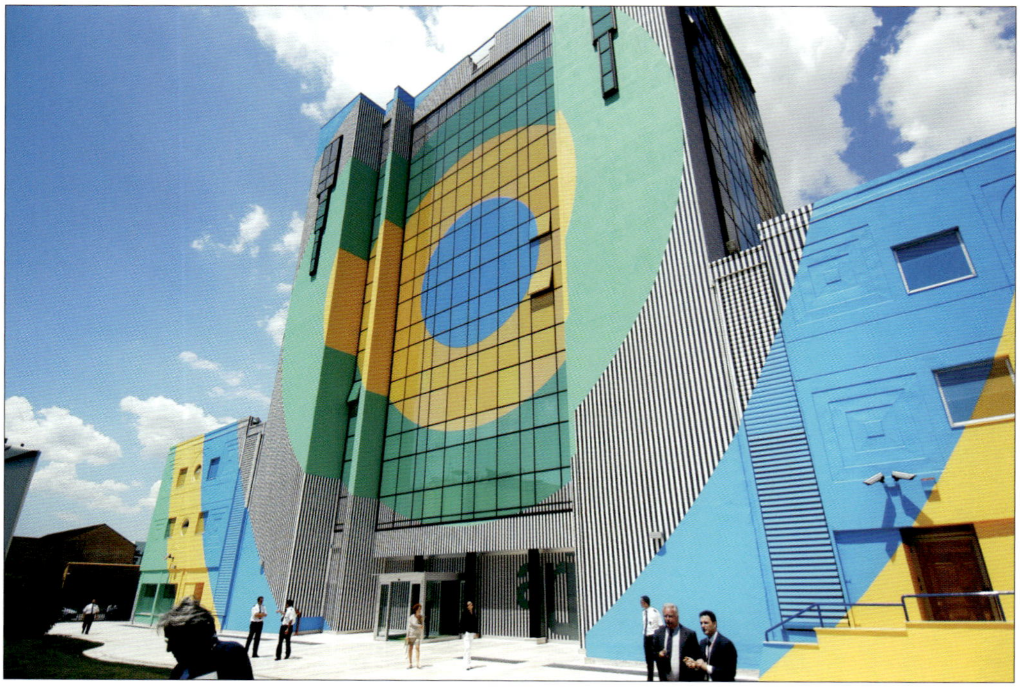

Photo-souvenir:
«Cerchi nell'acqua», 2004
Opere / works in situ
(particolare / detail).
Ponticelli (Napoli), 2004.
© Daniel Buren.

Photo-souvenir:
«Effet contre effet», 2004
Opera / work in situ
(particolare / detail).
Parc du Château de Versailles,
Versailles, ottobre / October 2004.
© Daniel Buren.

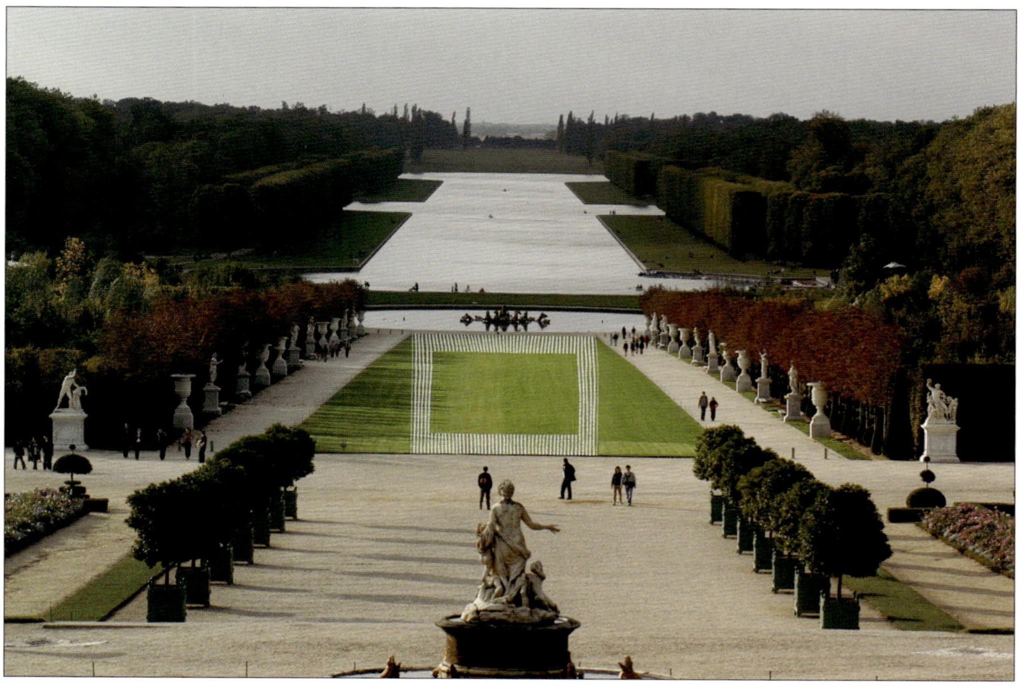

Photo-souvenir:
«Couleurs superposées», Acte I 60', 1982
Opera / work in situ con / with
Zattera di Babele (particolare / detail).
Genazzano (Roma),
maggio / May 1982.
© Daniel Buren.

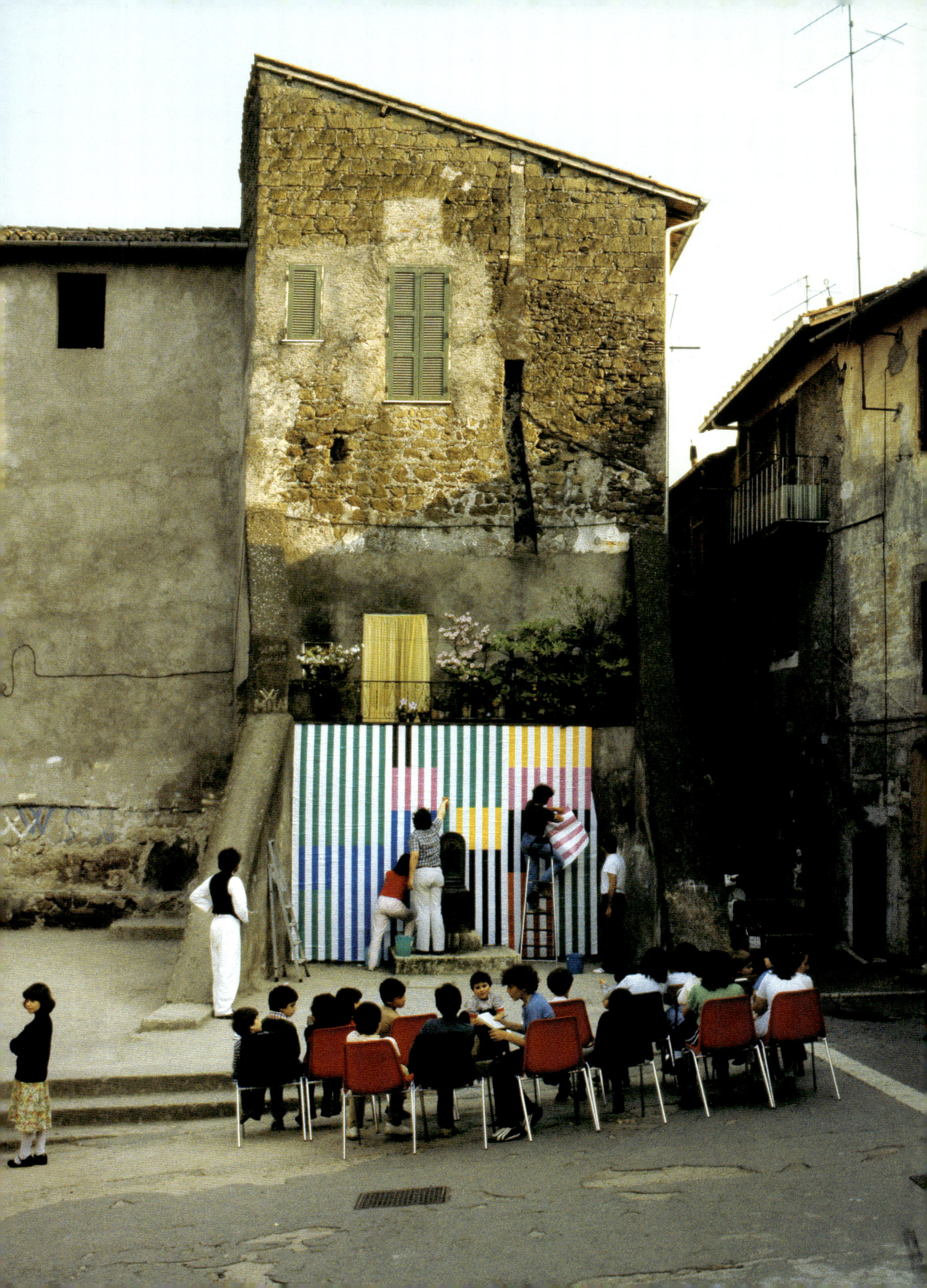

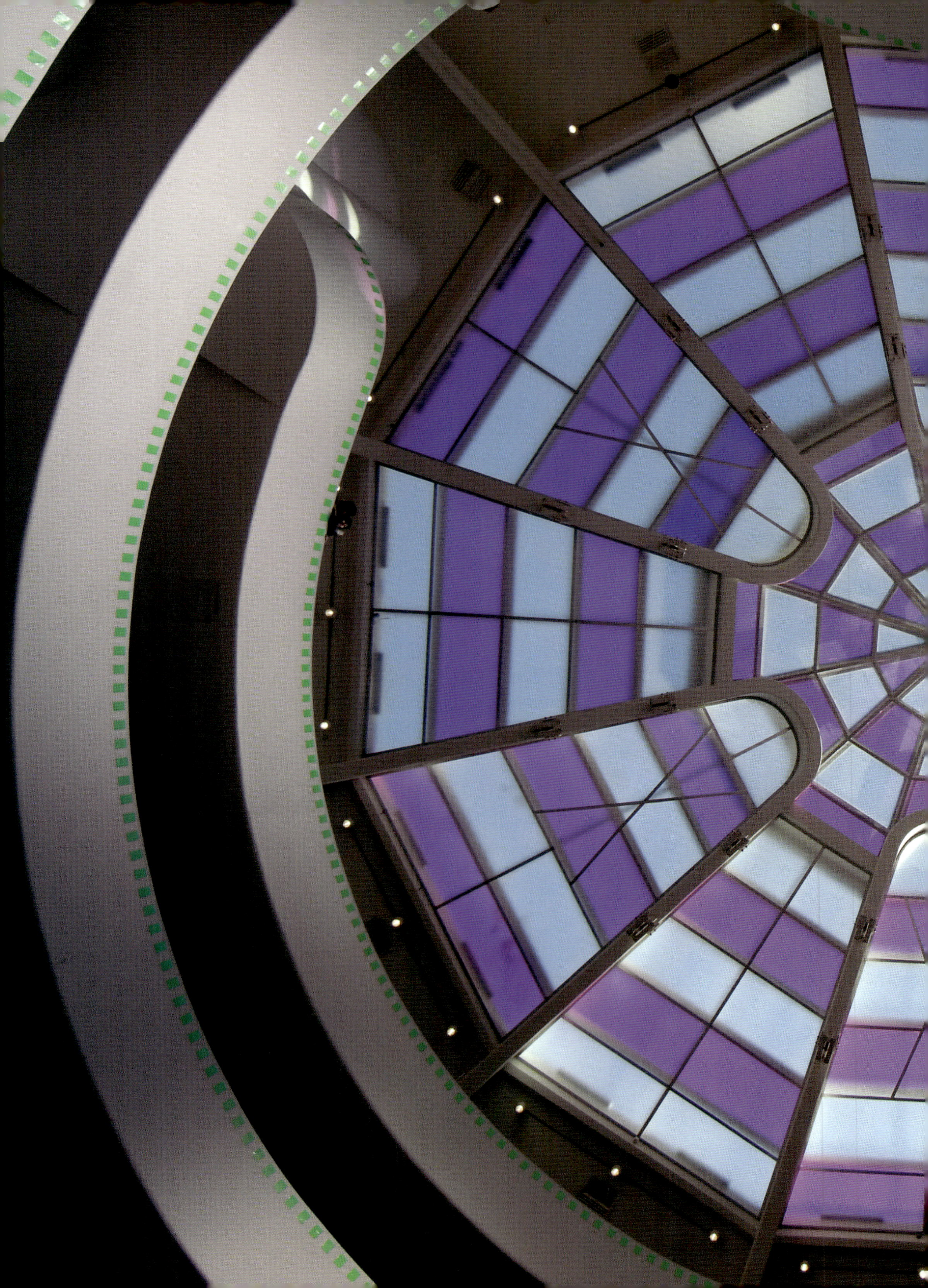

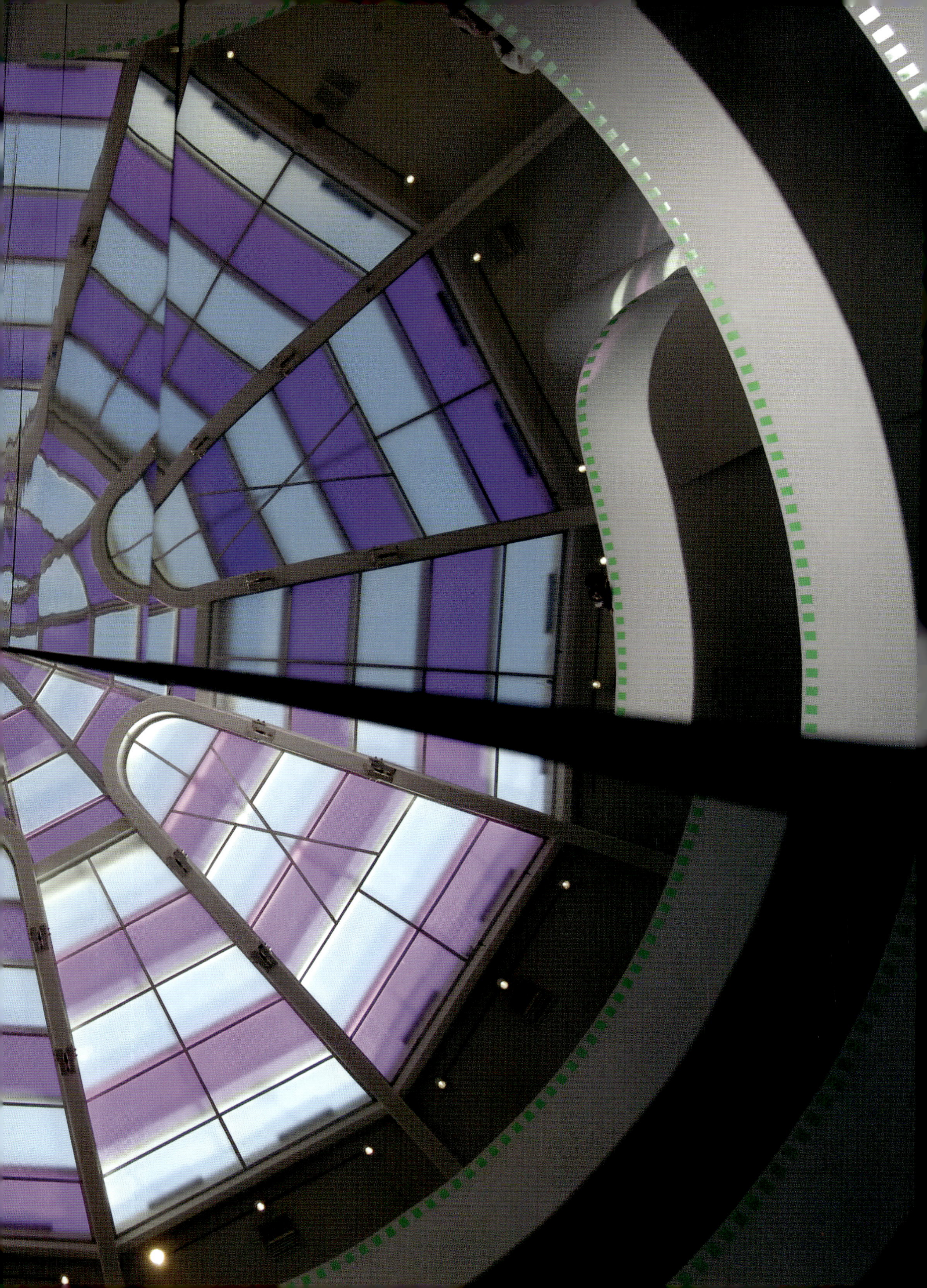

Nelle pagine precedenti e a destra / Previous pages and right
Photo-souvenir: «Around the corner», 2005
Opera / work in situ (particolare / detail)
in «The eye of the storm», Guggenheim Museum,
New York, marzo-giugno / March-June 2005.
© Daniel Buren.

Photo-souvenir:
«Da un posto all'altro, percorso di luoghi; Costruzioni», 1985
Opera / work in situ (particolare / detail).
Galleria Tucci Russo, Torino, settembre / September 1985.
© Daniel Buren.

Photo-souvenir:
«Plan incliné pour un paysage», 1988
Opera / work in situ (particolare / detail).
«Ciao», Villa Redenta, Spoleto, giugno / June 1988.
© Daniel Buren.

Photo-souvenir:
«Da una trasparenza all'altra», 1979
Opera / work in situ (particolare / detail).
Samangallery, Genova, febbraio / February 1979.
© Daniel Buren.

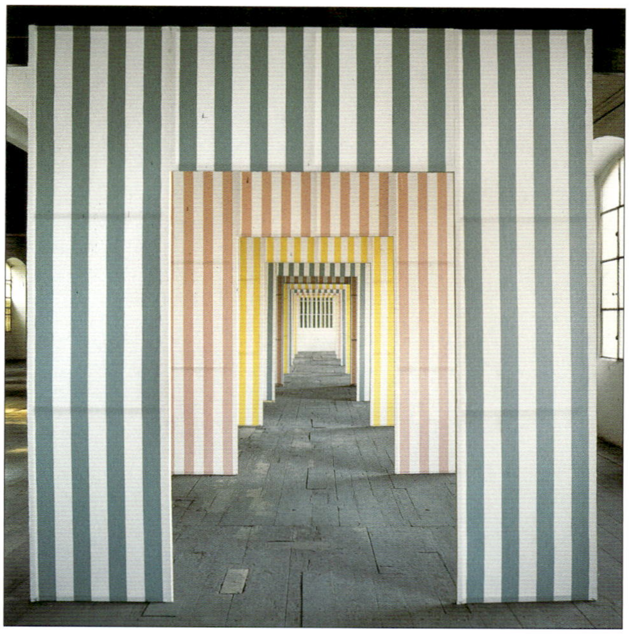

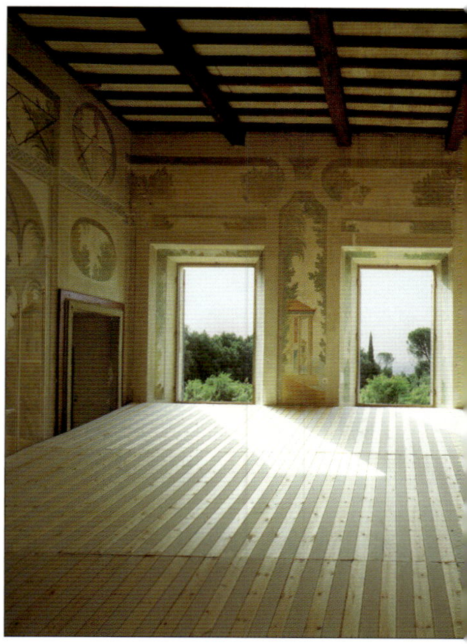

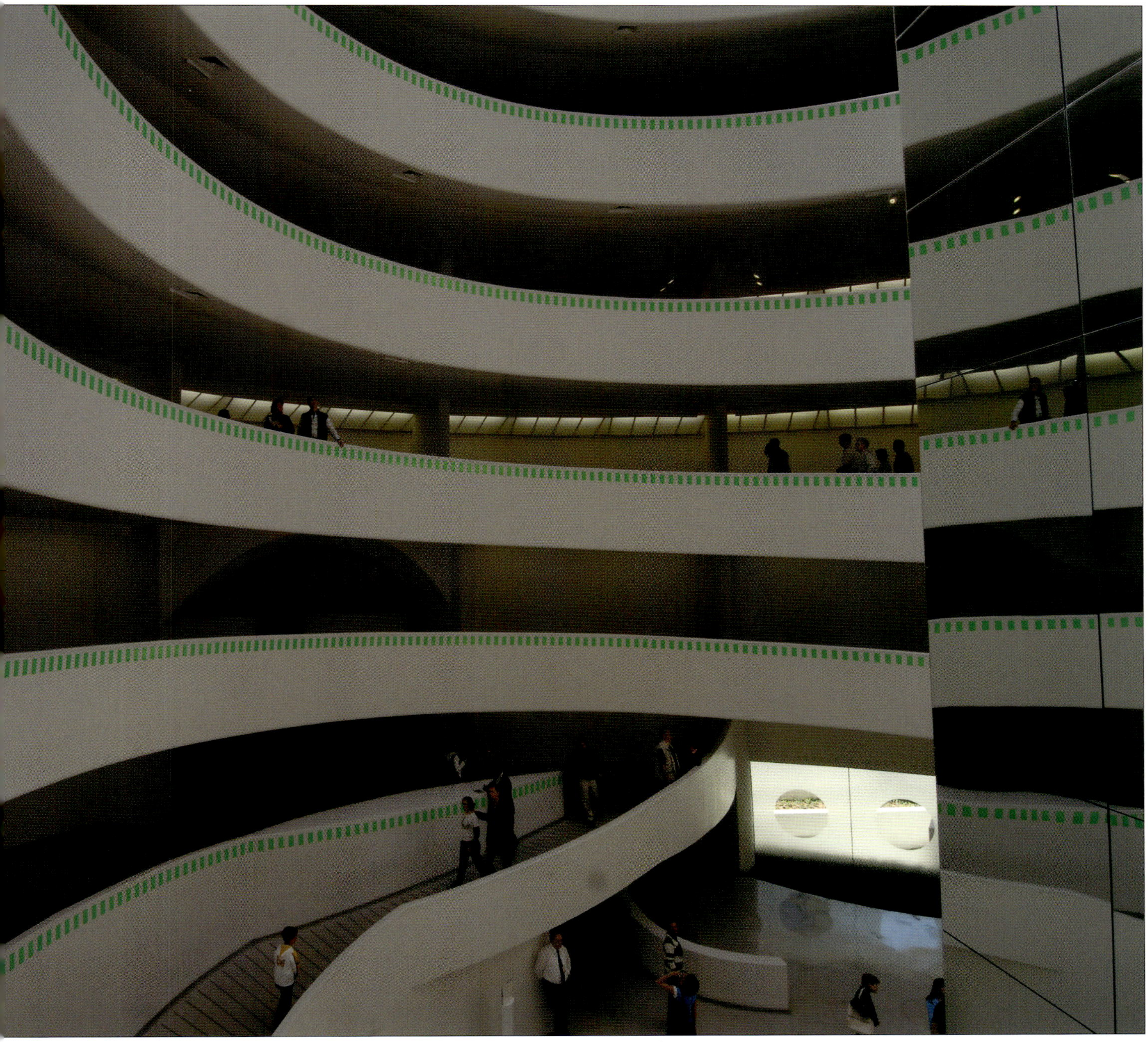

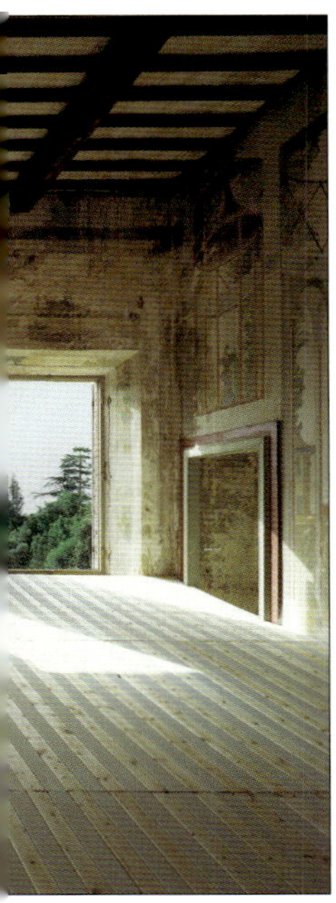

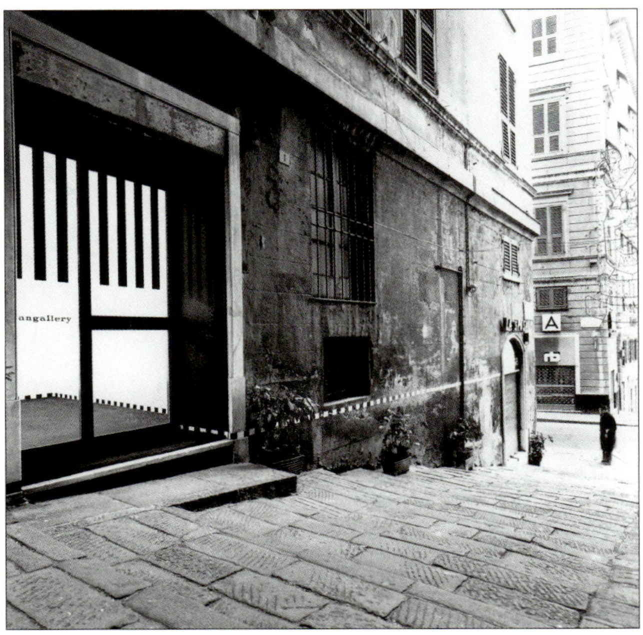

Paolo Chiasera

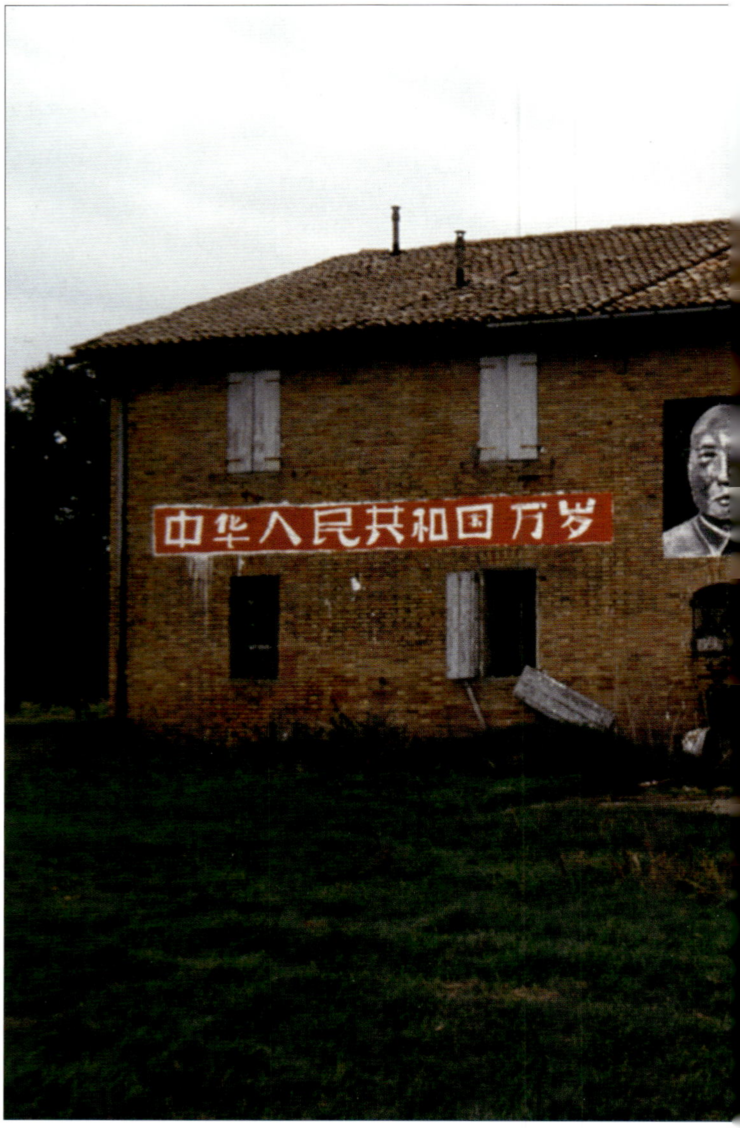

Sotto e a destra / Below and right
«Young Dictators' Village», 2005
Dvd, 4/3, pal, video tre canali / 3 channels video,
colore / colour, suono / sound.

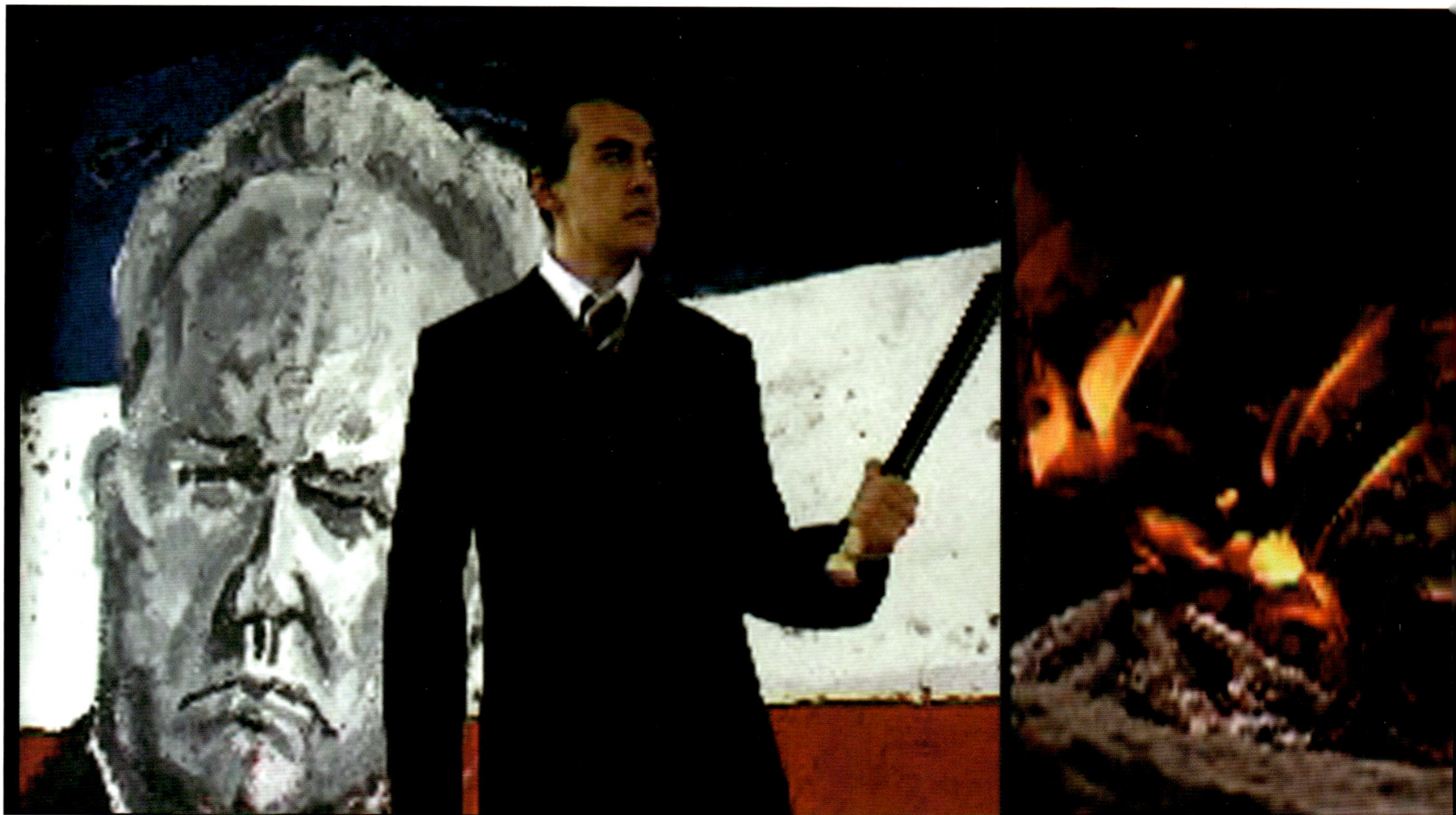

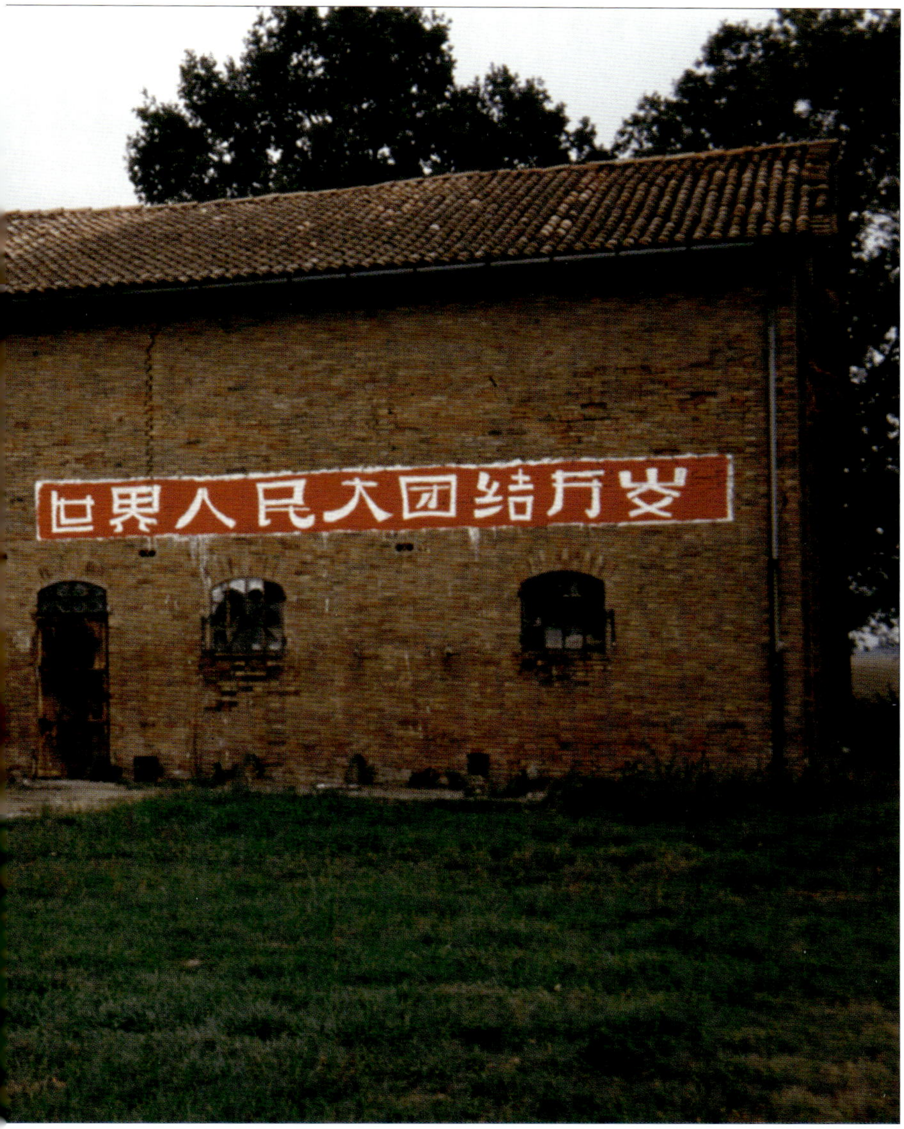

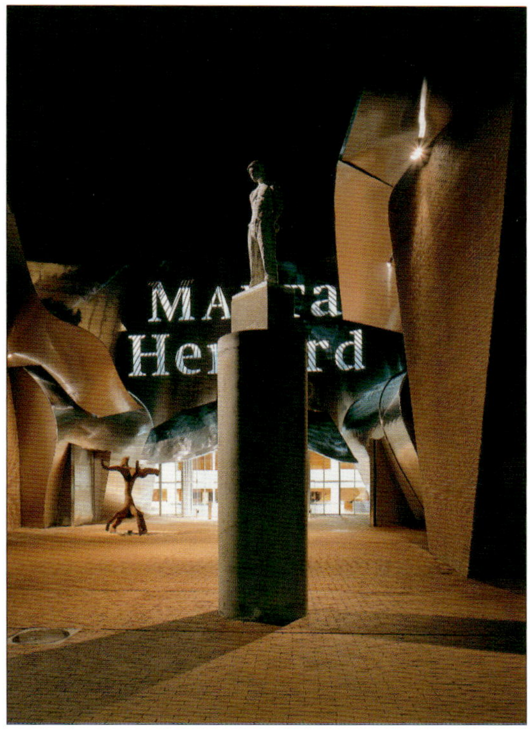

«www.tupacproject.it», 2005
Scultura di cemento / cement sculpture, 6,5 m.
MARTa Herford Museum, Herford.

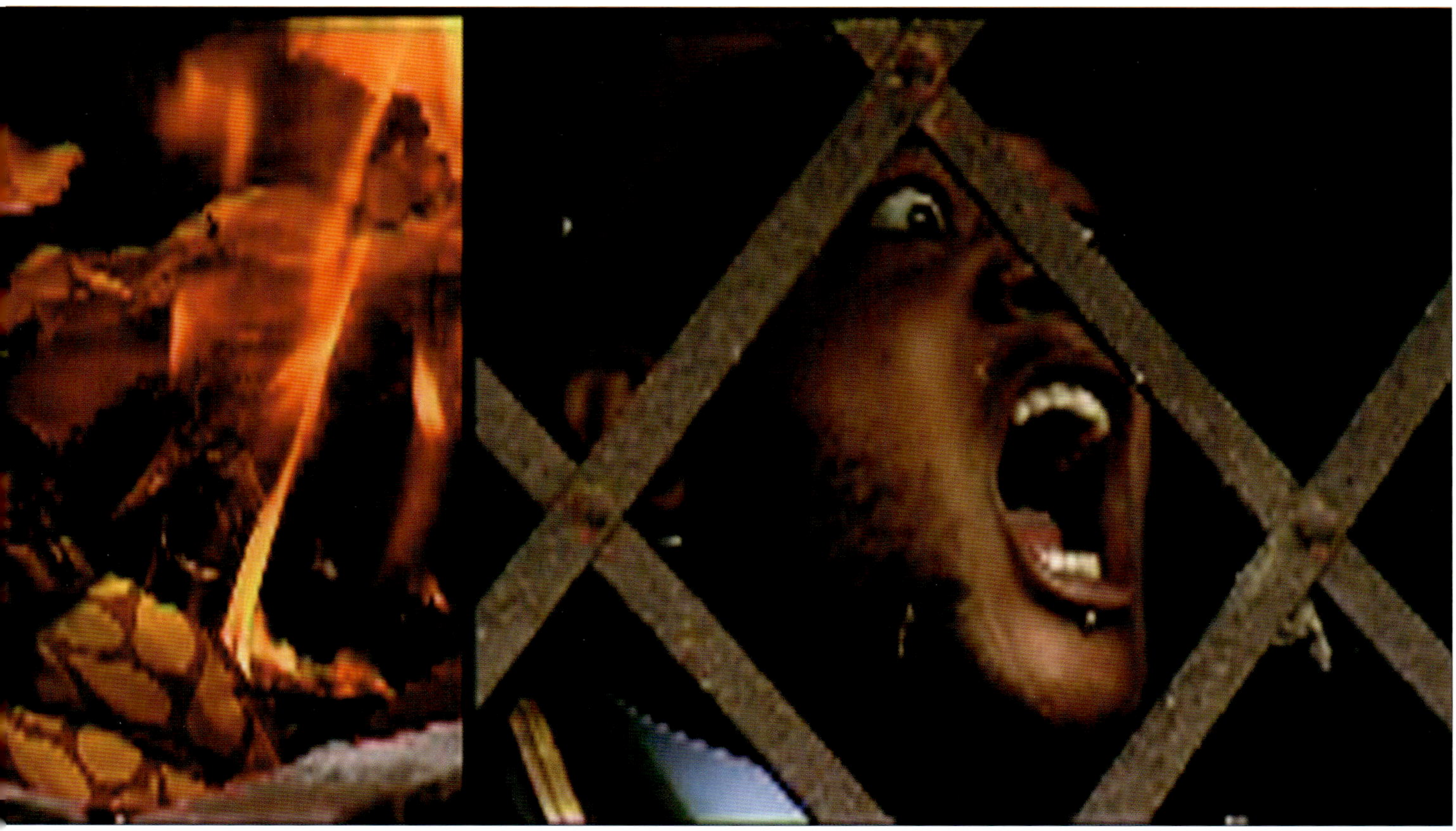

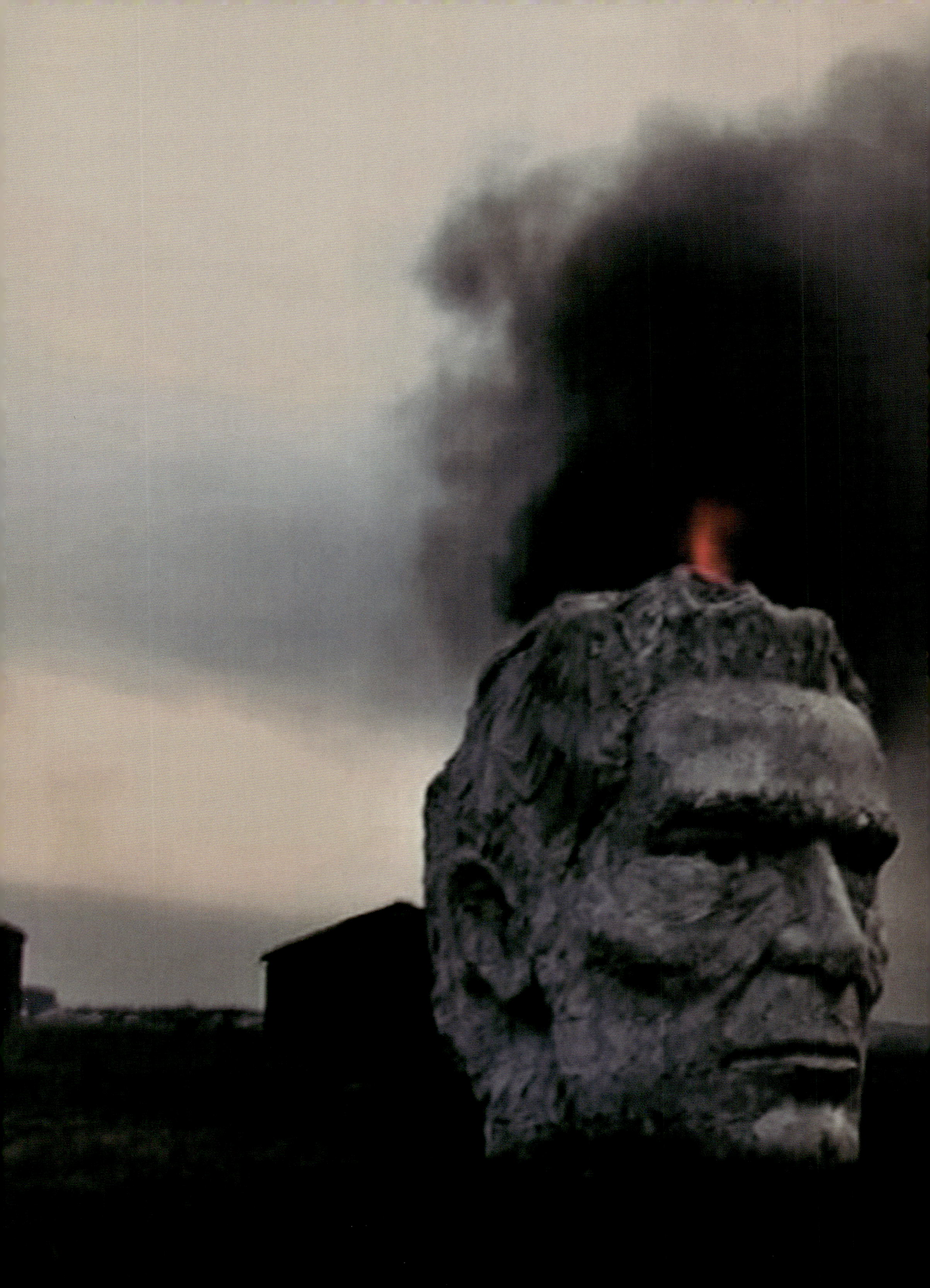

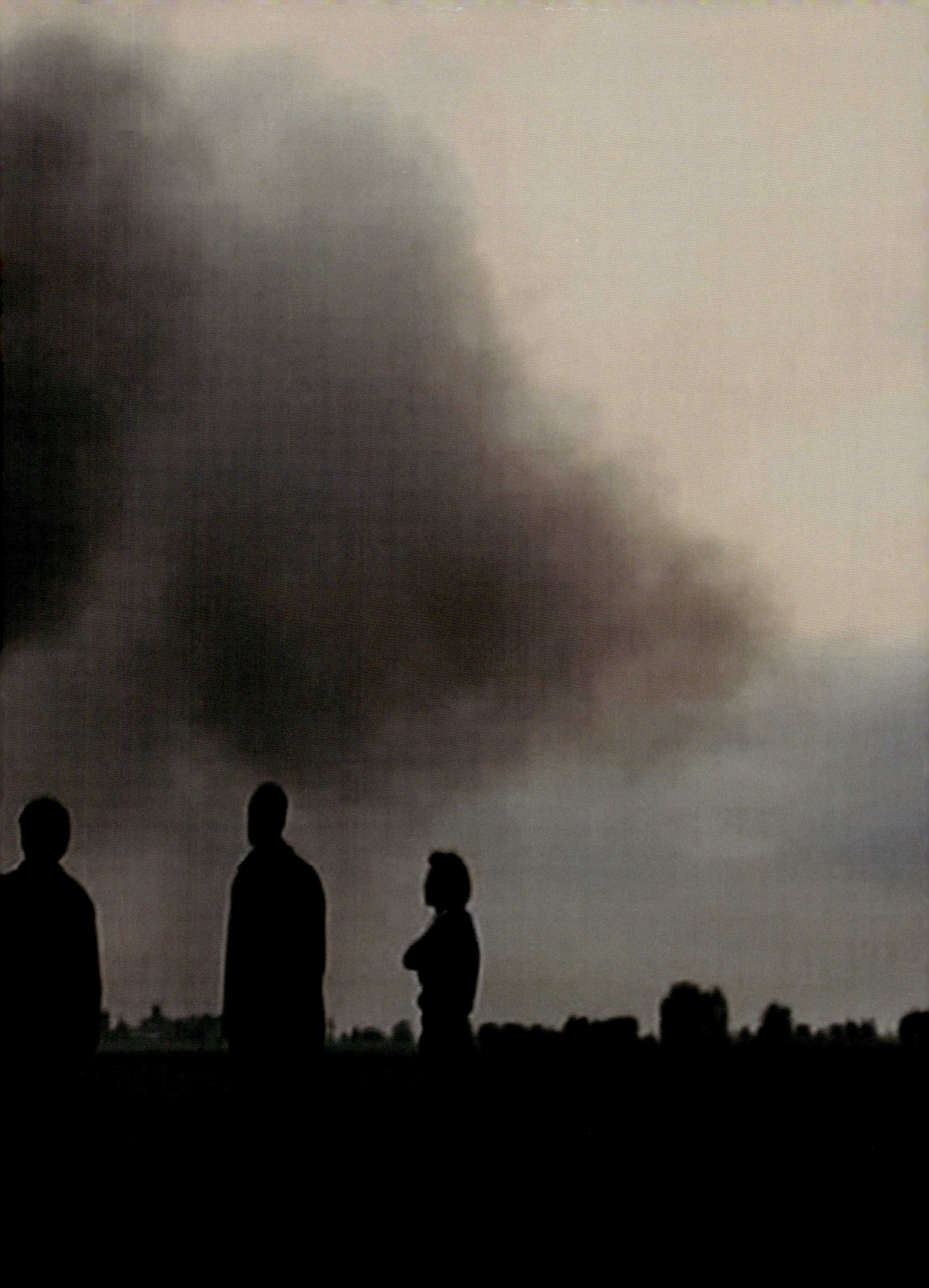

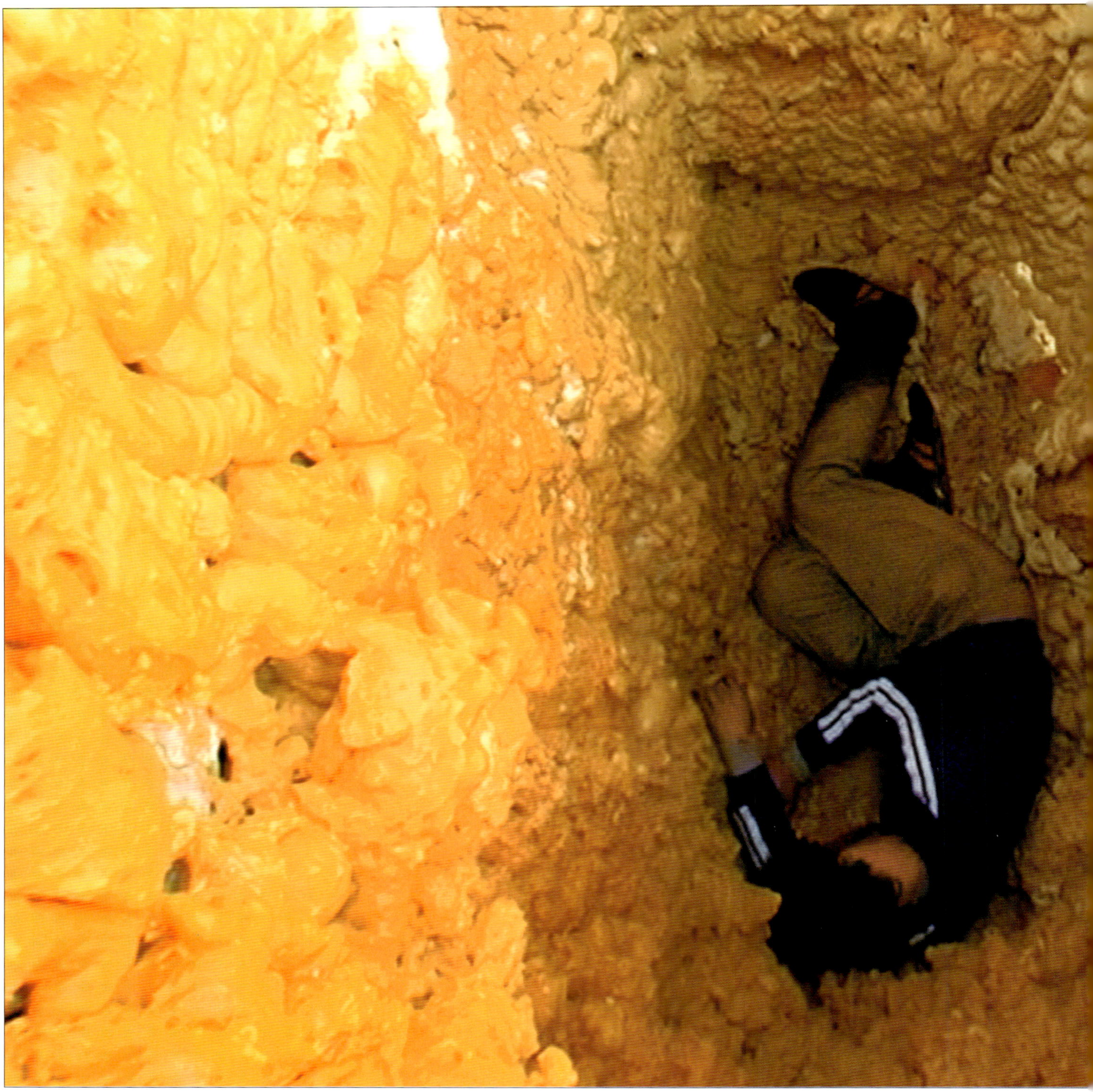

Nelle pagine precedenti e in queste pagine / Previous and these pages
«The following days», 2005
Dvd, video, 16/9, pal, colore / colour, suono / sound.

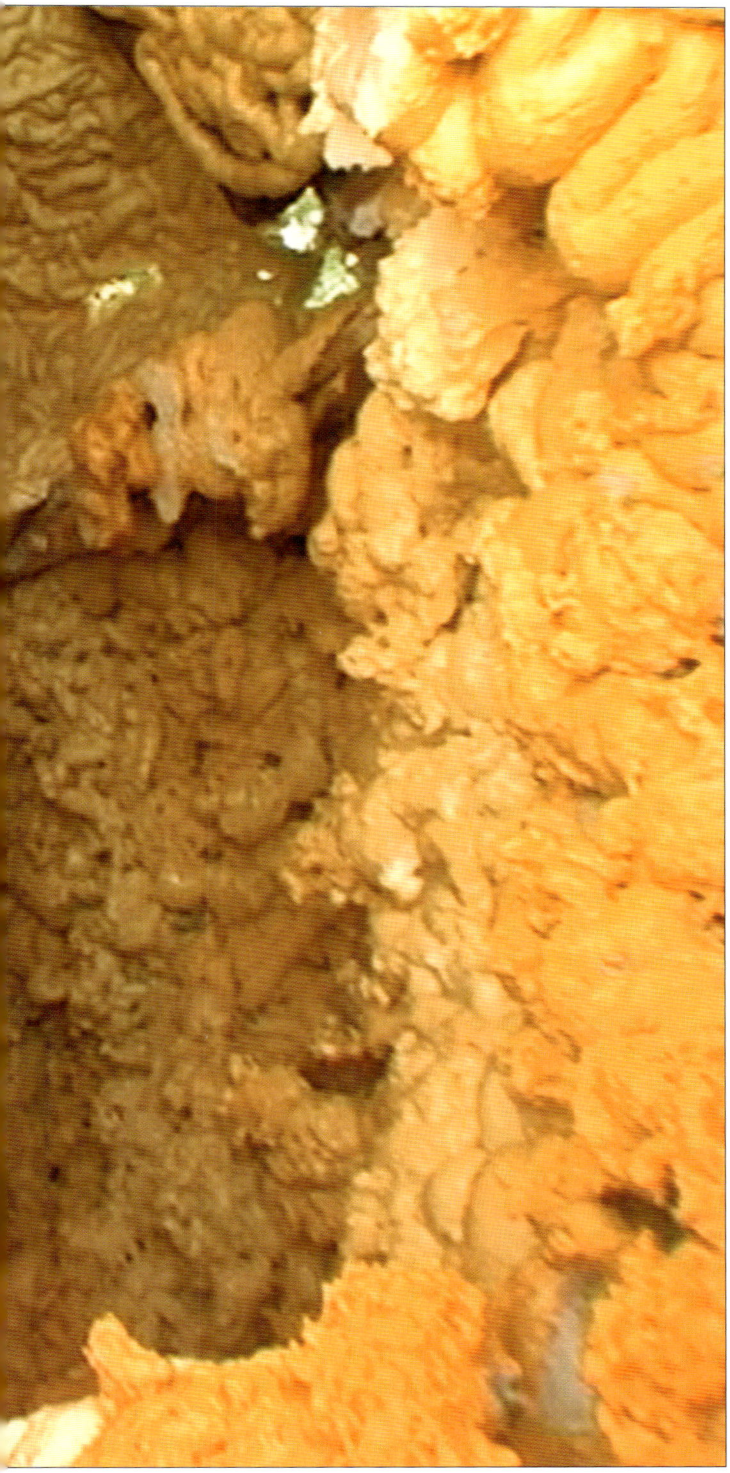

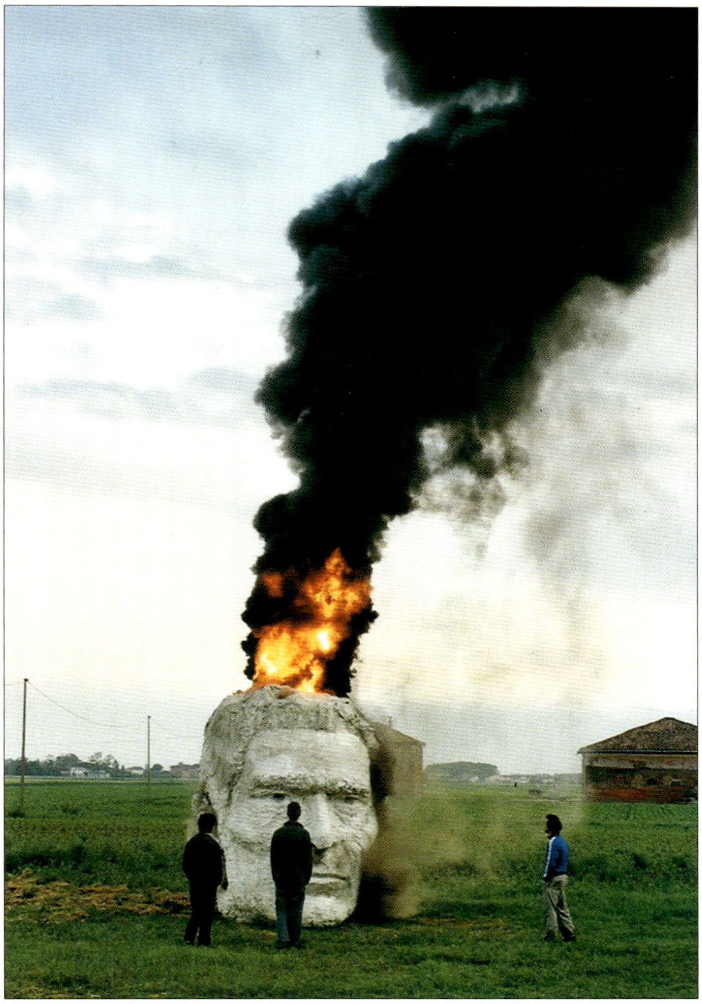

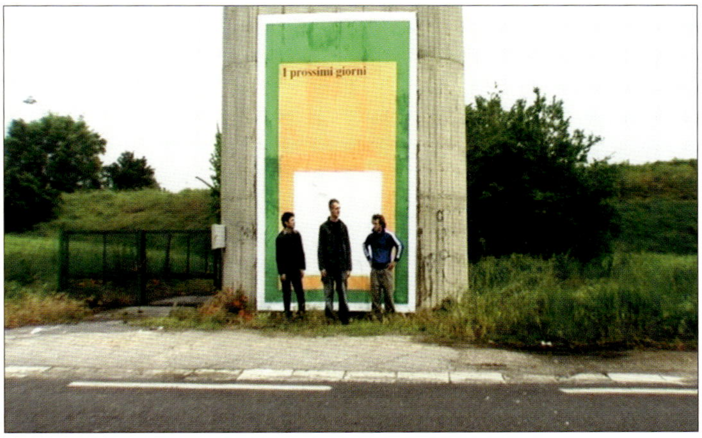
I prossimi giorni

Nicola De Maria

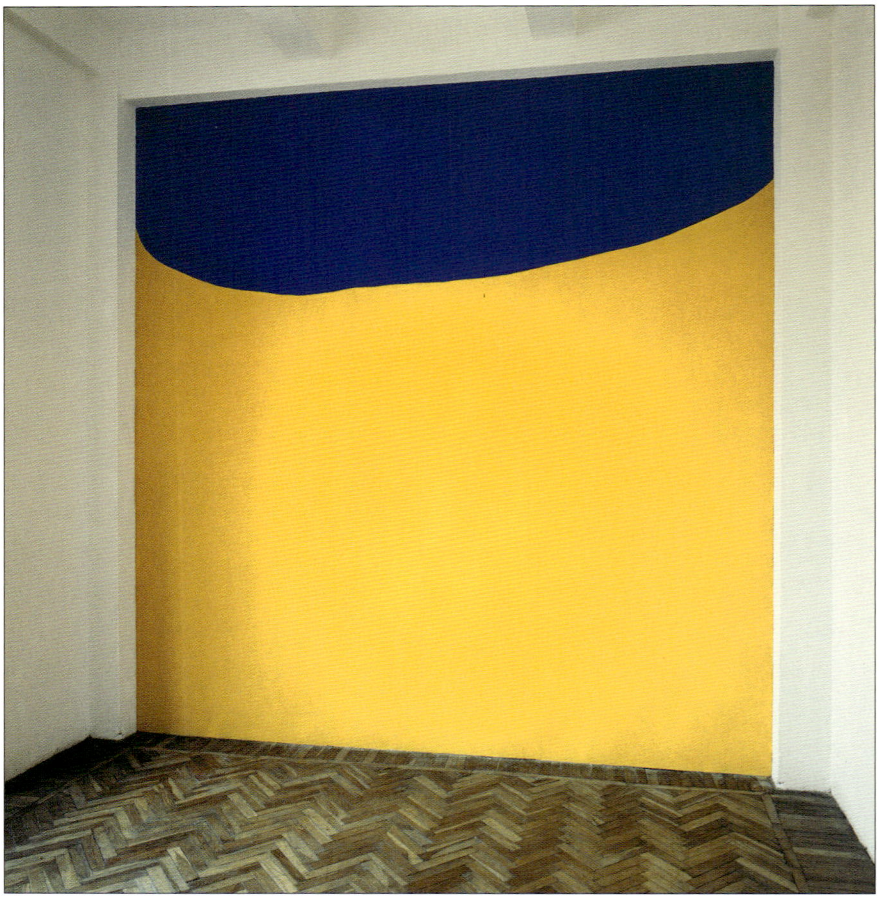

«La leggenda», 1977
Dipinto su parete / wall painting,
dimensioni ambiente / dimensions of the space.
Galleria Franco Toselli, Milano.
Foto / photo Giorgio Colombo, Milano.

«Cinque o sei lance spezzate a favore del coraggio e della virtù», 1982-1985
Tecnica mista su parete / mixed media on wall,
dimensioni ambiente / dimensions of the space.
Castello di Rivoli Museo d'Arte Contemporanea, Rivoli (Torino).
Foto / photo Paolo Pellion, Torino.

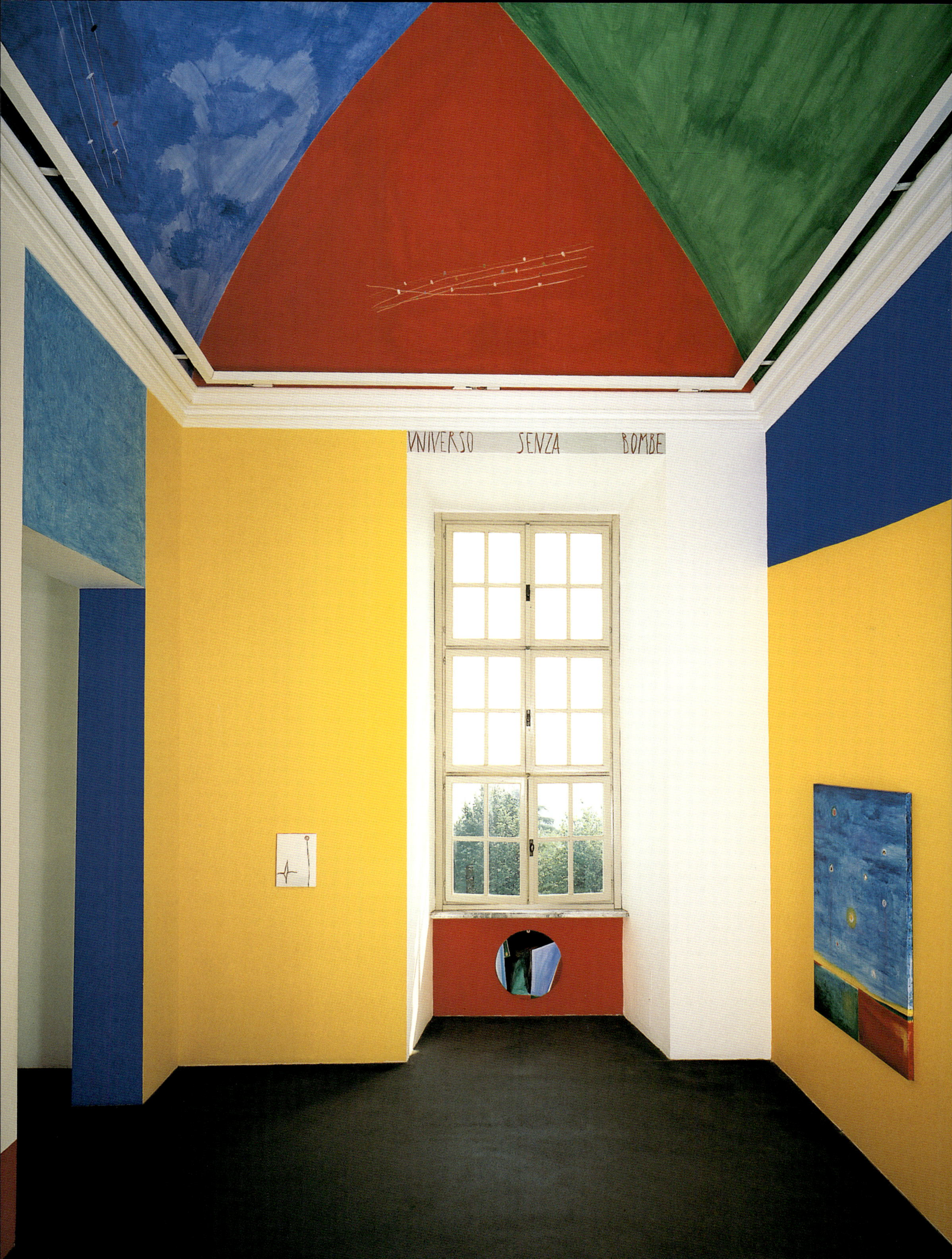
VNIVERSO SENZA BOMBE

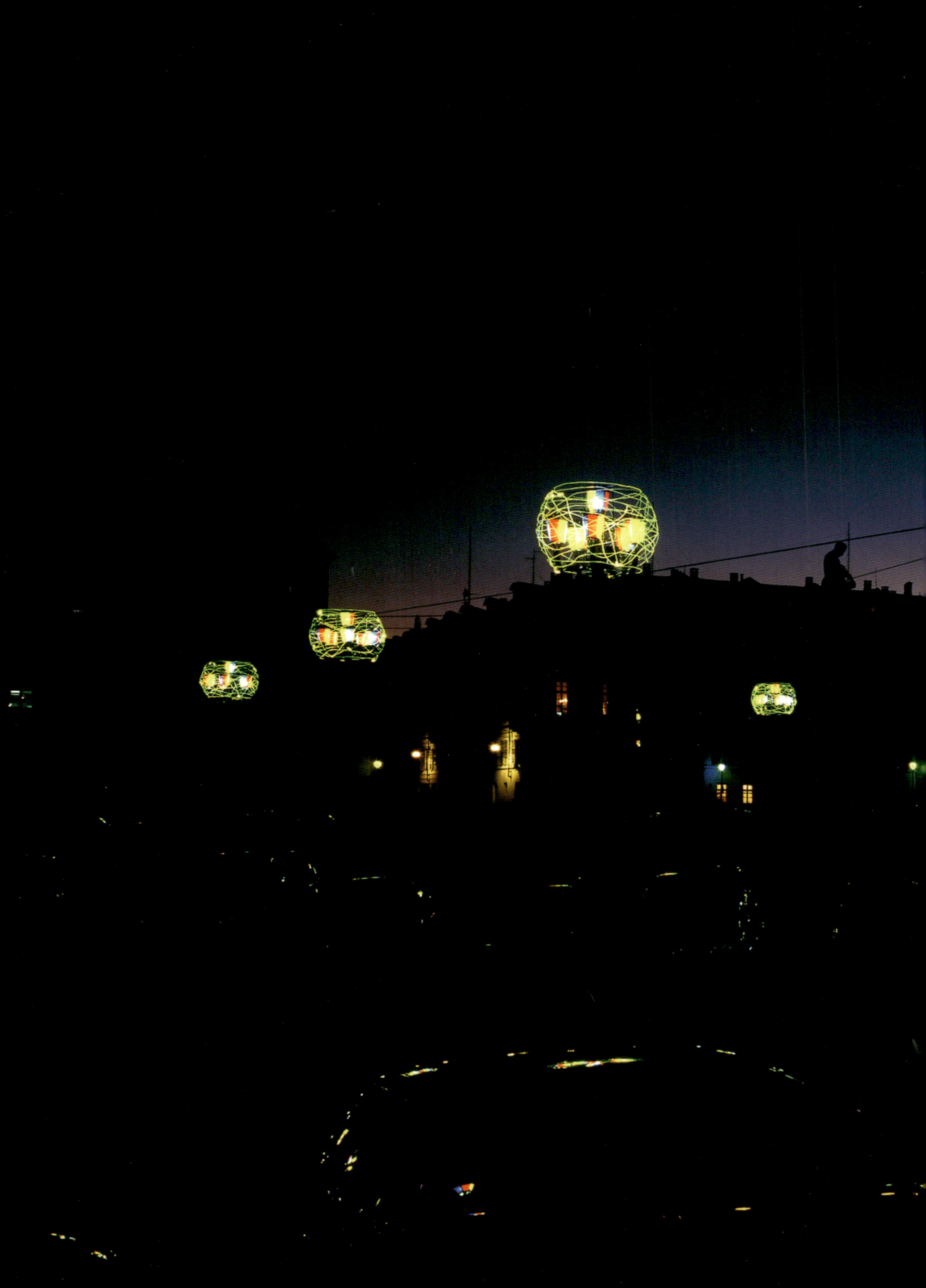

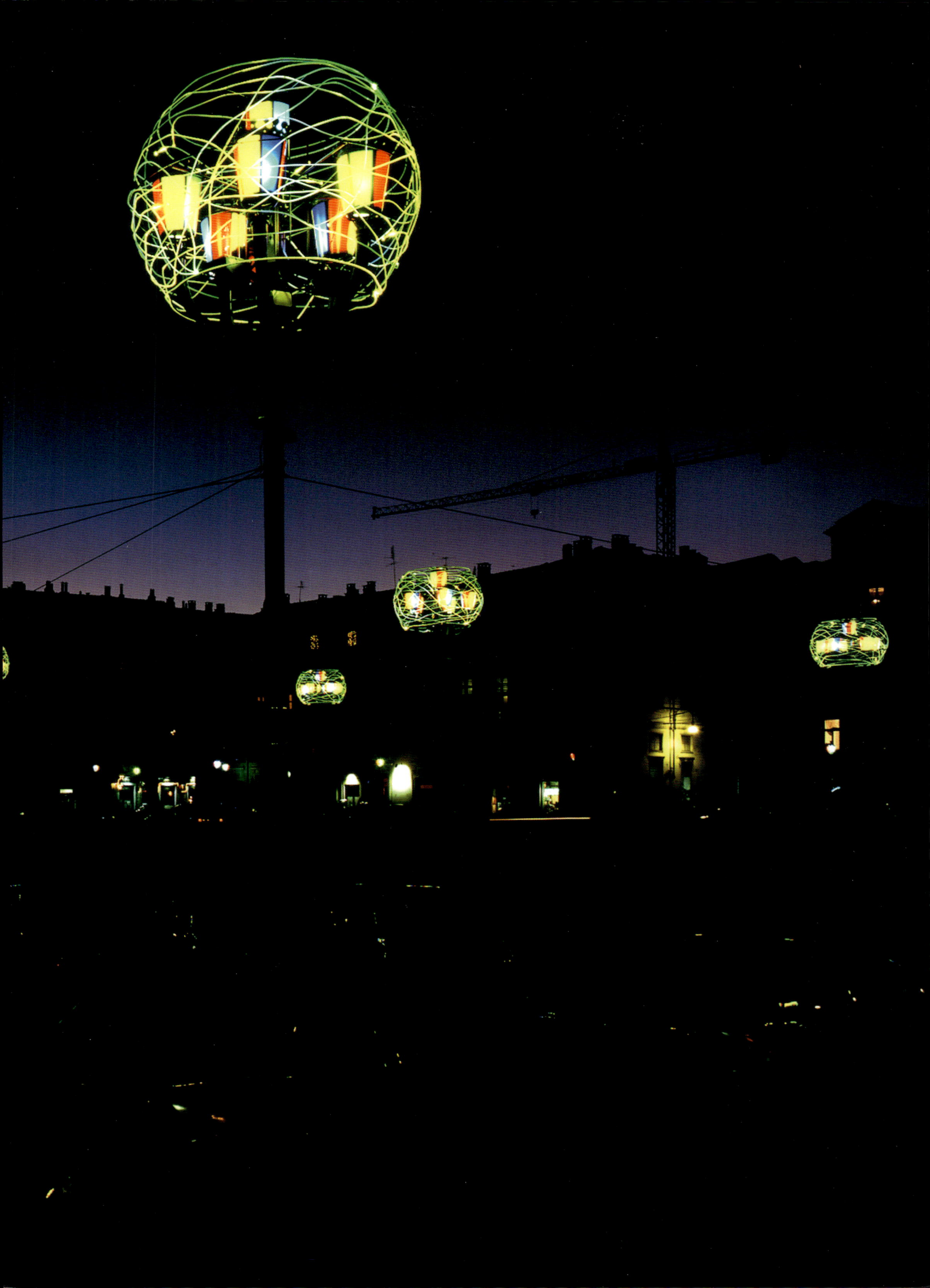

Nelle pagine precedenti / Previous pages
«Il nido cosmico di tutte le anime», 2004
Piazza Carlo Emanuele II, Torino.
Foto / photo Paolo Pellion, Torino.

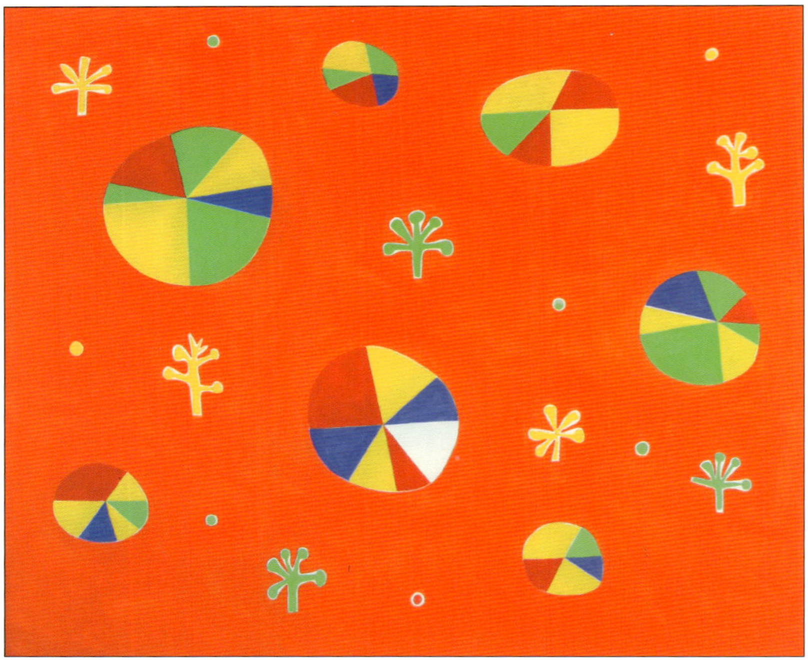

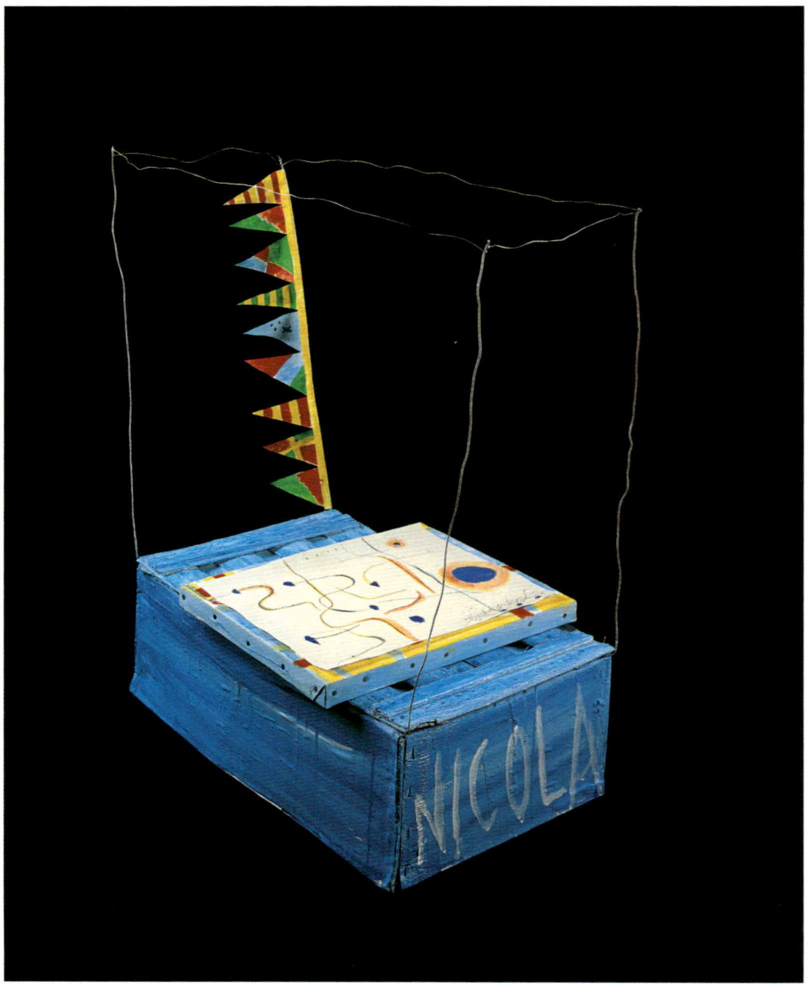

«Elegia cosmica», 2004
Pigmenti su lino / pigments on linen, 190 x 240 cm.
Foto / photo Paolo Pellion, Torino.

«Letto per il sonno dei bei disegni», 1988
Tecnica mista su legno, su tela, su carta /
mixed media on wood, on canvas, on paper,
60 x 50 x 30 cm.
Galerie Lelong, Paris.
Foto / photo Galerie Lelong, Paris.

«I miei dipinti sono le bandiere della gioia
e della forza», 2003
Serigrafia su tessuto / serigraphy on fabric,
250 x 380 cm ciascuna / each.
Installazione sul sagrato di / installation in the courtyard of
Santa Maria Maggiore.
Galleria Civica di Arte Contemporanea di Trento.
Foto / photo Rensi, Trento.

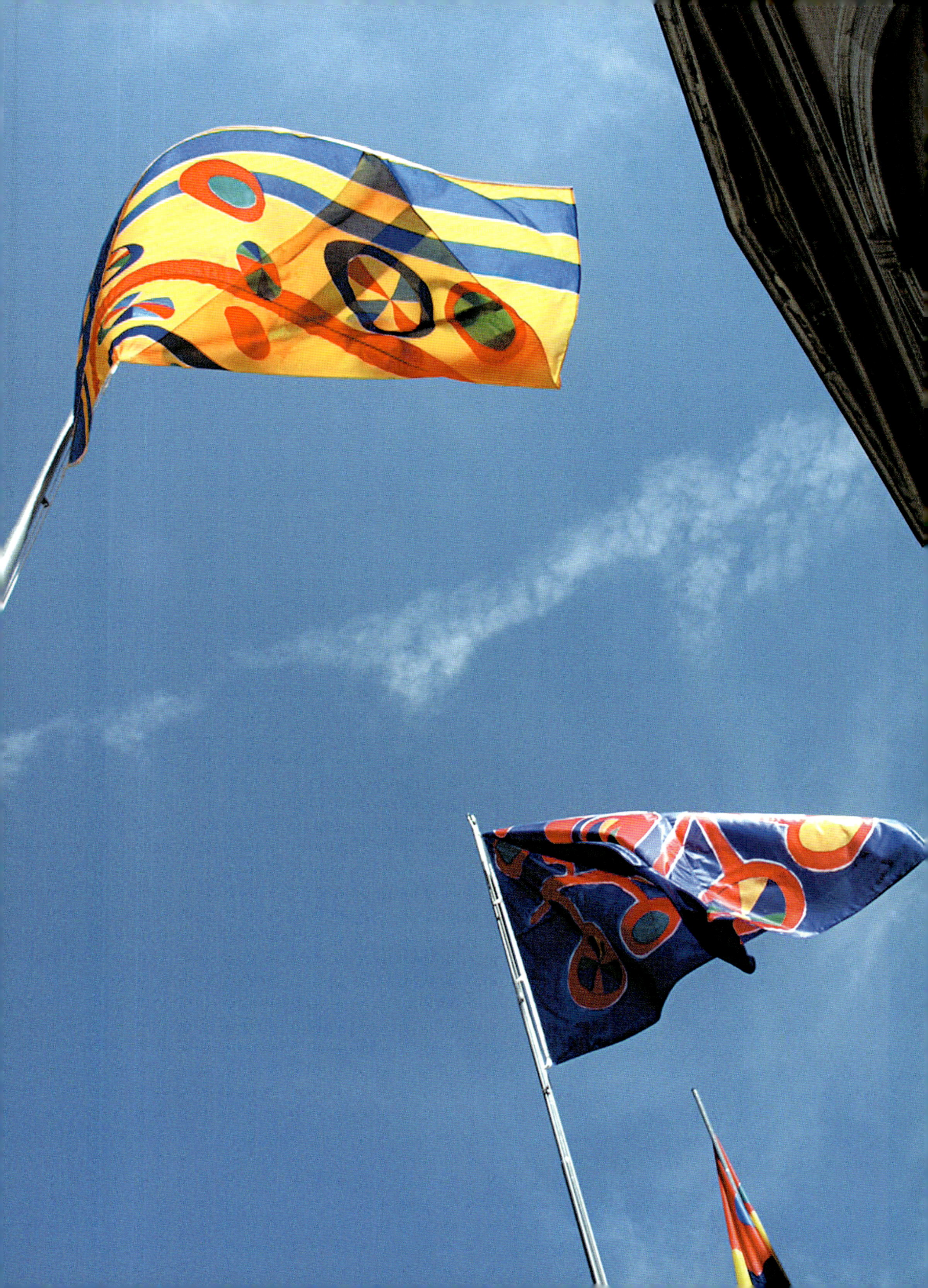

Lucio Fontana

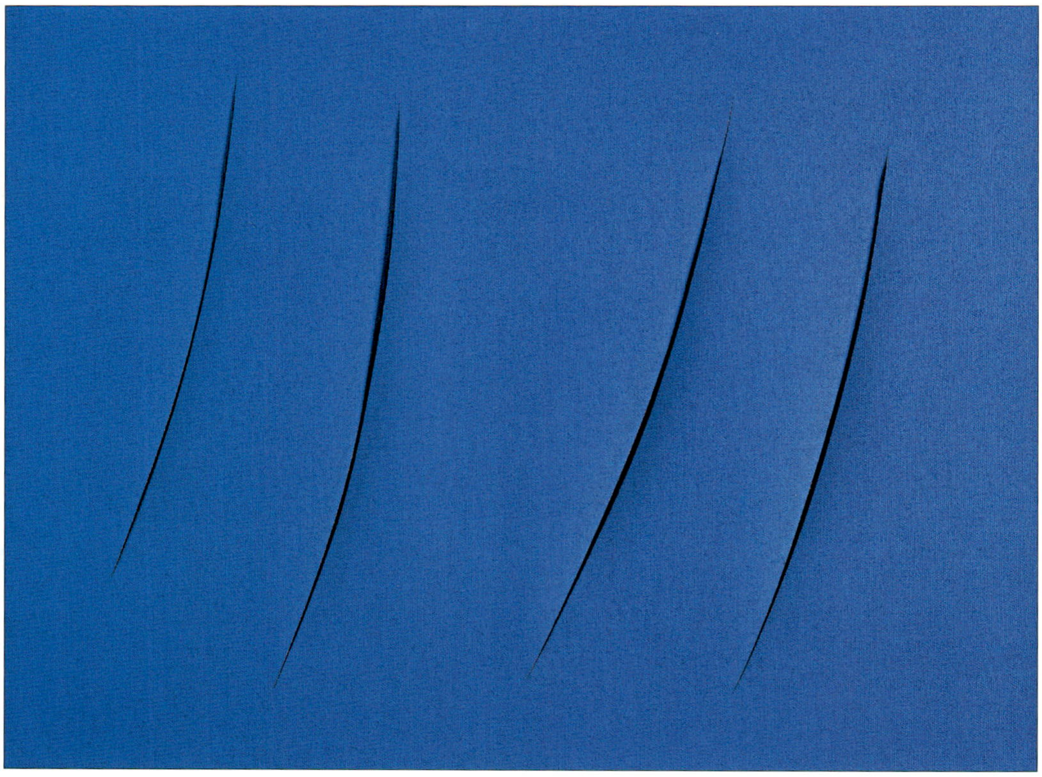

«Concetto spaziale, Attese»
Idropittura su tela, blu /
water-based paint on canvas, blue,
60 x 80 cm.
Catalogo generale /
General catalogue 61.T.62.
Collezione privata / private collection,
Milano.

«Concetto spaziale, La fine di Dio»
Olio, squarci, buchi, graffiti
e lustrini su tela, rosso /
oil, slashes, holes and sequins
on canvas, red, 178 x 123 cm.
Catalogo generale / General catalogue
63.FD.28.
Collezione Lachowsky, Bruxelles.

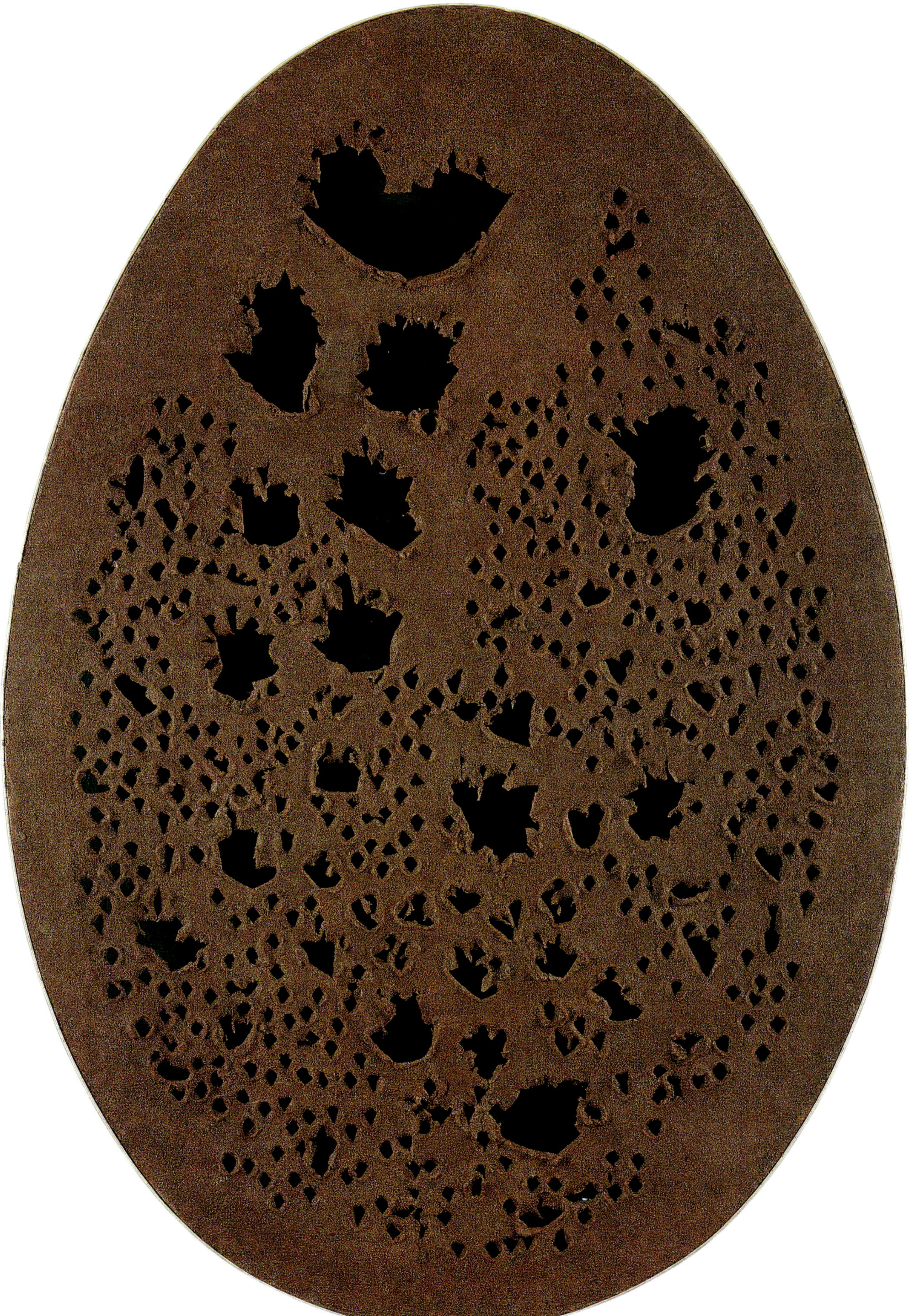

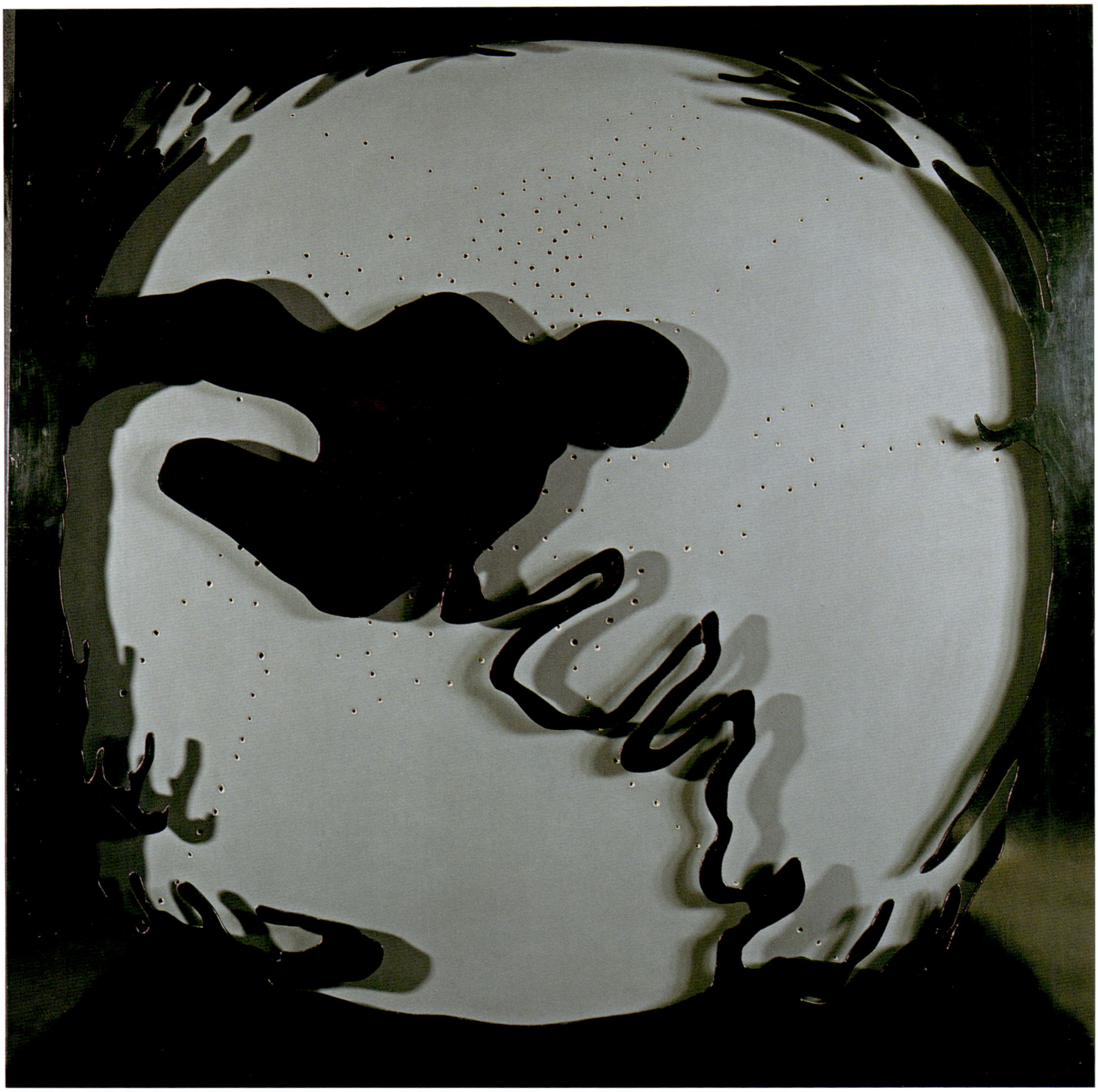

«Concetto spaziale, Teatrino»
Idropittura su tela, nero e legno laccato nero /
water-based paint, black and black enamelled wood,
175 x 175 cm.
Catalogo generale / General catalogue 65.TE.59.
Collezione TFR, Milano.

«Concetto spaziale»
Olio e tecnica mista su tela, nero e azzurro /
oil and mixed media on canvas, black and light blue,
49 x 64 cm.
Catalogo generale / General catalogue 52.P.7.
Fondazione Lucio Fontana, Milano.

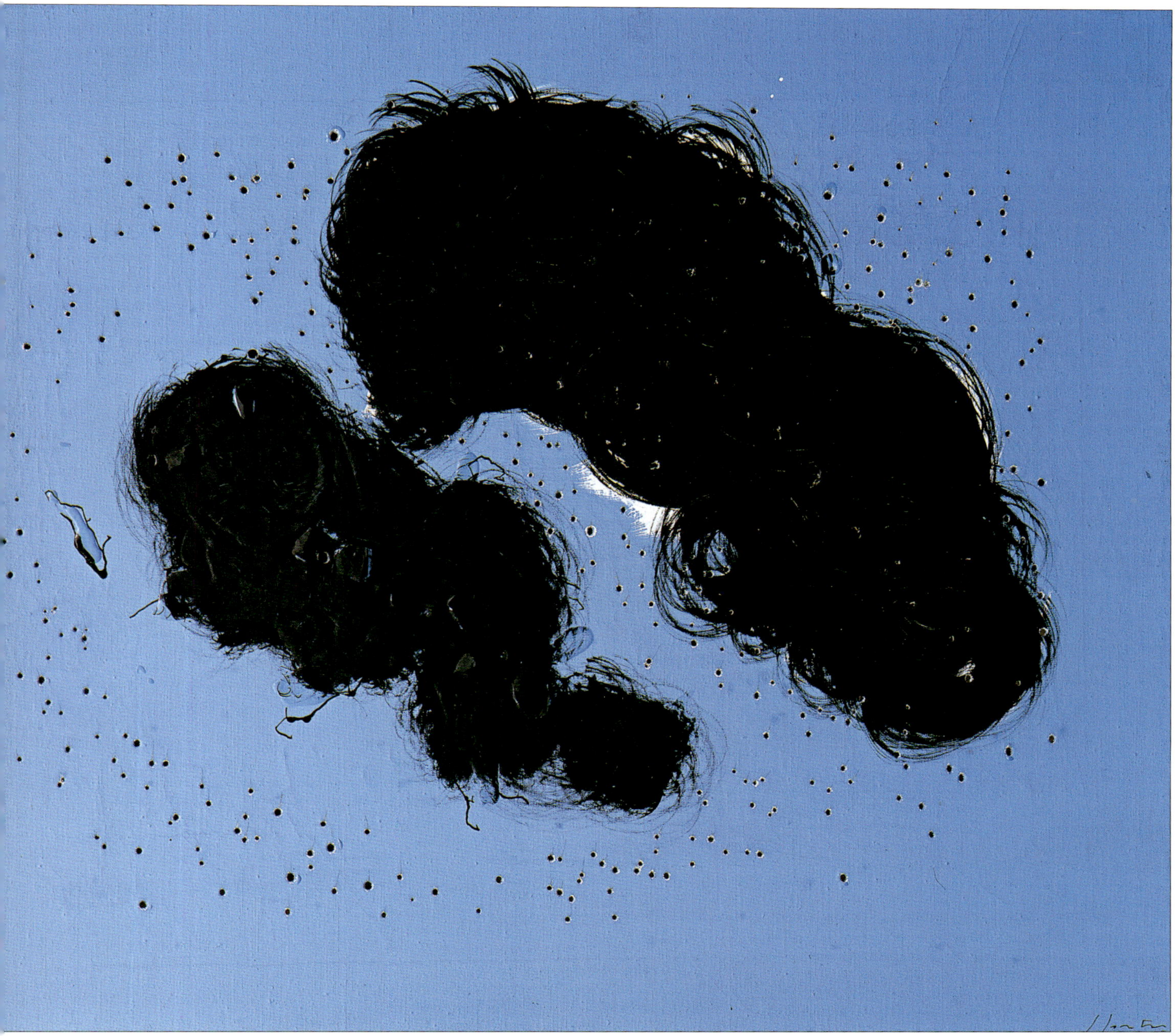

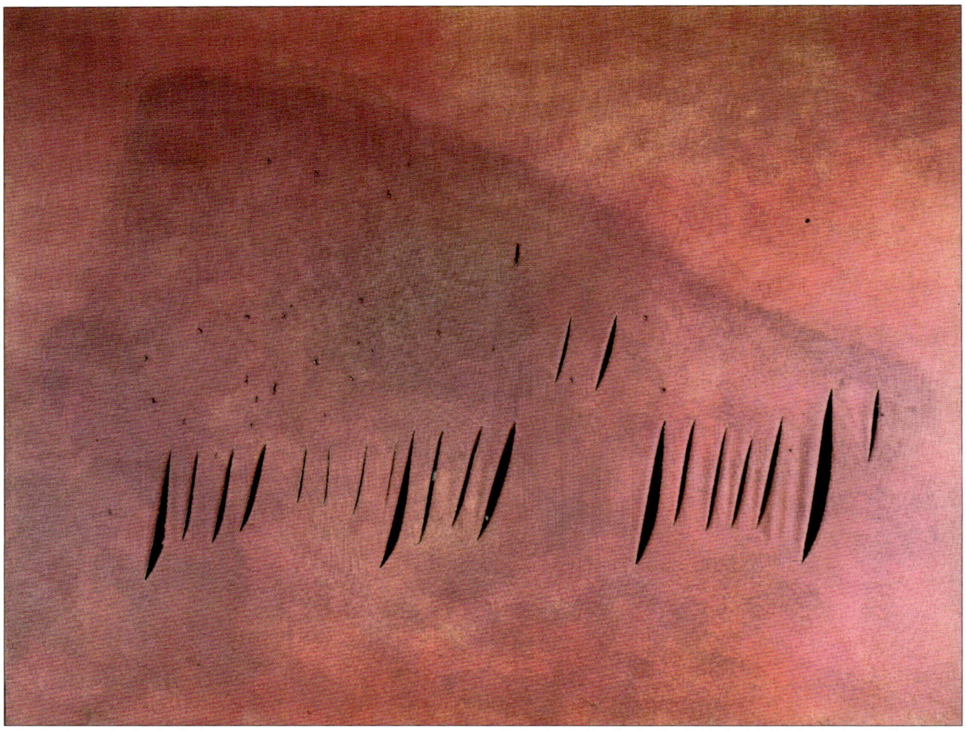

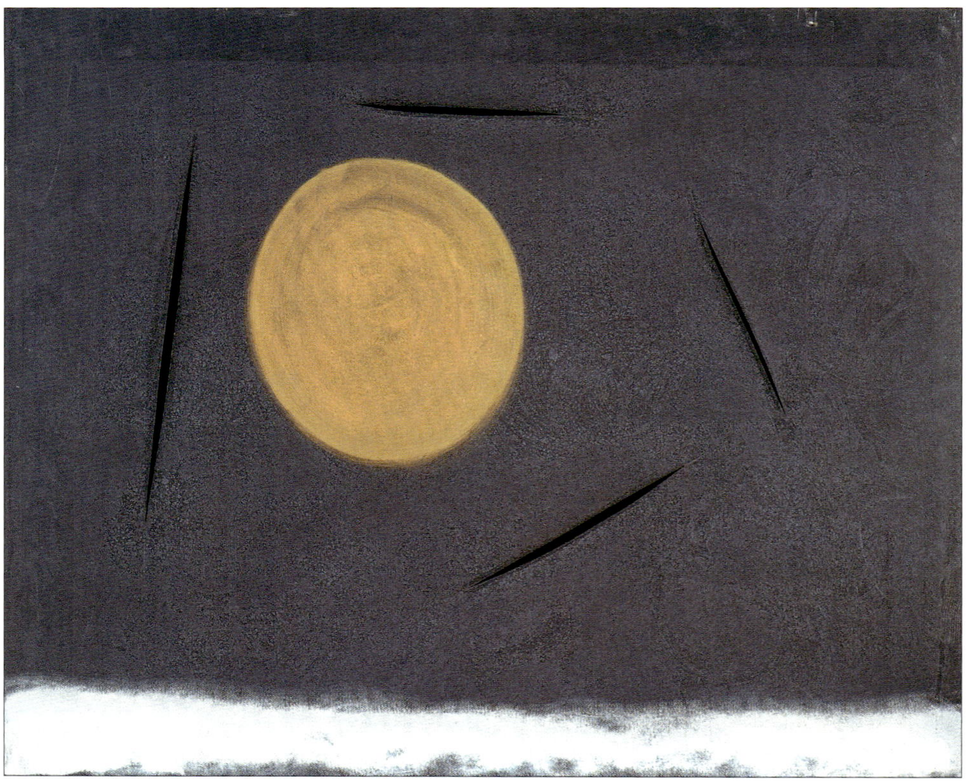

«Concetto spaziale, Attese»
Aniline, tagli e buchi su tela, viola / aniline, slashes and holes on canvas, violet, 97 x 130 cm.
Catalogo generale / General catalogue 59.T.1.
Fondazione Lucio Fontana, Milano.

«Concetto spaziale, Attese»
Idropittura e olio su tela, forma oro su fondo nero e bianco / water-based paint and oil on canvas, gold form on black and white background, 81 x 100 cm.
Catalogo generale / General catalogue 59.T.74.
Collezione TFR, Milano.

«Ambiente spaziale», 1968
Ambiente in gesso, legno, luce e pannello in gesso / plaster environment, wood, light and plaster panel, 330 x 520 x 450 cm.
Catalogo generale / General catalogue 68.A.2.

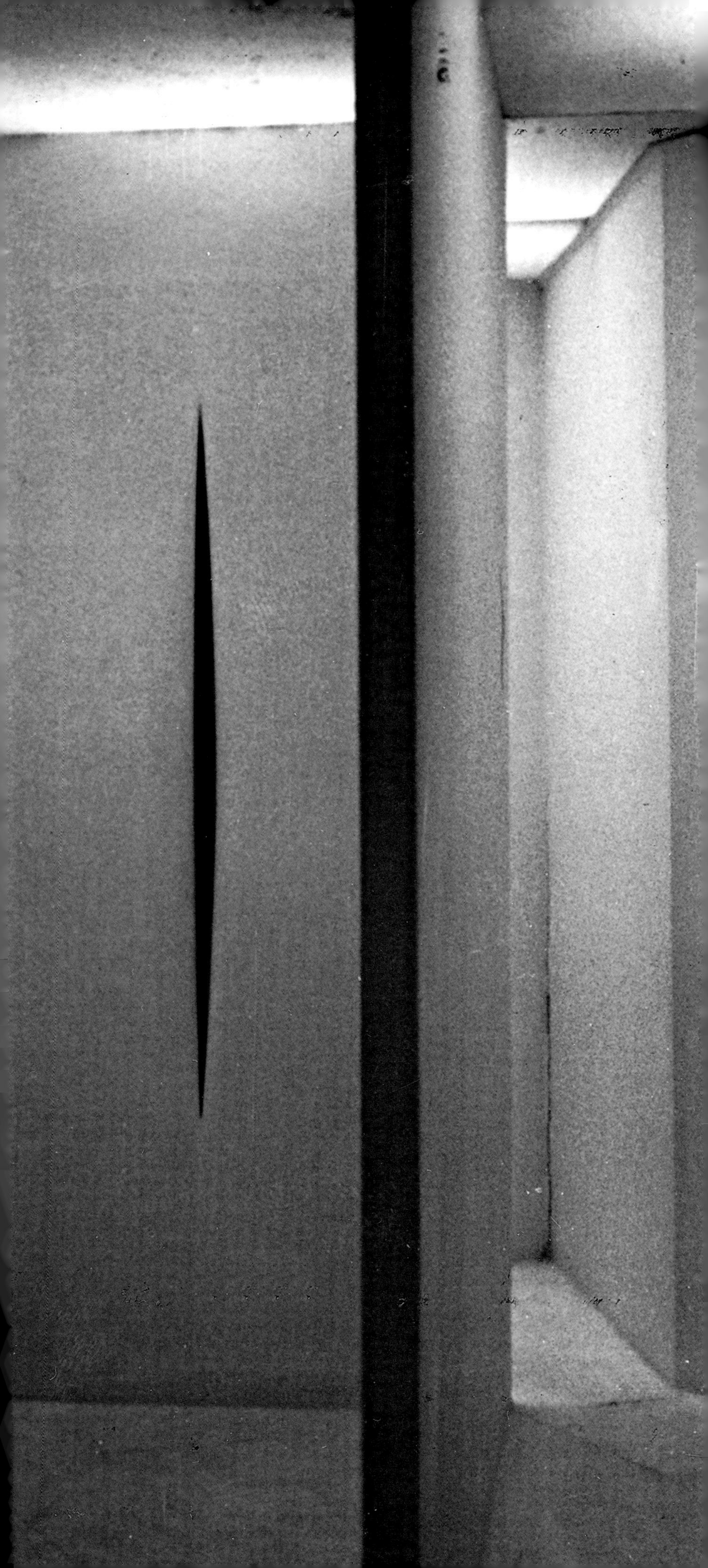

Innocente

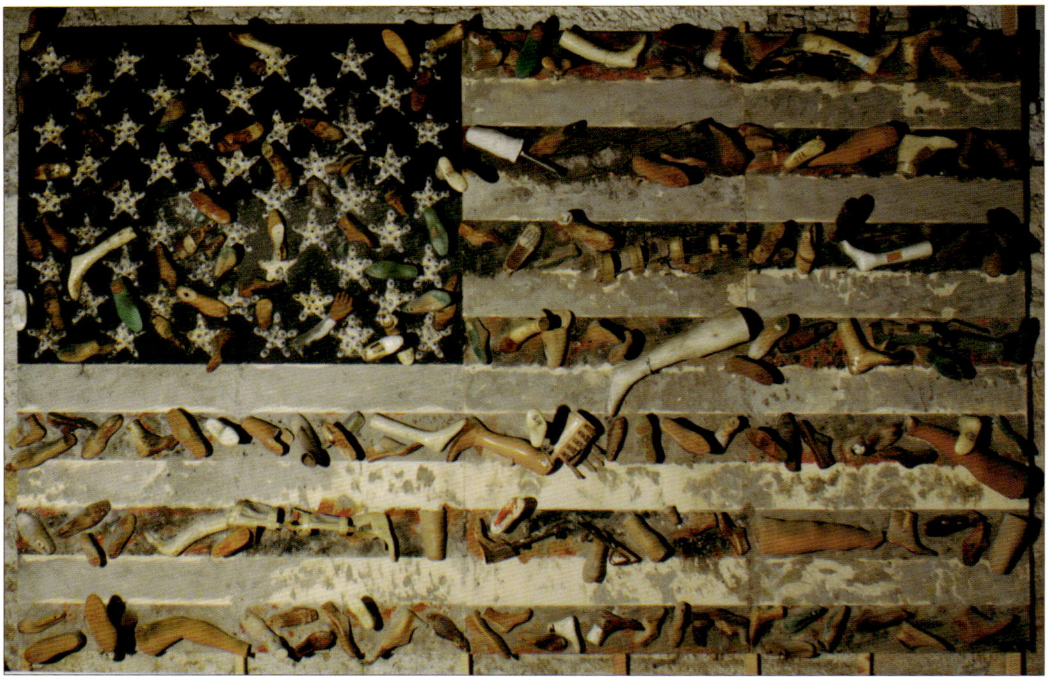

«Red Cross», 2004
Protesi, cenere e carbone su pannelli / protheses, ashes and carbon on panels, 500 x 350 cm.
Foto / photo Arturo Rinaldi.

«Tredici», 2005
Polvere di marmo di Carrara in impasto / impasto of Carrara marble dust,
130 x 55 x 55 cm ognuno / each.
Foto / photo Arturo Rinaldi.

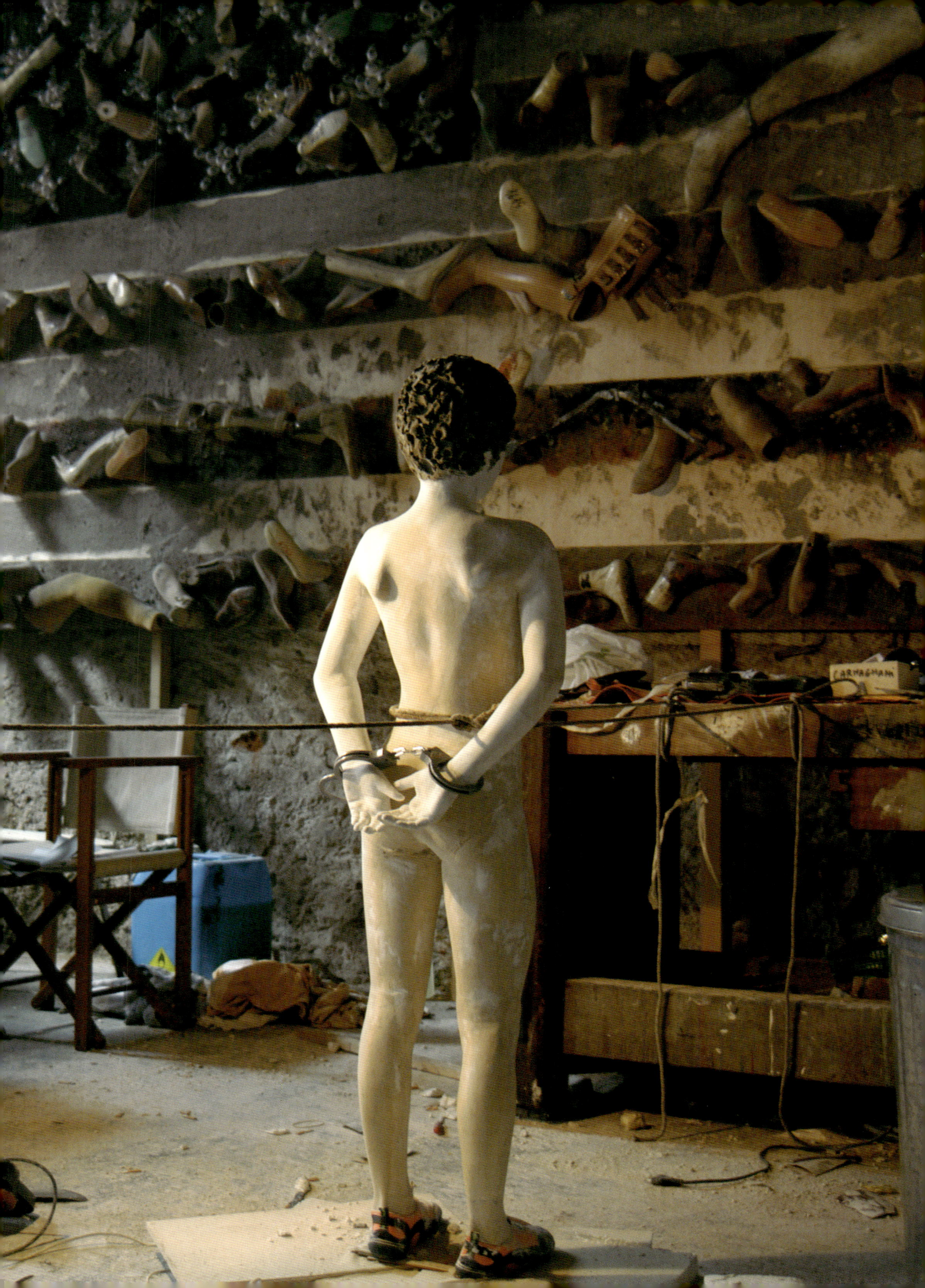

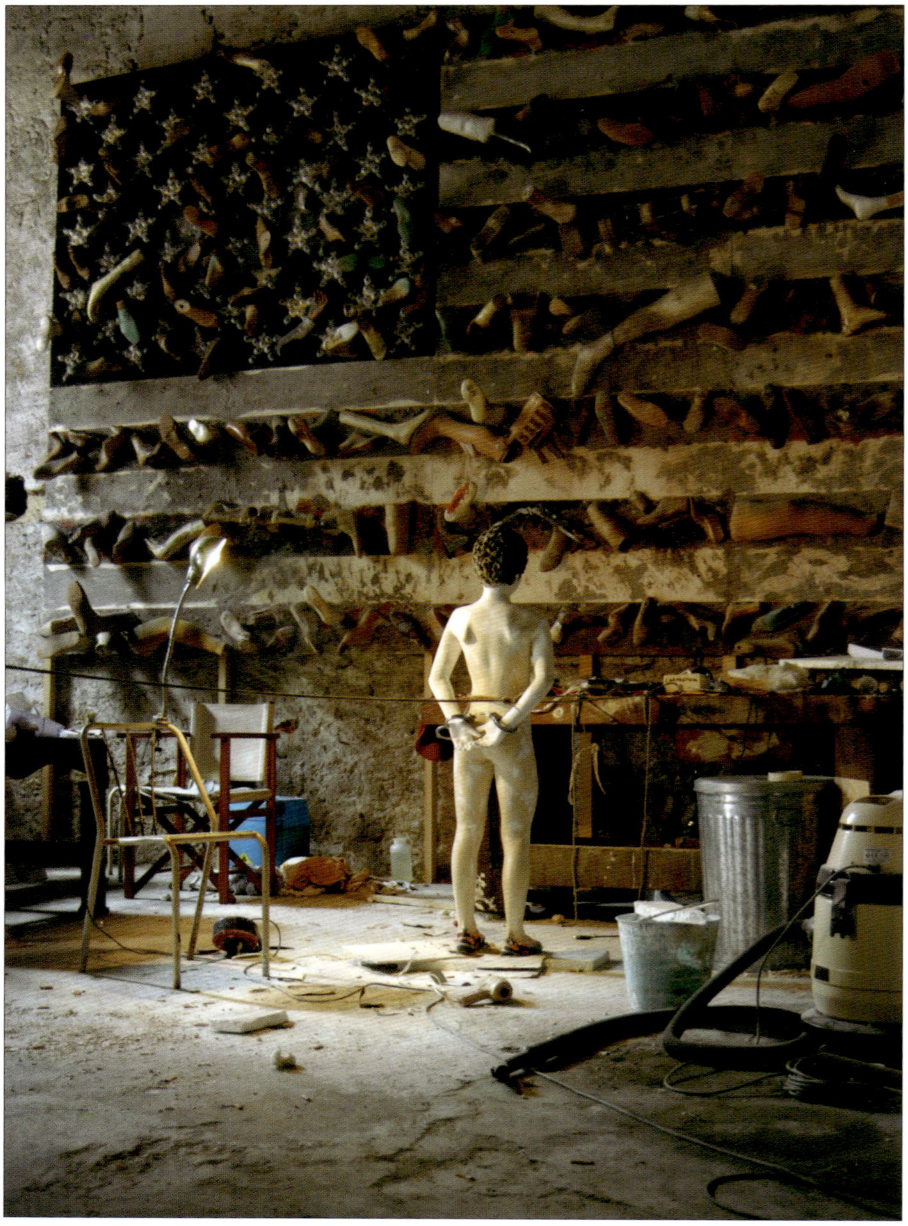

«Tredici», 2005
Polvere di marmo di Carrara in impasto /
impasto of Carrara marble dust,
130 x 55 x 55 cm ognuno / each.
Foto / photo Arturo Rinaldi.

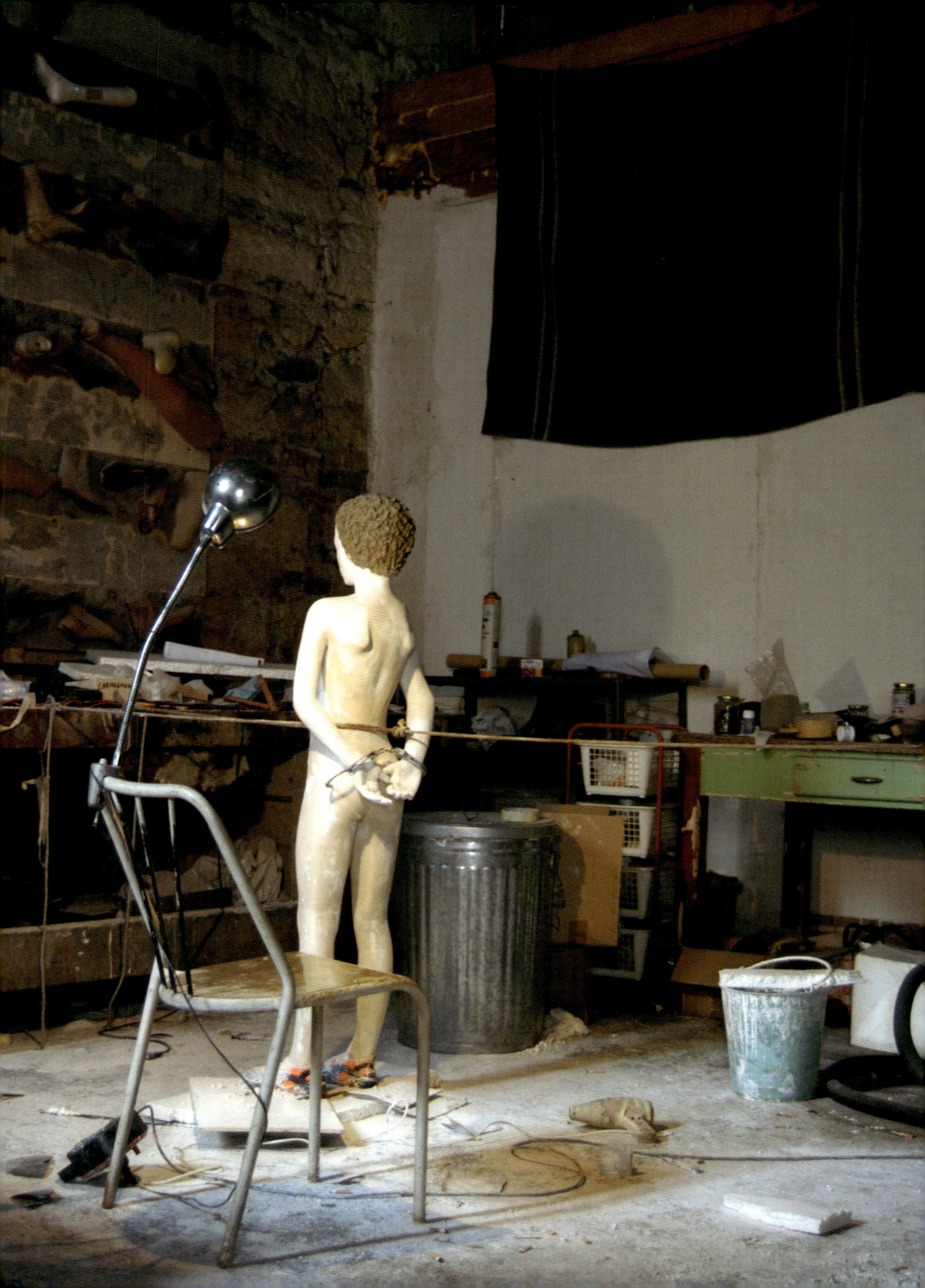

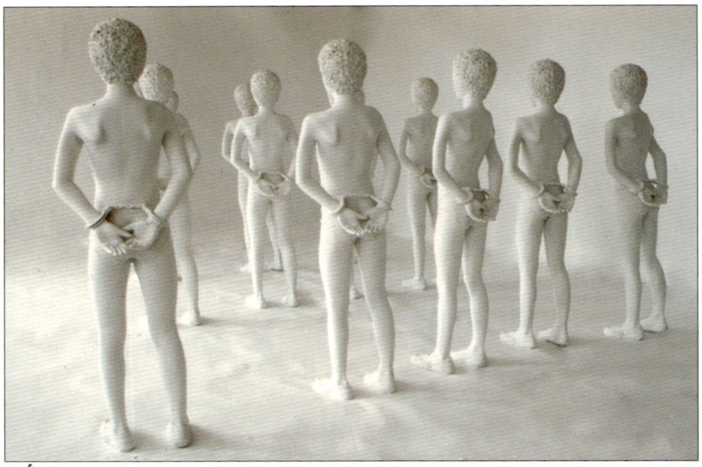

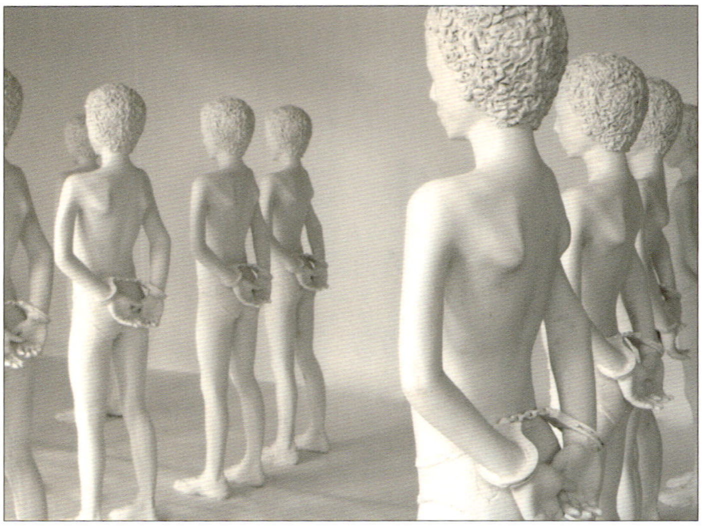

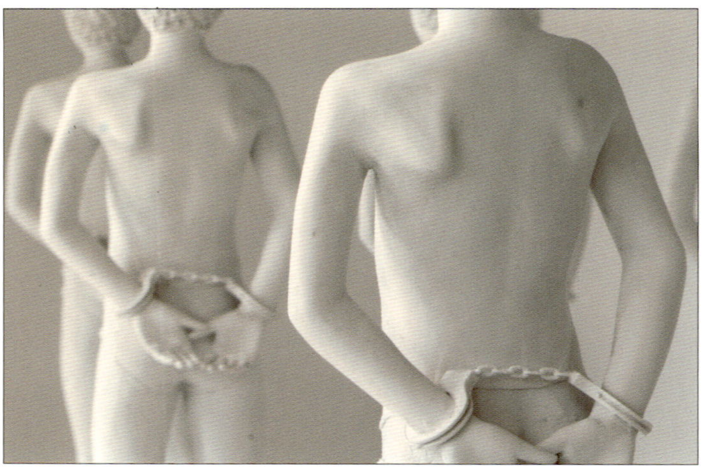

«Tredici», 2005
Polvere di marmo di Carrara in impasto /
impasto of Carrara marble dust,
130 x 55 x 55 cm ognuno / each
(particolari / details).
Foto / photo Arturo Rinaldi.

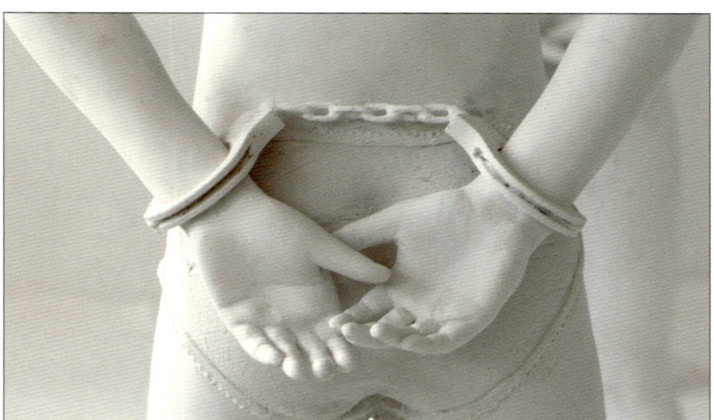

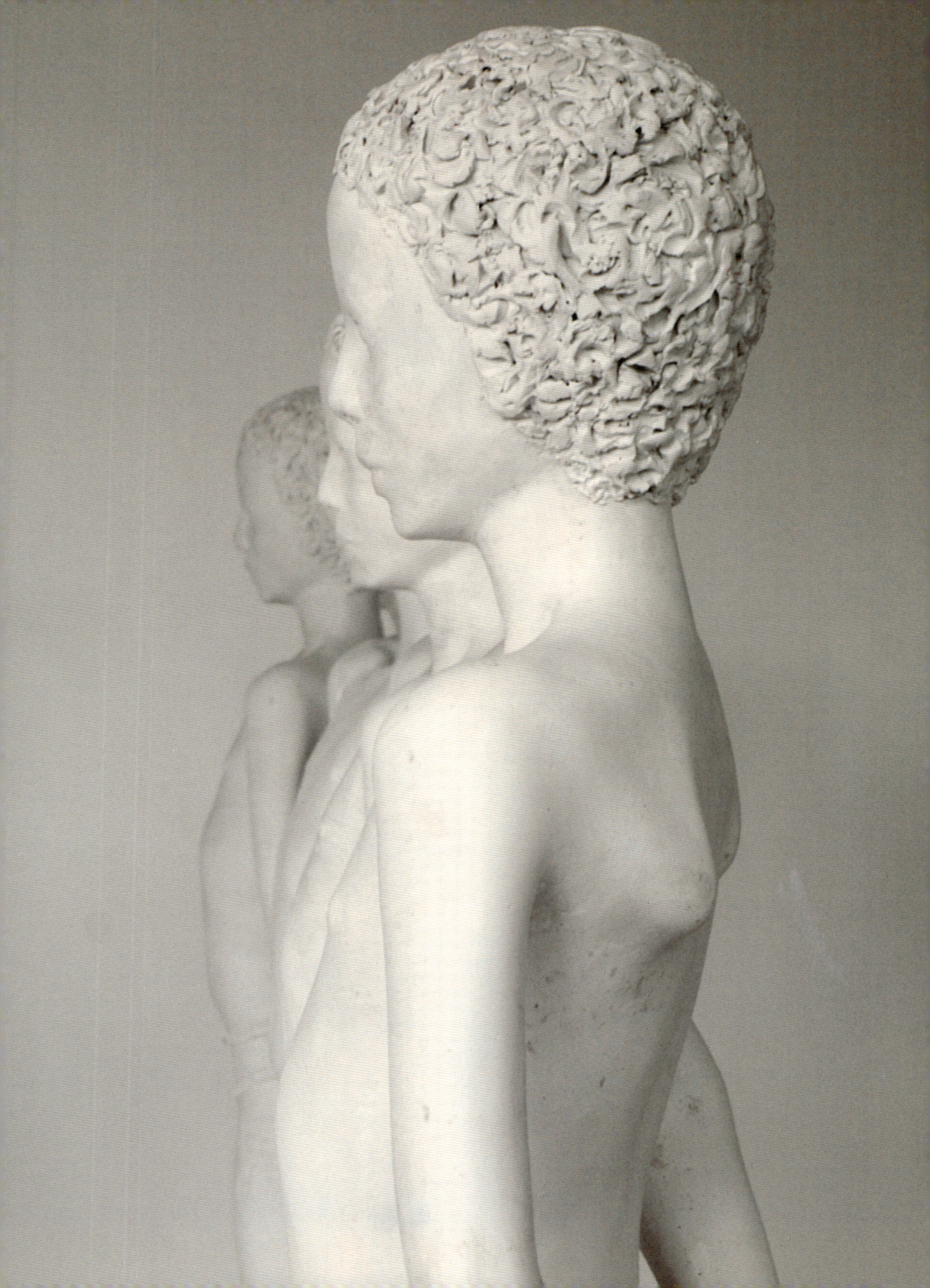

Anish Kapoor

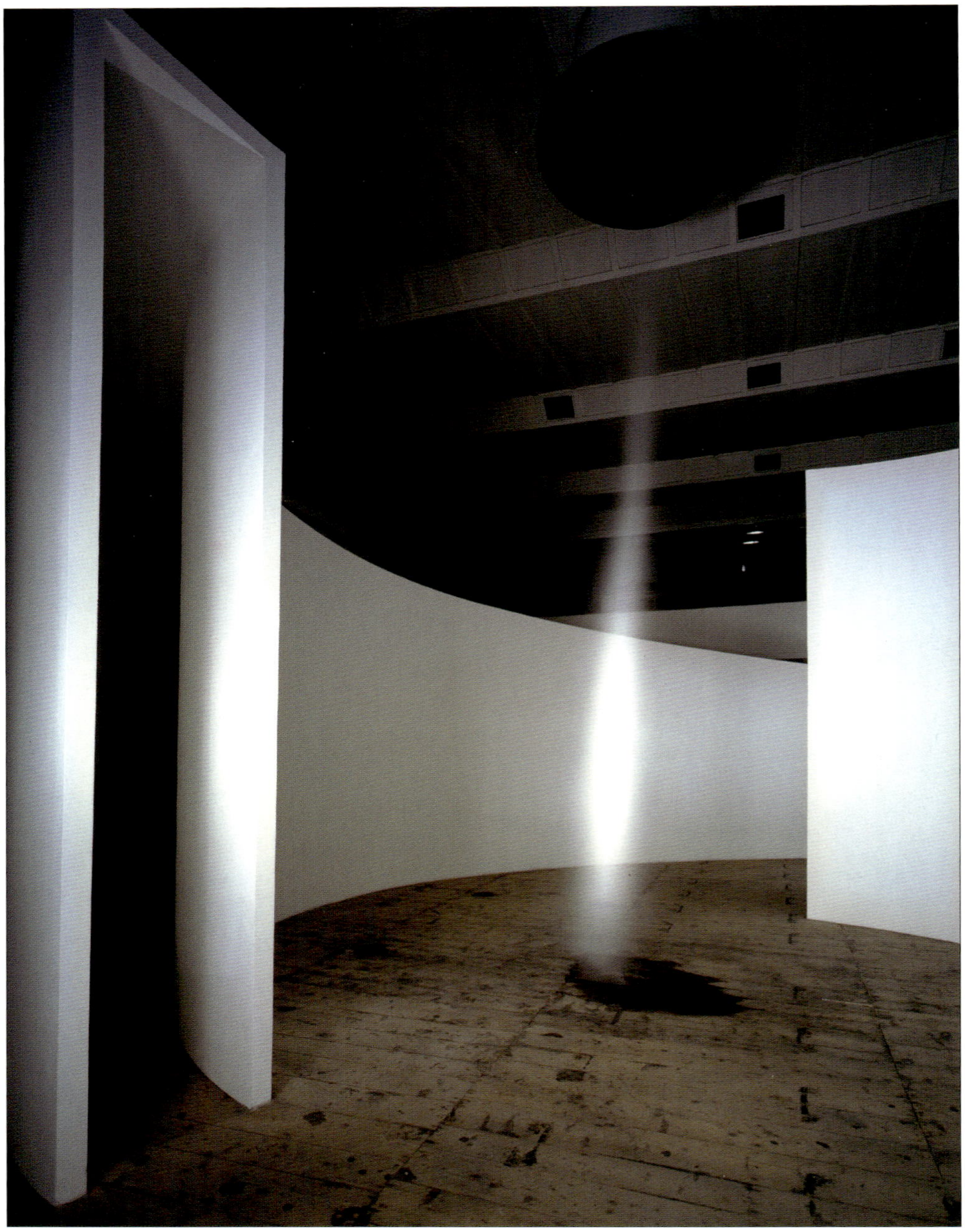

«Ascension», 2003
Opera / work in situ,
materiali vari / various materials,
dimensioni ambiente /
dimensions of the space.
Foto / photo Ela Bialkowska.

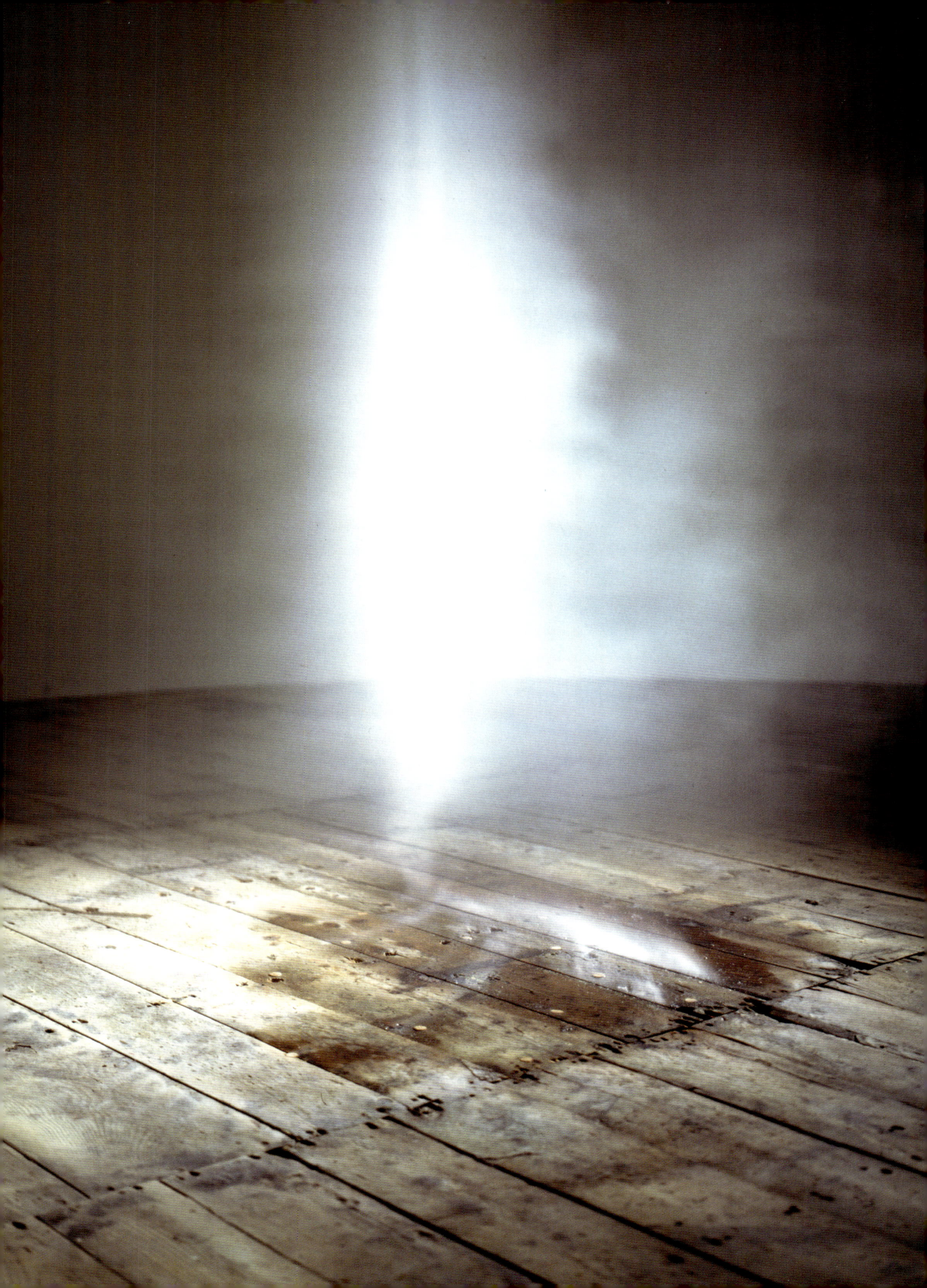

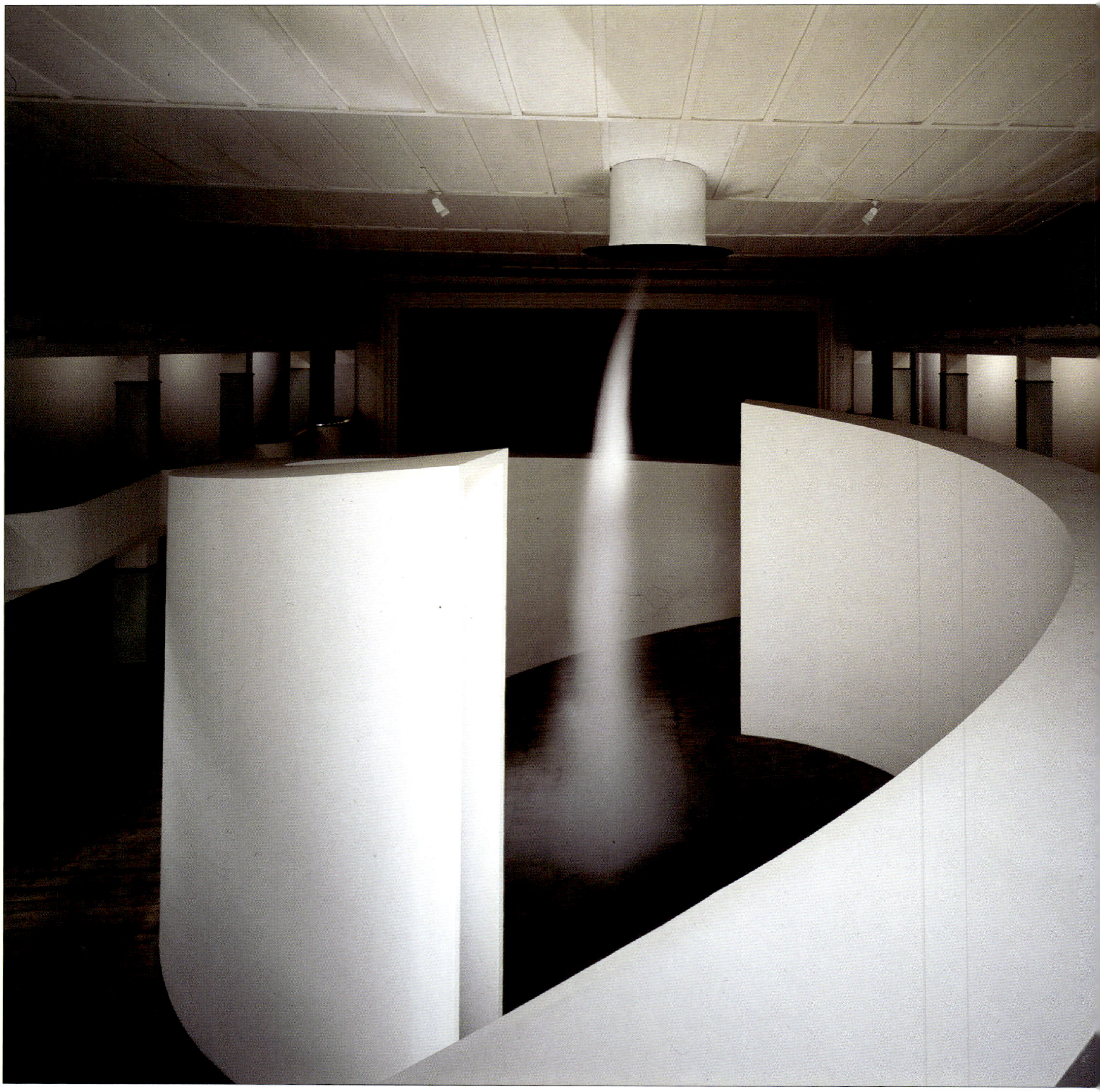

«Ascension», 2003
Opera / work in situ, materiali vari / various materials,
dimensioni ambiente / dimensions of the space.
Foto / photo Ela Bialkowska.

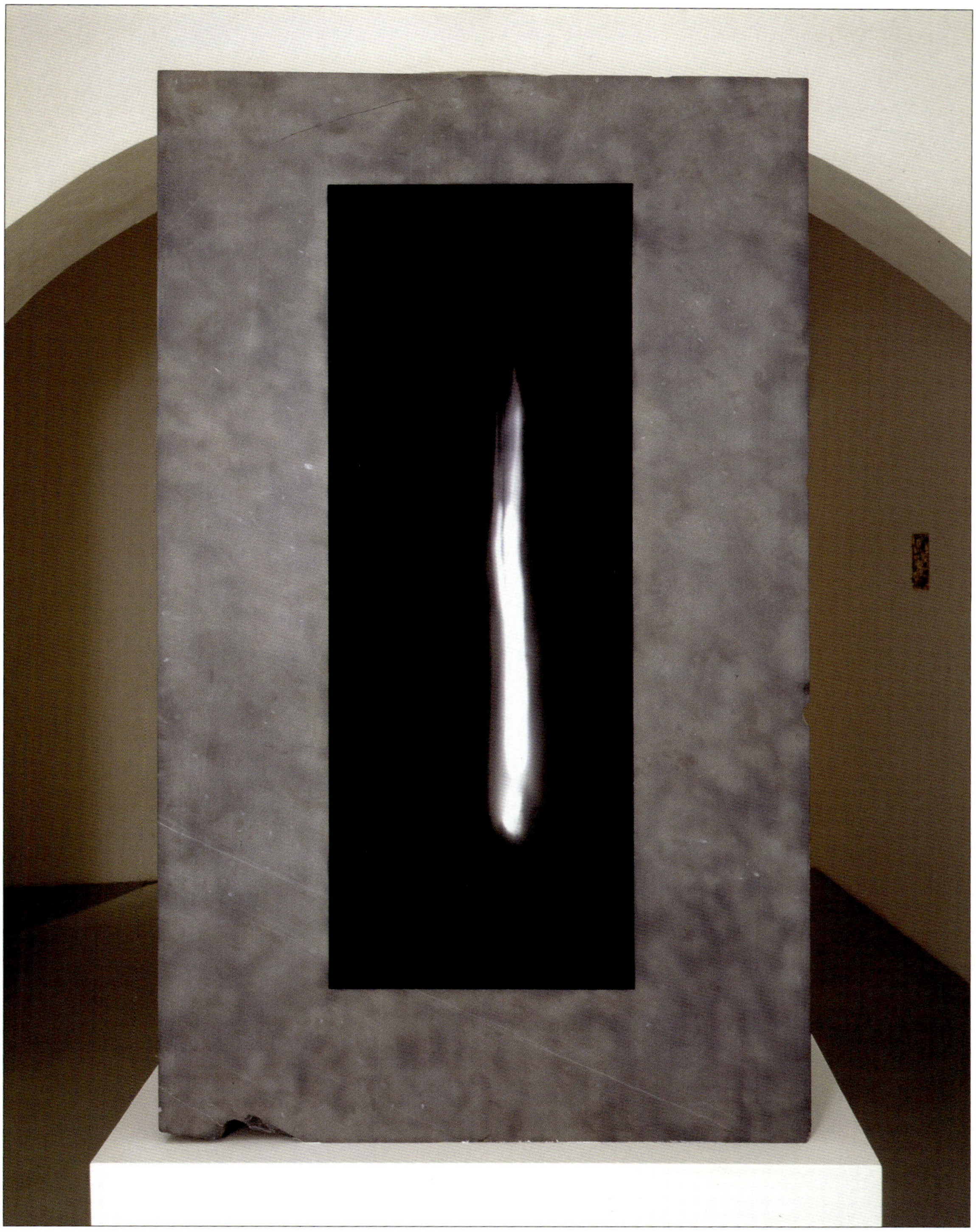

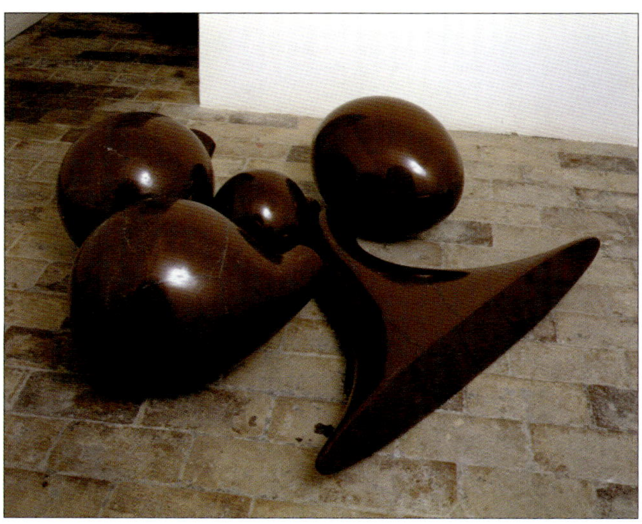

«Fantasma», 2003
Pietra nera del Belgio / Belgian black stone,
135 x 48 x 82 cm.
Foto / photo Ela Bialkowska.

«Mama», 2003
Marmo rosso milas / red milas marble,
125 x 145 x 50 cm.
Foto / photo Ela Bialkowska.

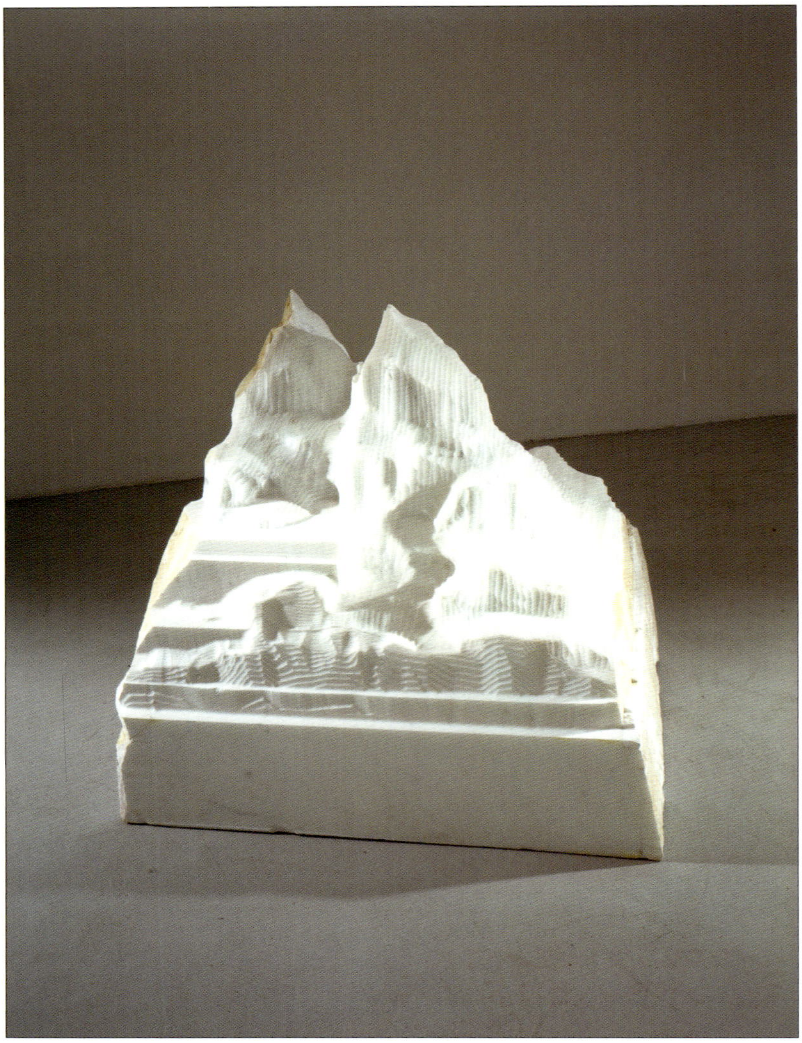

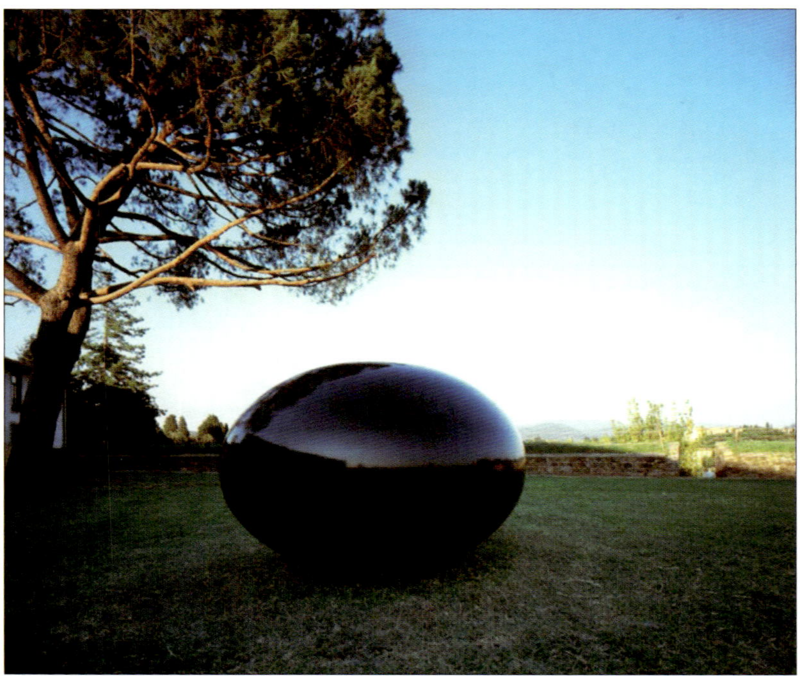

«Mountain with sun and moon», 2003
Marmo bianco statuario, foglia d'oro, grasso / white marble, gold leaf, grease, installazione dimensioni ambiente / installation dimensions of the space, scultura / sculpture 100 x 100 x 100 cm.
Foto / photo Ela Bialkowska.

«Levitazione», 2003
Granito nero di Belfast / Belfast black granite, ø 180 cm, h 120 cm.
Foto / photo Ela Bialkowska.

«Untitled», 2003
Alabastro / alabaster, 210 x 230 x 70 cm.
Foto / photo Ela Bialkowska.

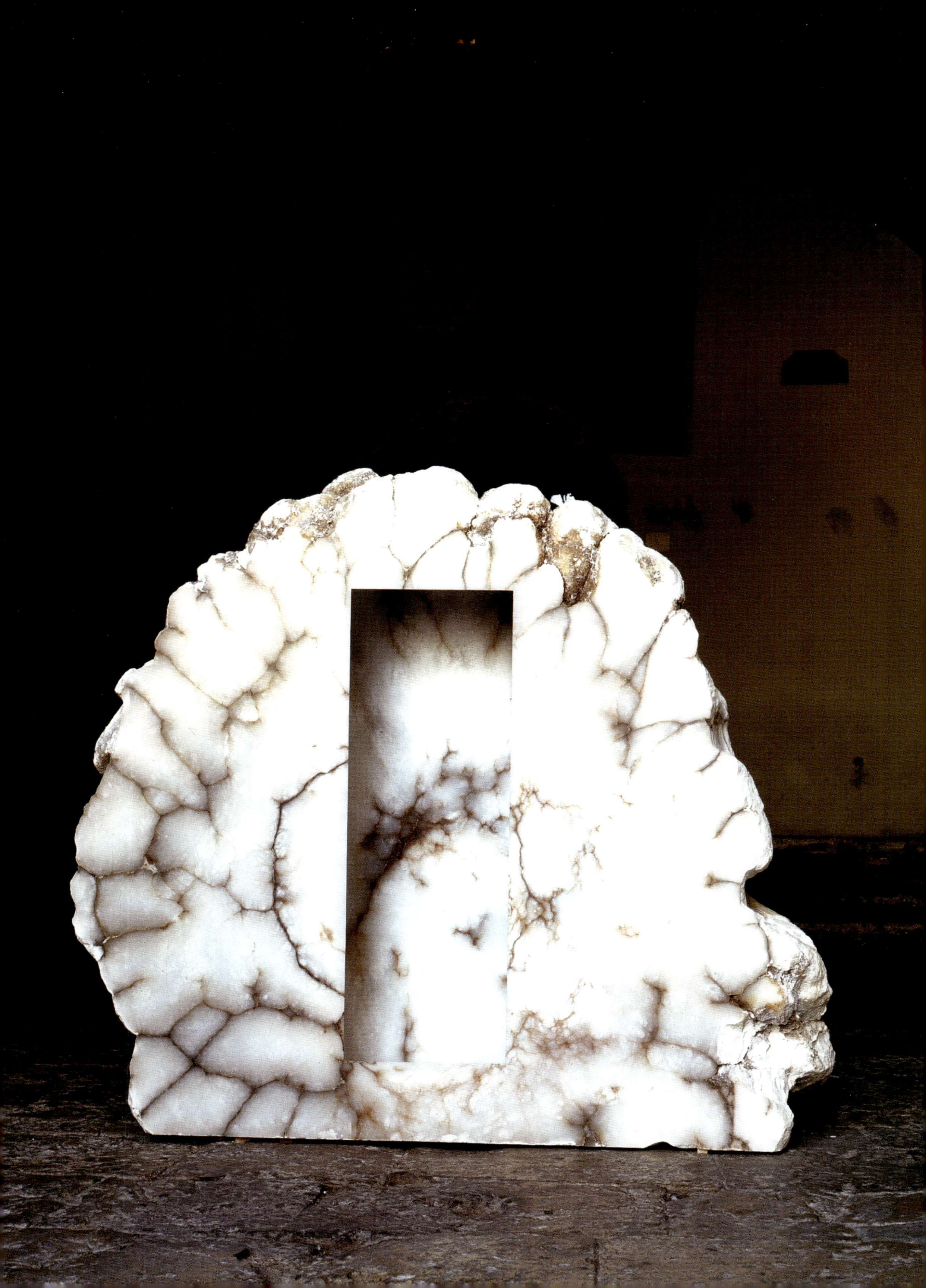

Joseph Kosuth

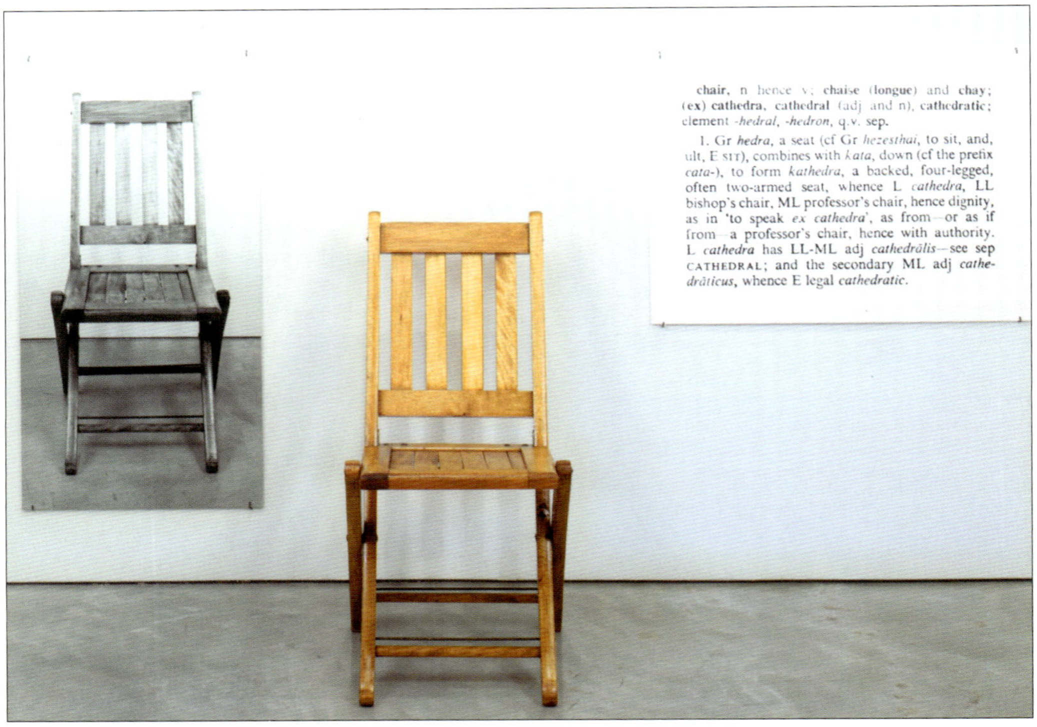

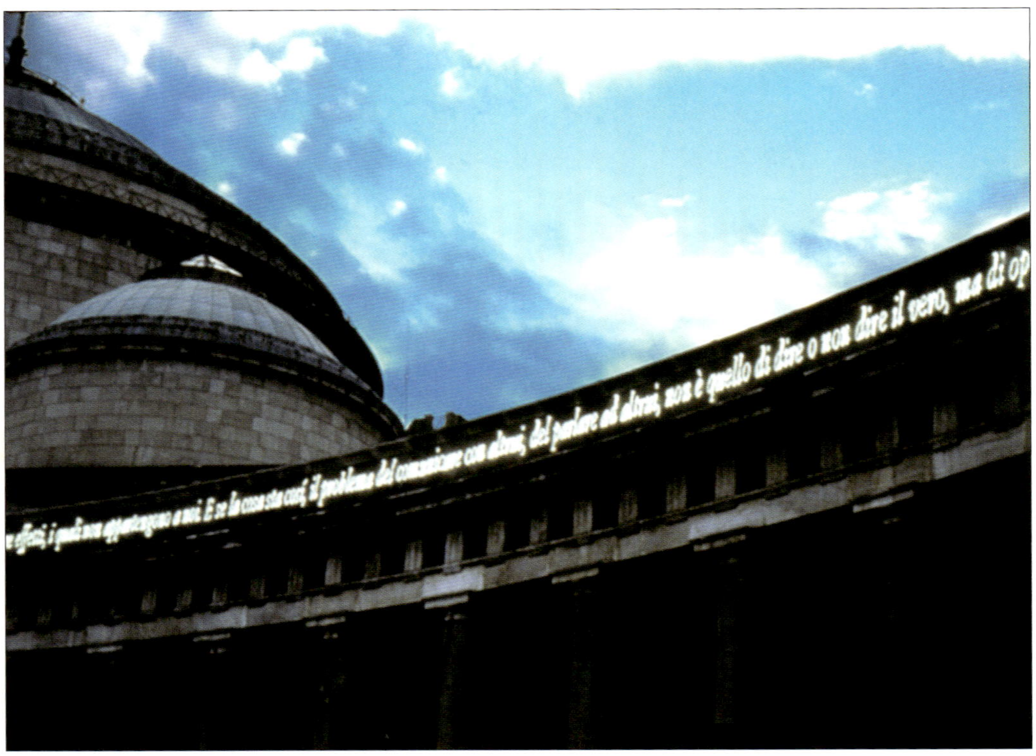

«One and Three Chairs (hist)[1]», 1965
Sedia e fotografie bianche e nere /
chairs and black and white photos.

«Ripensare il Vero (B.C.)», 2002
Piazza del Plebiscito, Napoli.

«The Second Investigation
(Art as Idea as Idea)[1]»
Class II[1], Calore[1]
Billboard.
Torino, 8-9 marzo / March 1969.

Nelle pagine successive / Following pages
«WAS War also das Leben[1]», 2001
Paul-Löbe-Haus (Parlamento /
Parliament), Berlin.

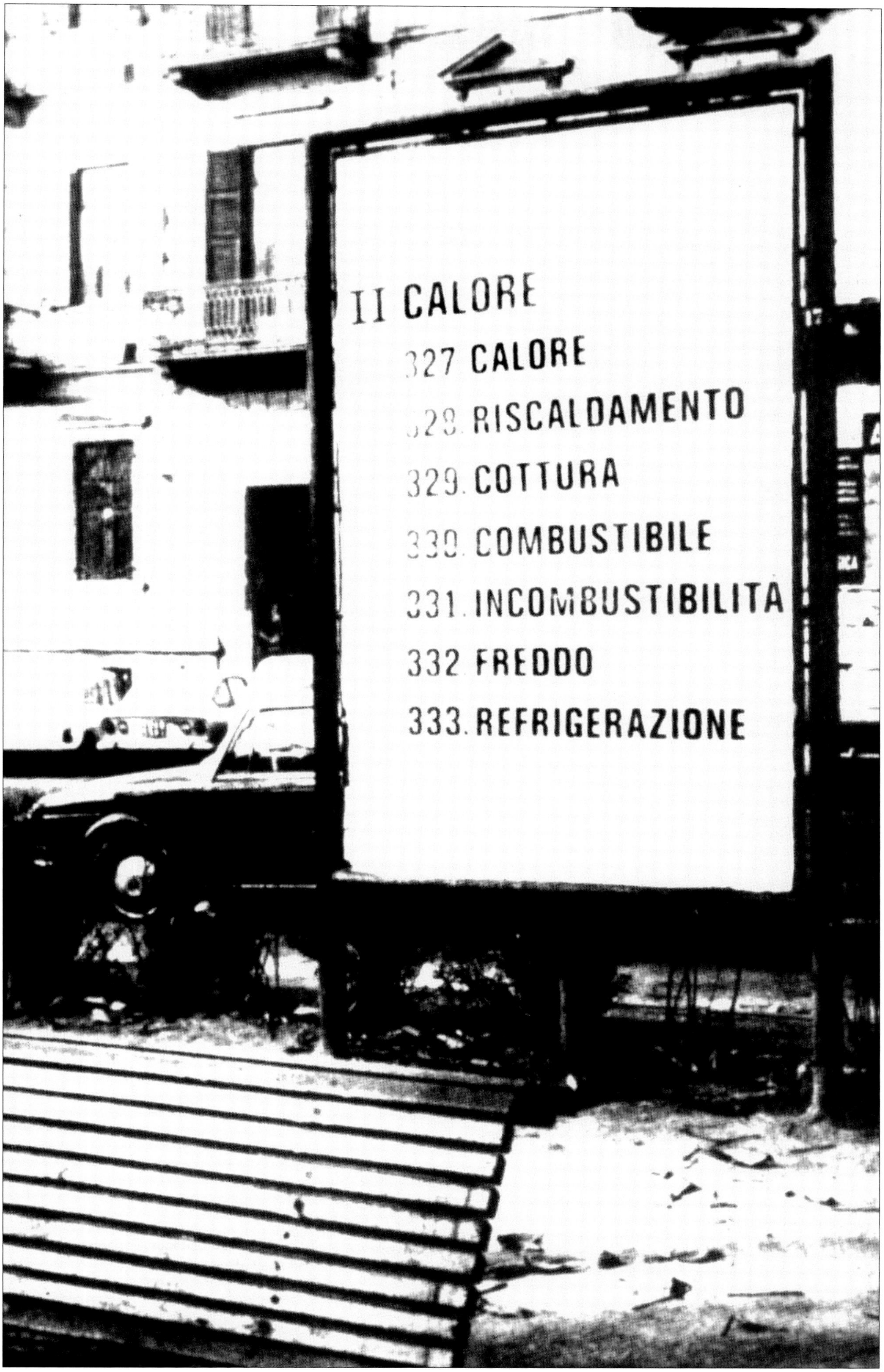
II CALORE
327 CALORE
328. RISCALDAMENTO
329. COTTURA
330. COMBUSTIBILE
331. INCOMBUSTIBILITA
332 FREDDO
333. REFRIGERAZIONE

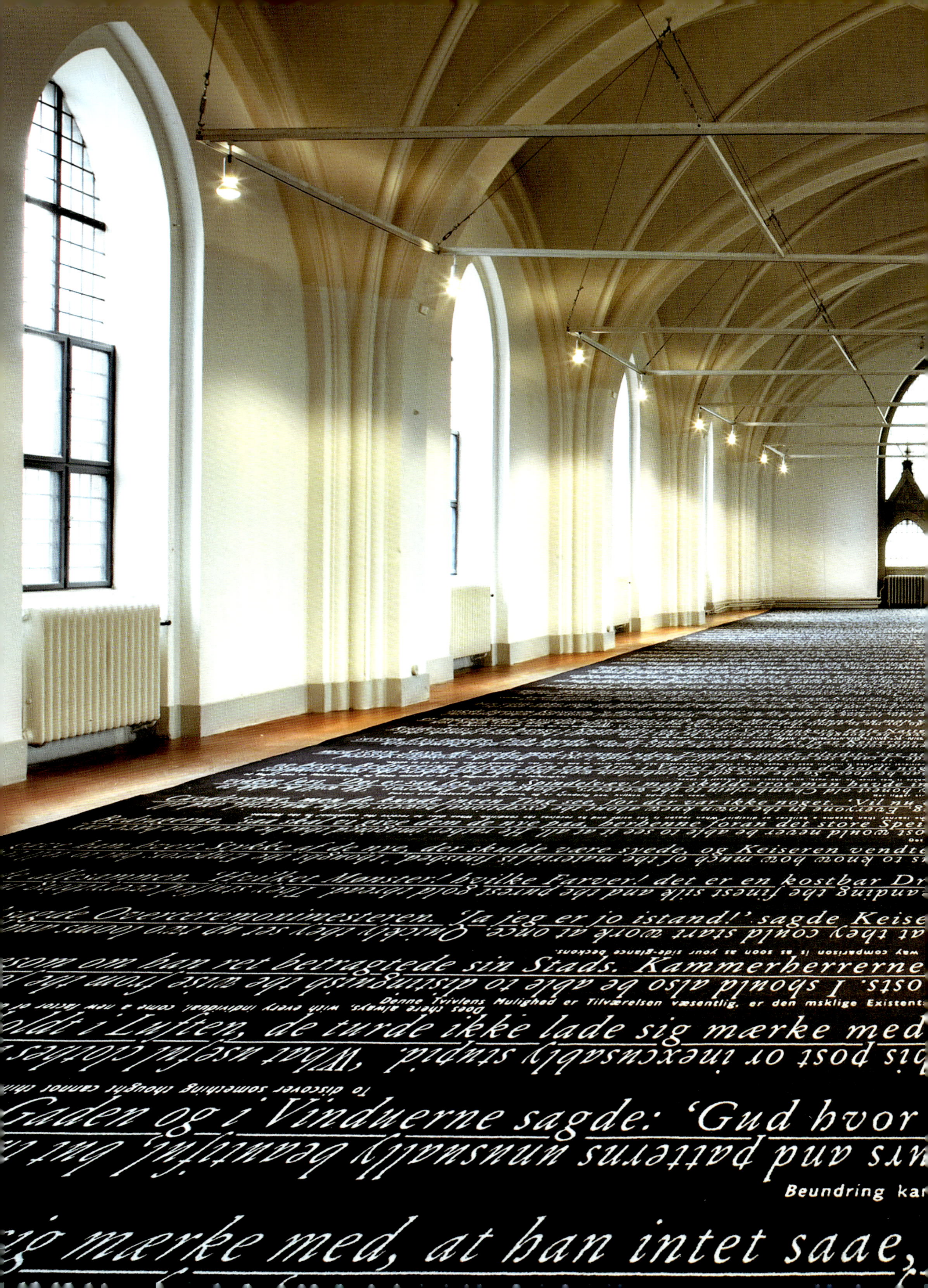
allesammen. Hvilket Mønster! hvilke Farver! det er en kostbar Dr
sagde Overceremonimesteren. 'Ja jeg er jo istand!' sagde Keise
som om han ret betragtede sin Stads. Kammerherrerne
holdt i Luften, de turde ikke lade sig mærke med
Gaden og i Vinduerne sagde: 'Gud hvor
Beundring kan
sig mærke med, at han intet saae,

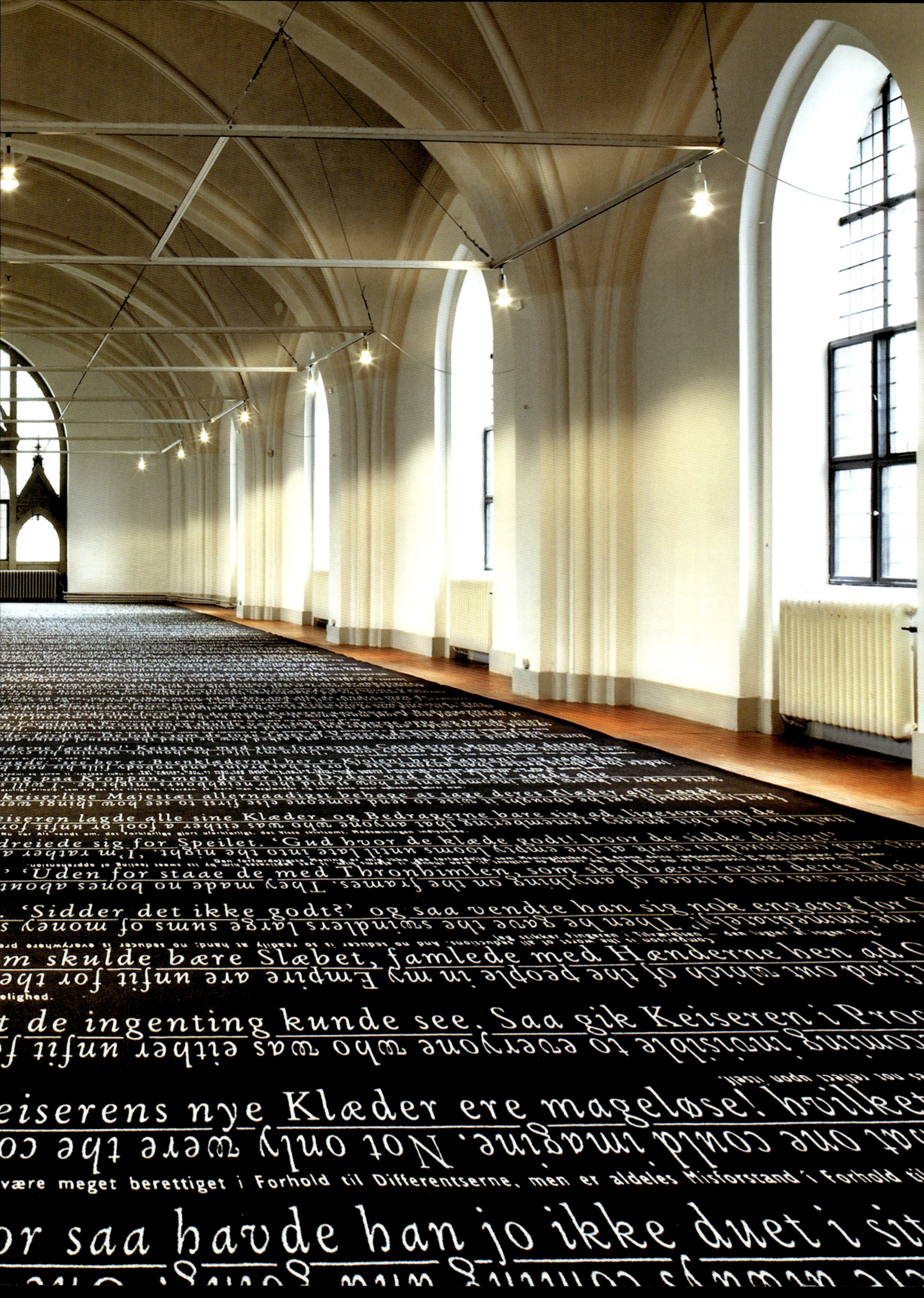
'Sidder det ikke godt?' og saa vendte han sig nok engang for
m skulde bære Slæbet, famlede med Hænderne hen ad
t de ingenting kunde see. Saa gik Keiseren i Pro
eiserens nye Klæder ere mageløse! hvilke
være meget berettiget i Forhold til Differentserne, men er aldeles Misforstand i Forhold
or saa havde han jo ikke duet i sit

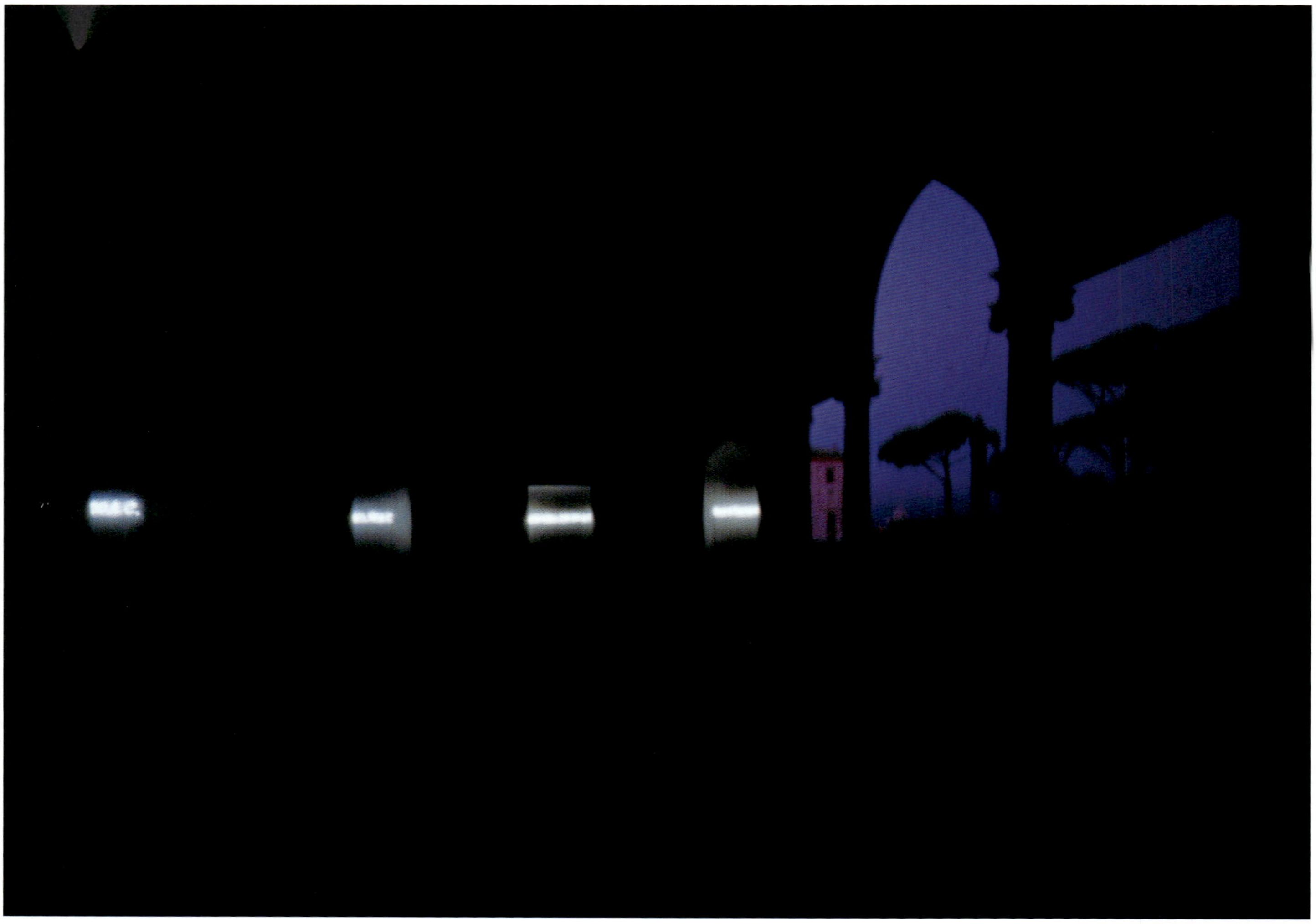

«Condizioni d'Assenza
(per il nome e chi lo porta, per G.)», 1999
Neon.

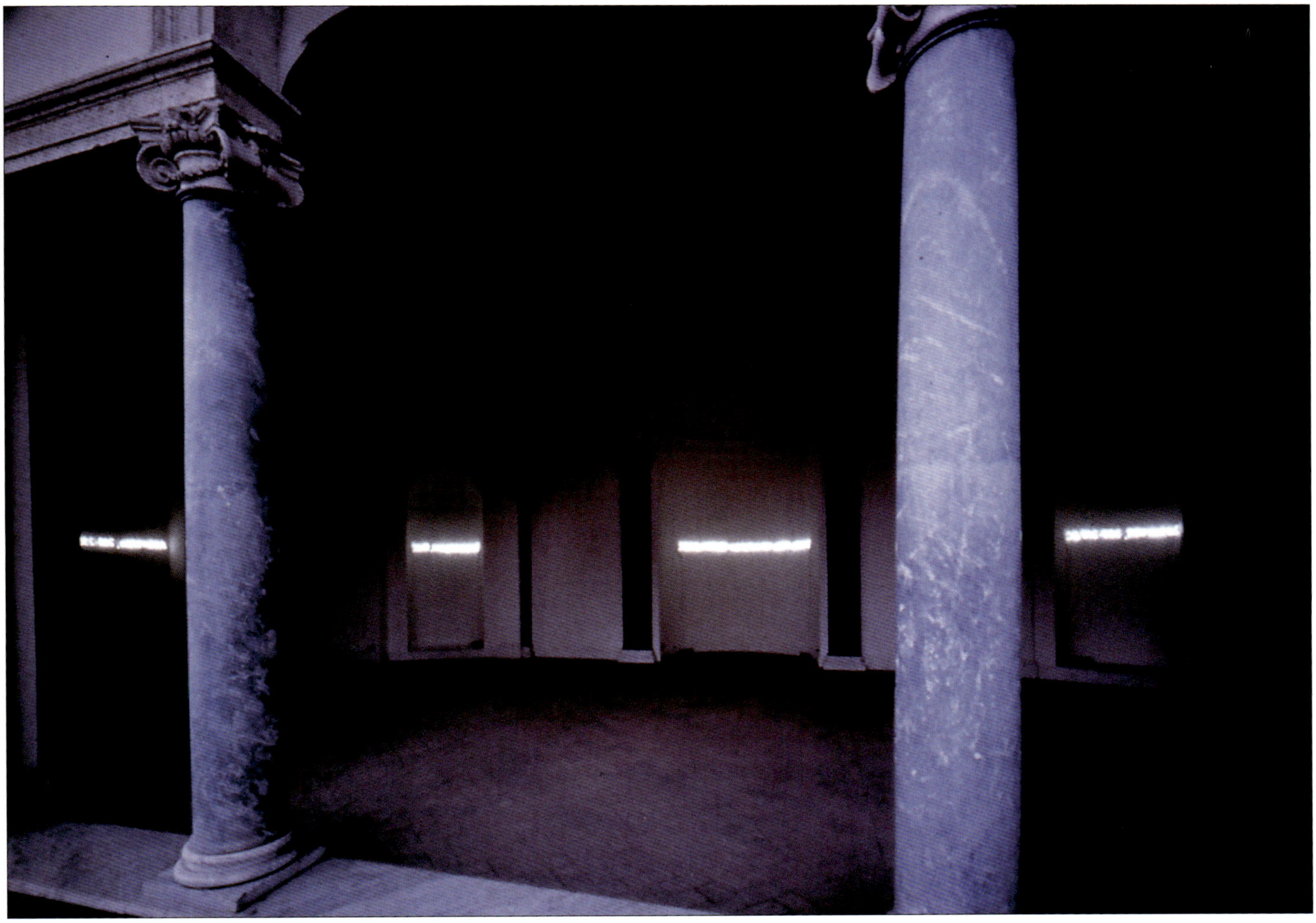

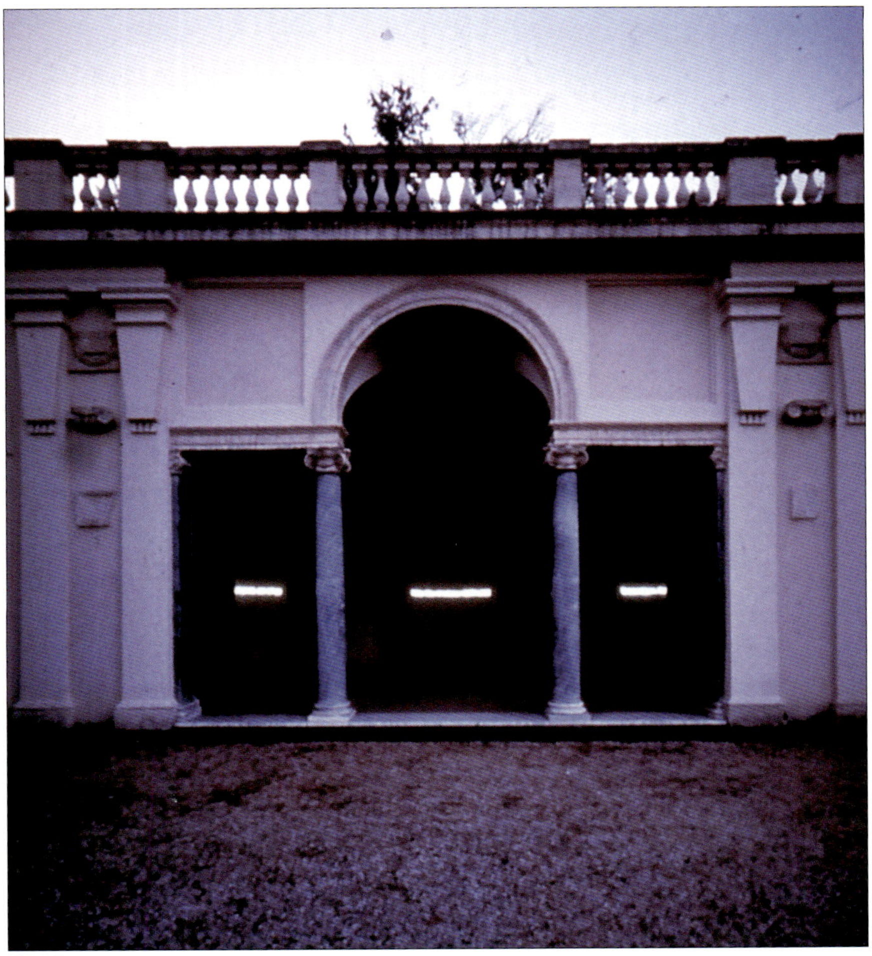

Marisa Merz

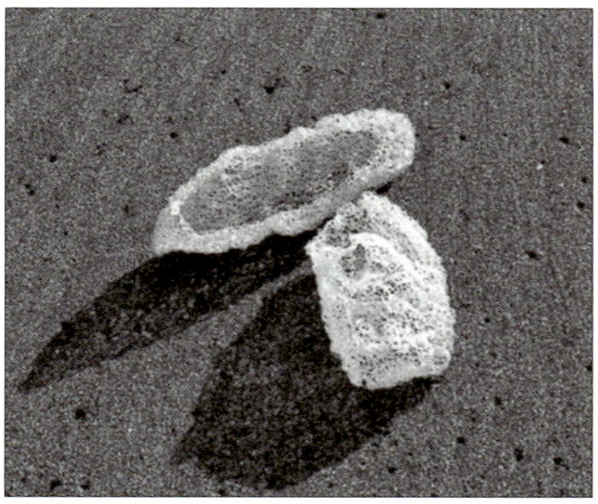

«Scarpette», 1968
Filo di nylon / nylon ply, c. 7 x 22 cm.
Spiaggia di Amalfi / Amalfi beach, 1968.
Foto / photo Claudio Abate, Roma.

«Senza titolo», 1979
Filo di rame / copper wire.
Castello Colonna, Genazzano (Roma), 1979.
Foto / photo Paolo Mussat Sartor, Torino.

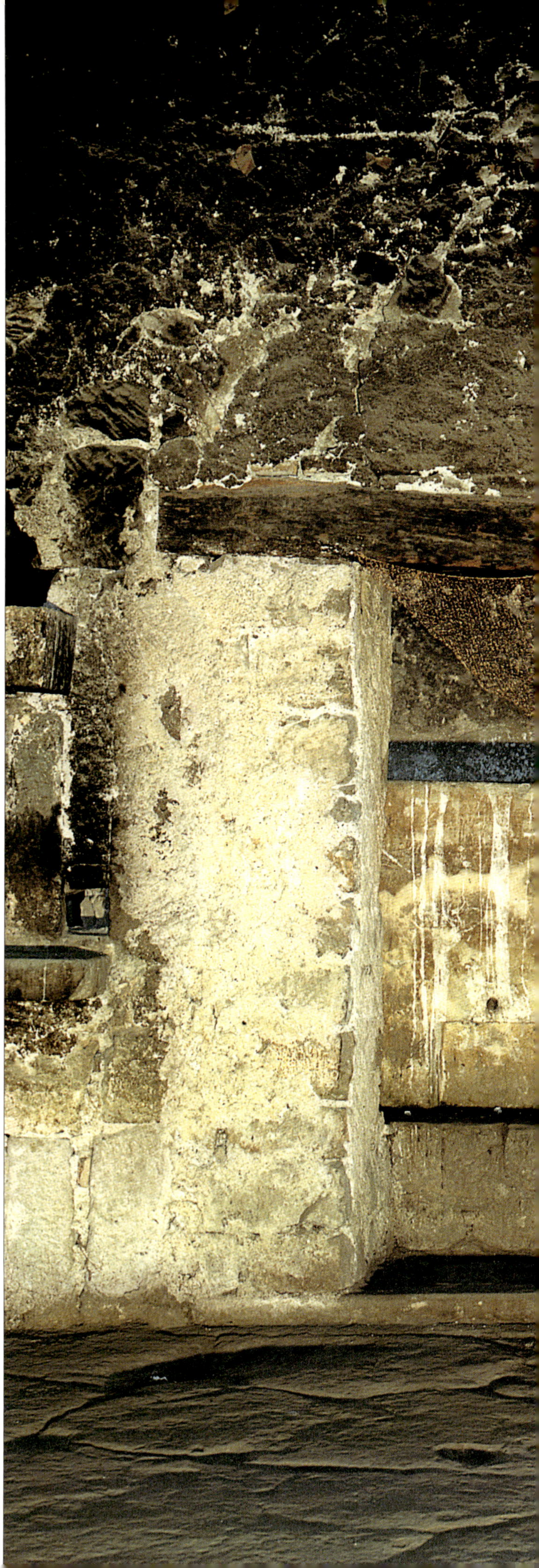

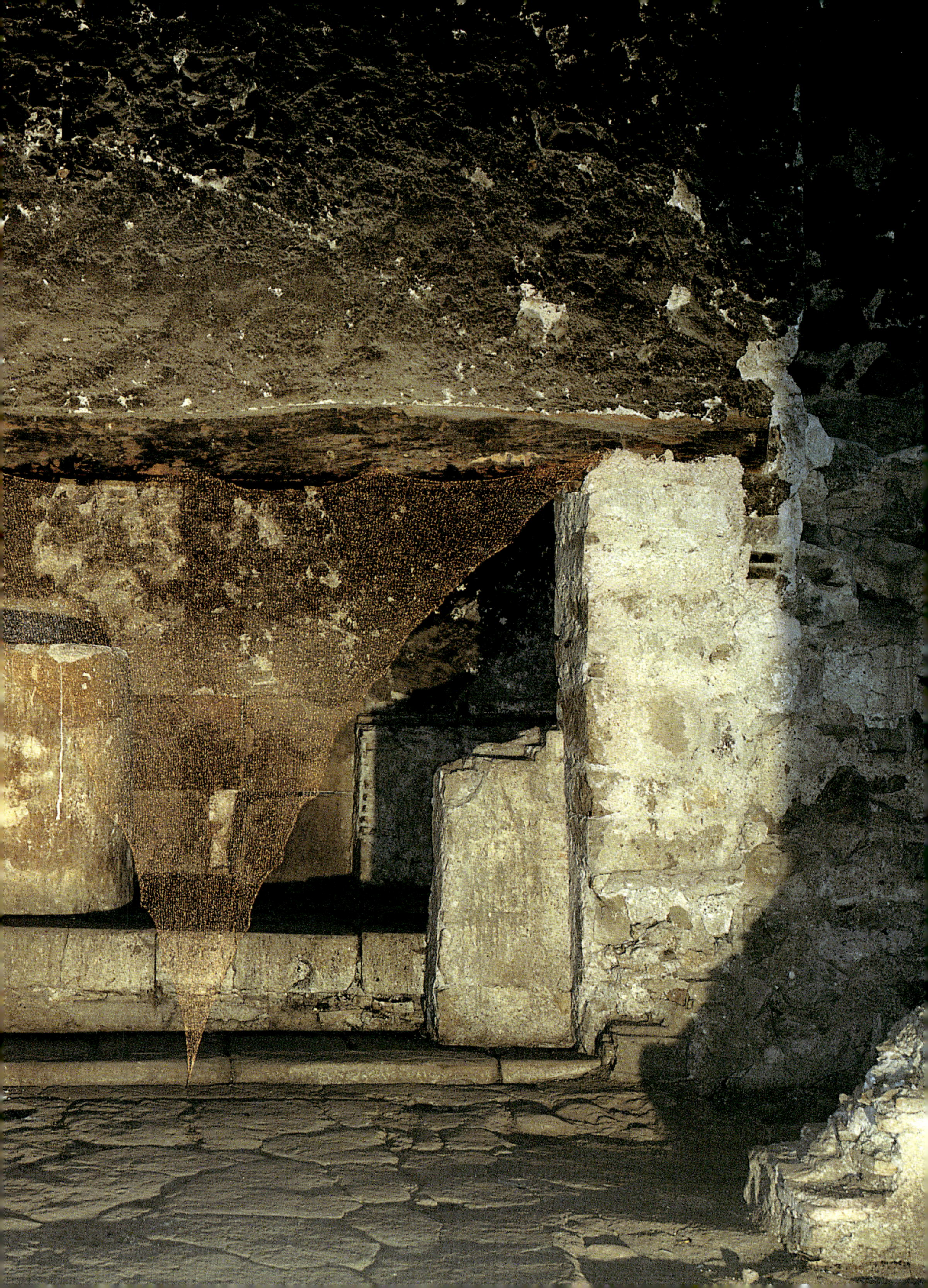

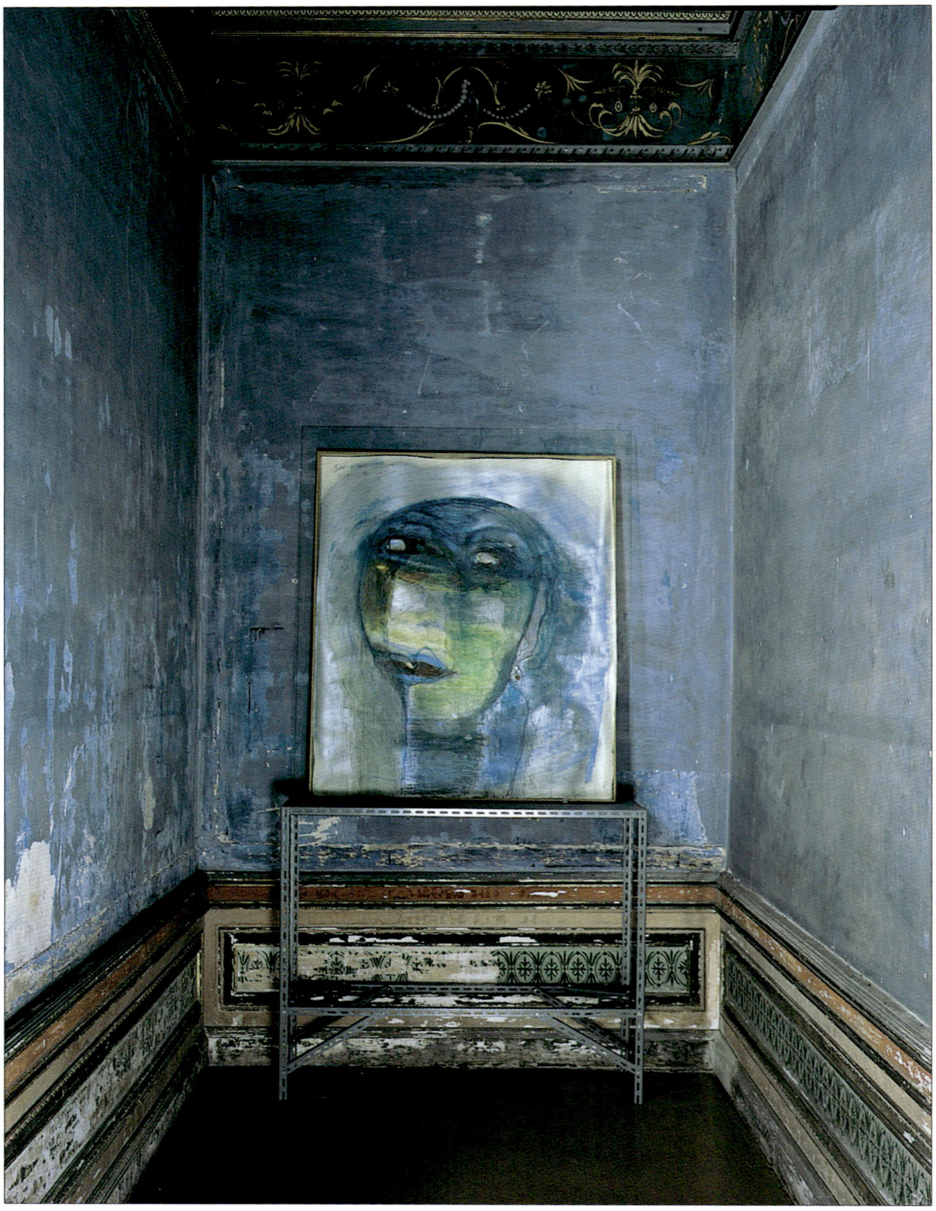

«Senza titolo», 1985
Tecnica mista su cartoncino, vetro, ferro / mixed media on heavy paper, glass, iron, 284 x 150 x 50 cm.
Castello di Rivoli Museo d'Arte Contemporanea, Rivoli (Torino).
Foto / photo Paolo Pellion, Torino.

«Senza titolo», 1966
Alluminio / aluminium.
Musée National d'Art Moderne, Centre Georges Pompidou, Paris, 1994.

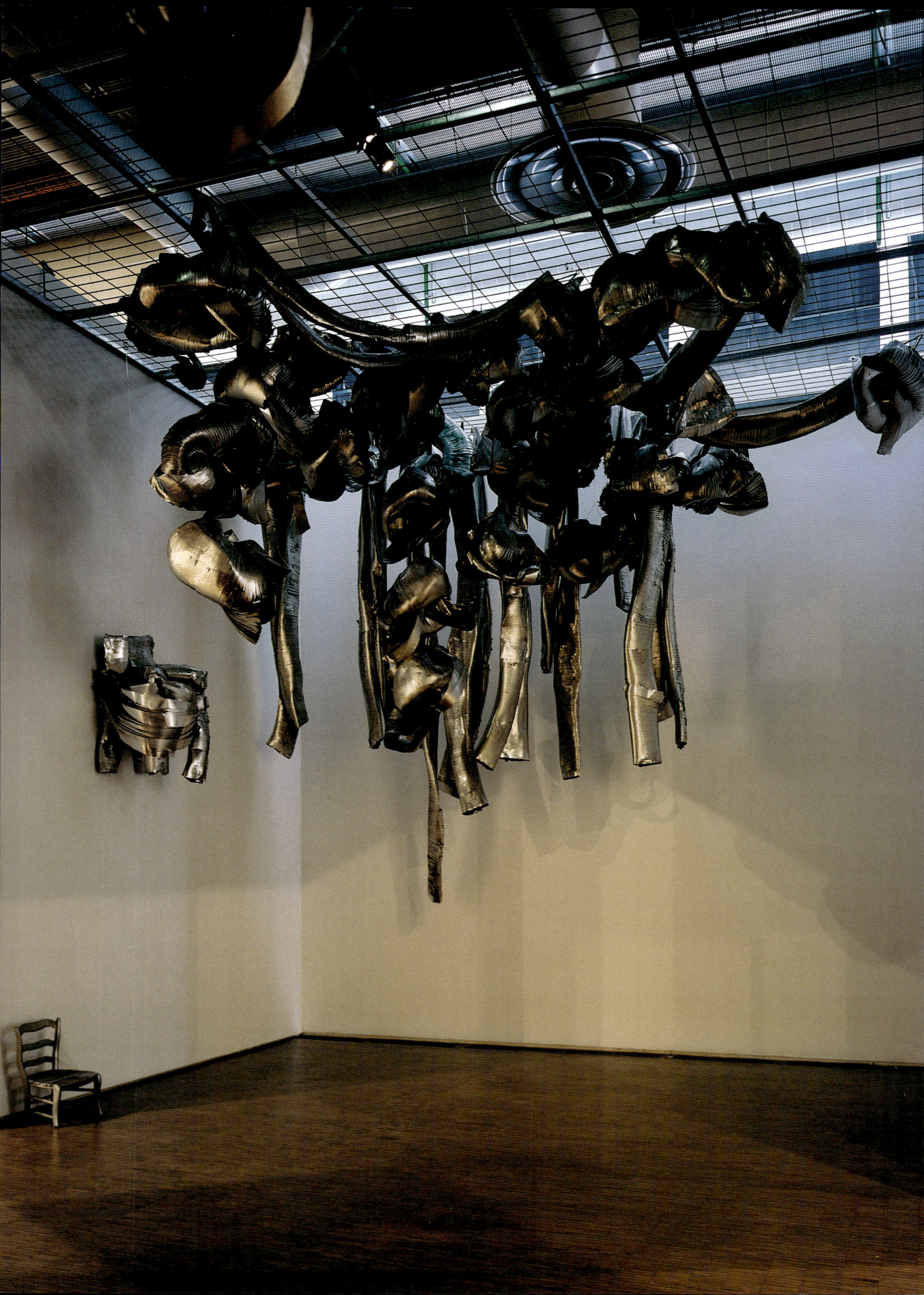

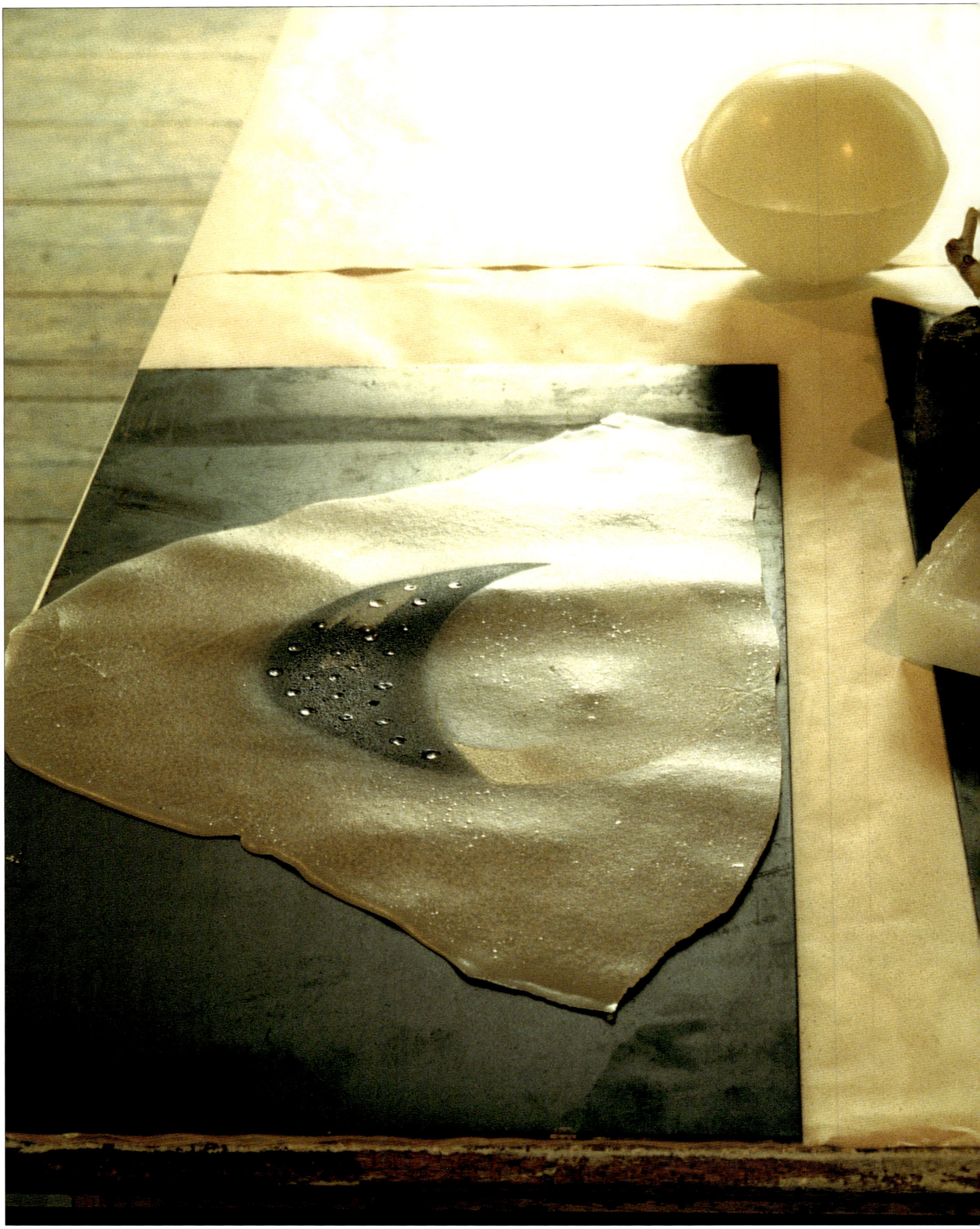

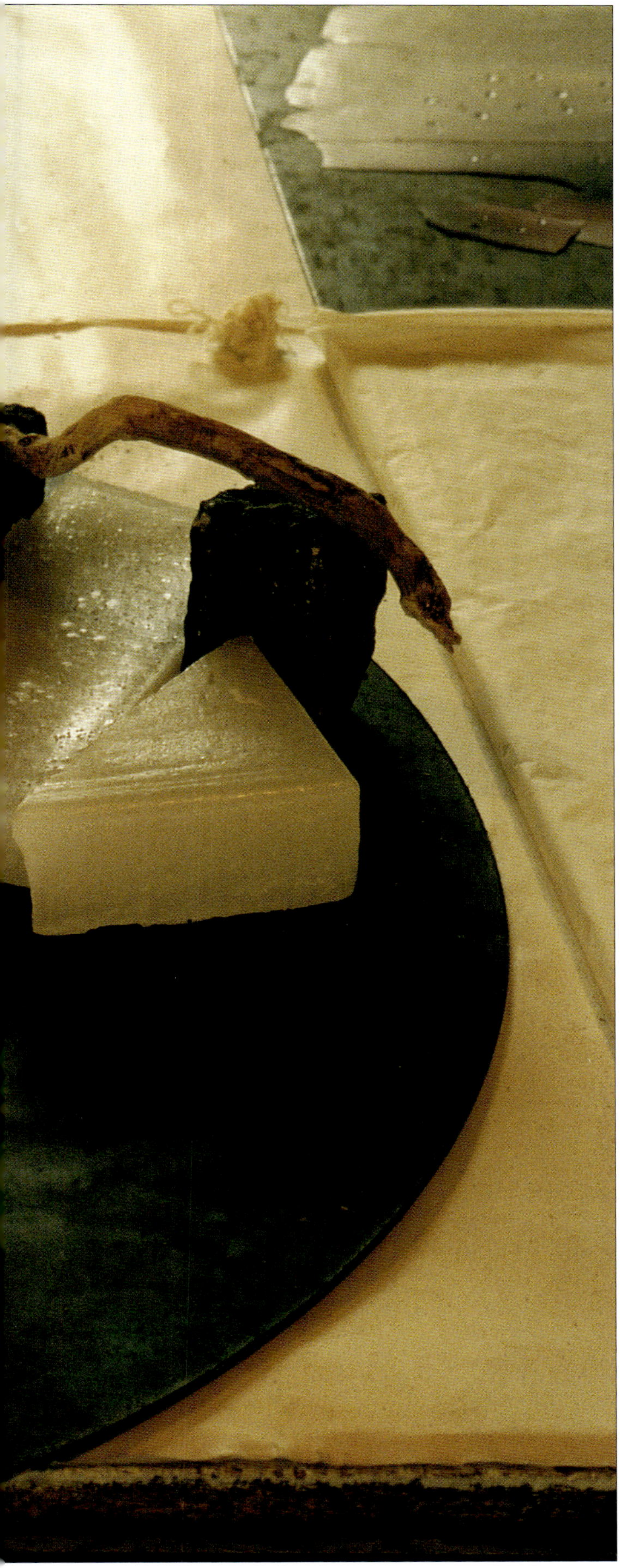

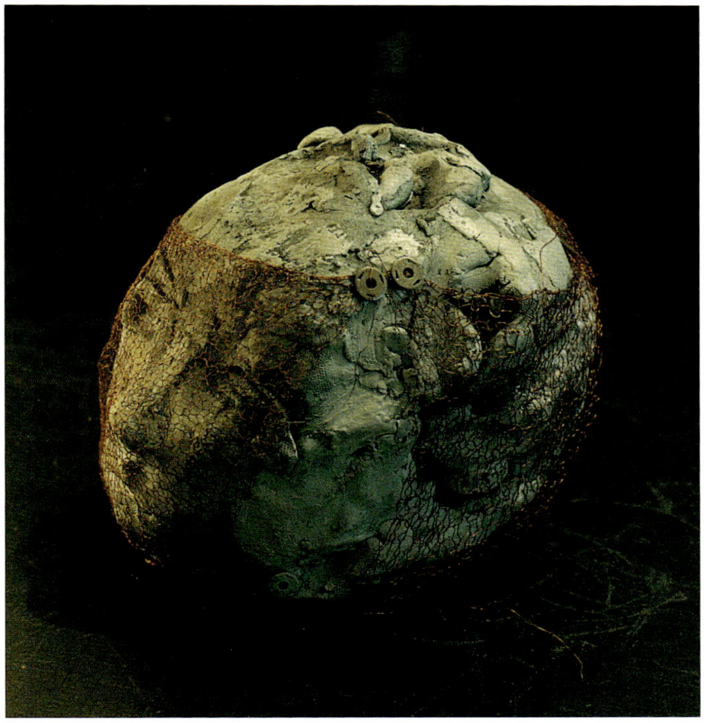

«Testa», 1982
Argilla, filo di rame / clay, copper wire.

«Senza titolo», 1977
Oggetti diversi, carta da pacco, paraffina, ramo, lastra metallica / various objects, wrapping paper, parafin, branch, metal plate.
Studio Marisa Merz, Torino, 1977.

Liliana Moro

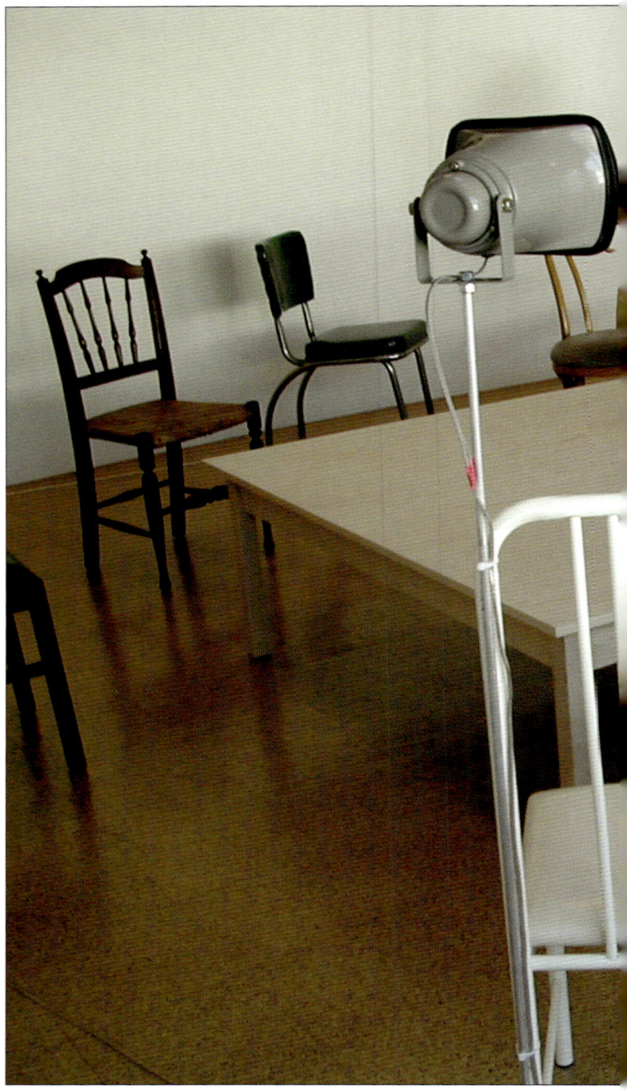

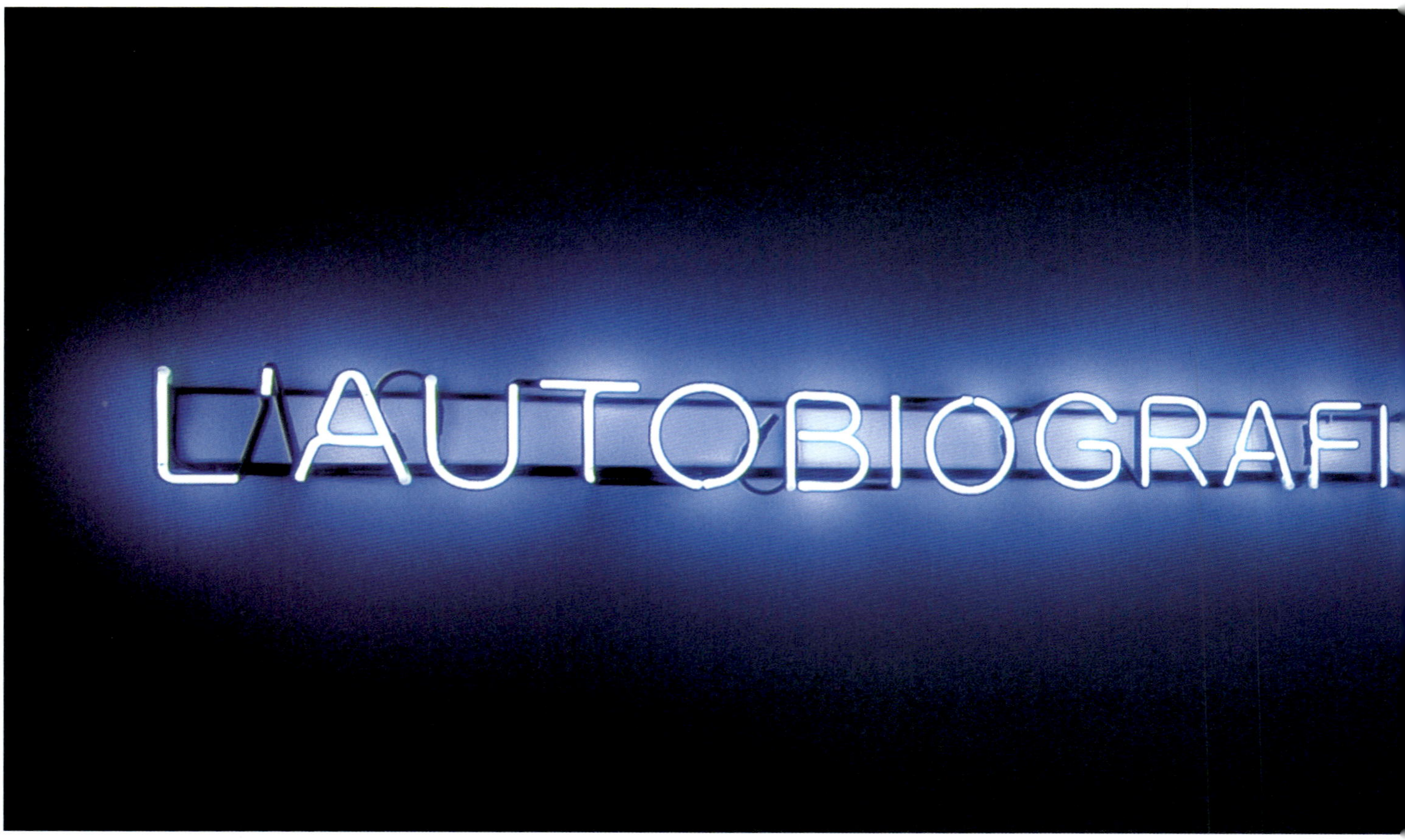

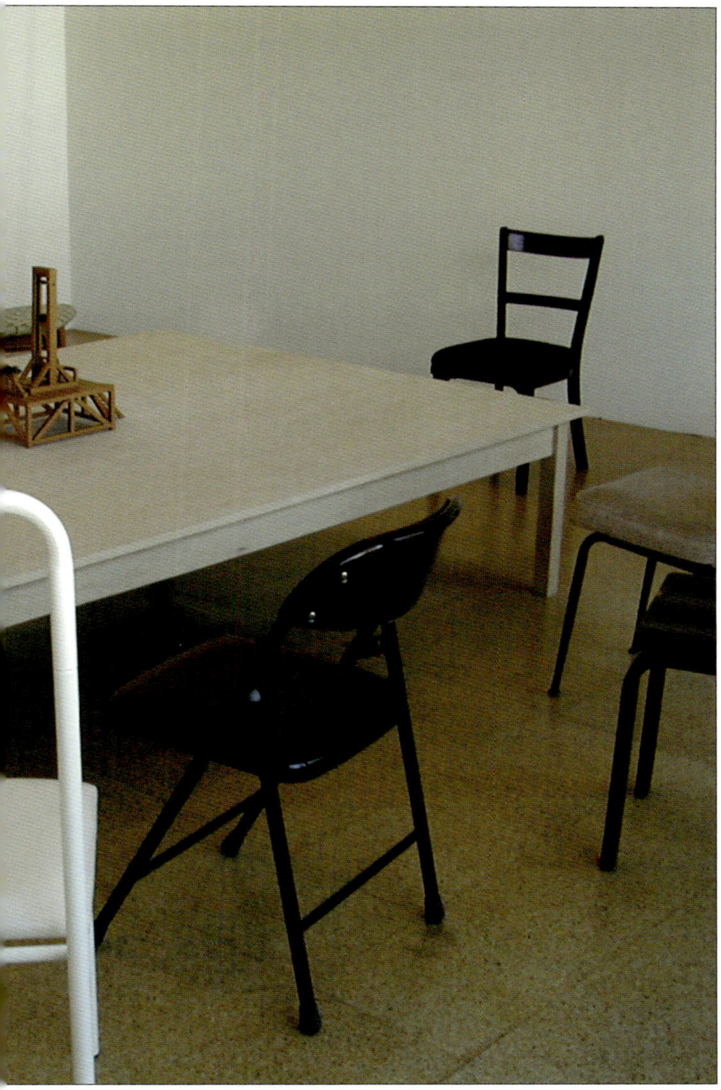

«A world with no head», 2003
Sedie, tavolo, trombe acustiche, costruzione in carta, sonoro / chairs, table, acoustic trumpets, paper construction, sound.

«L'autobiografia non esiste: è solo arte e menzogne», 2005
Neon, 15 x 660 cm.

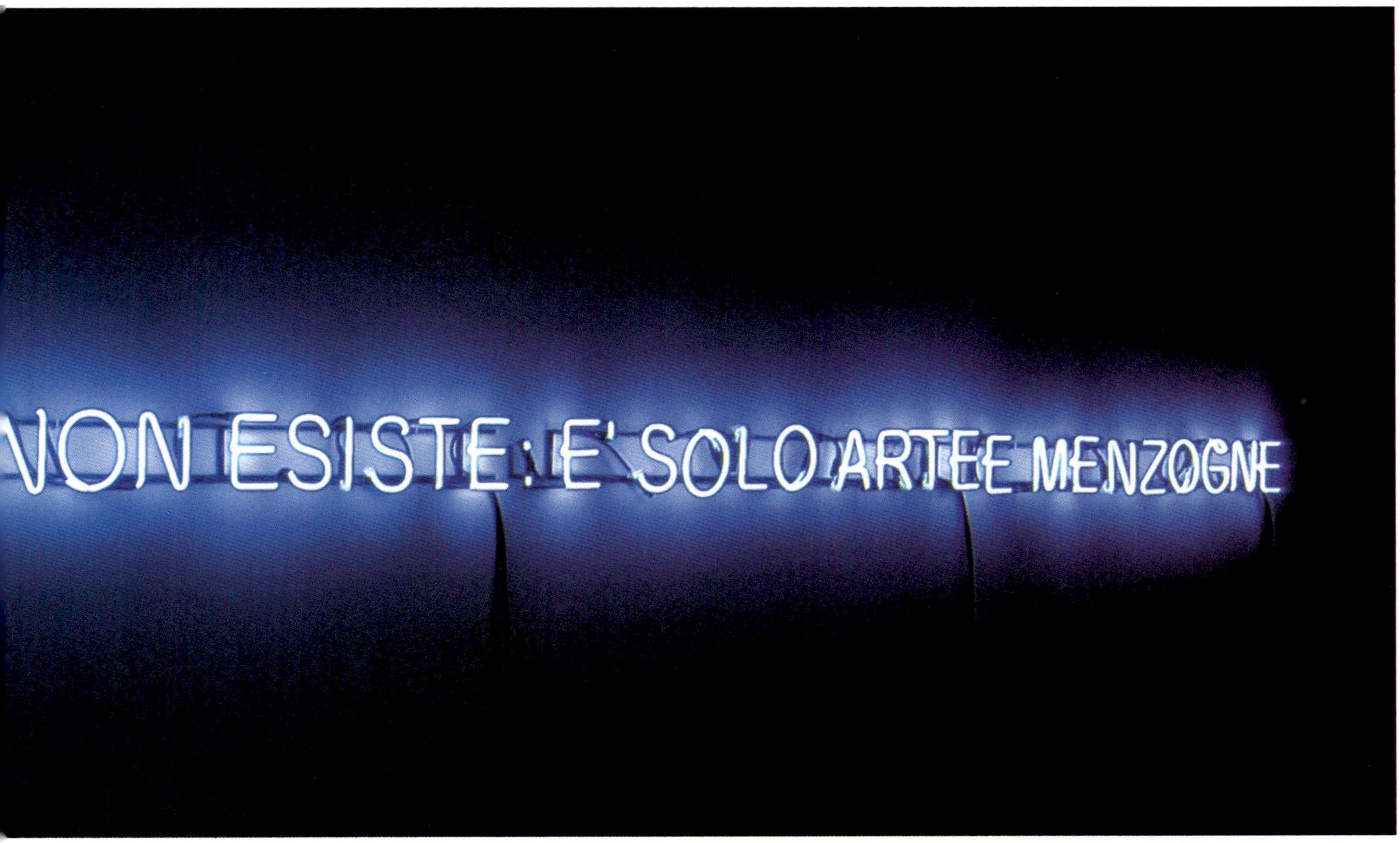

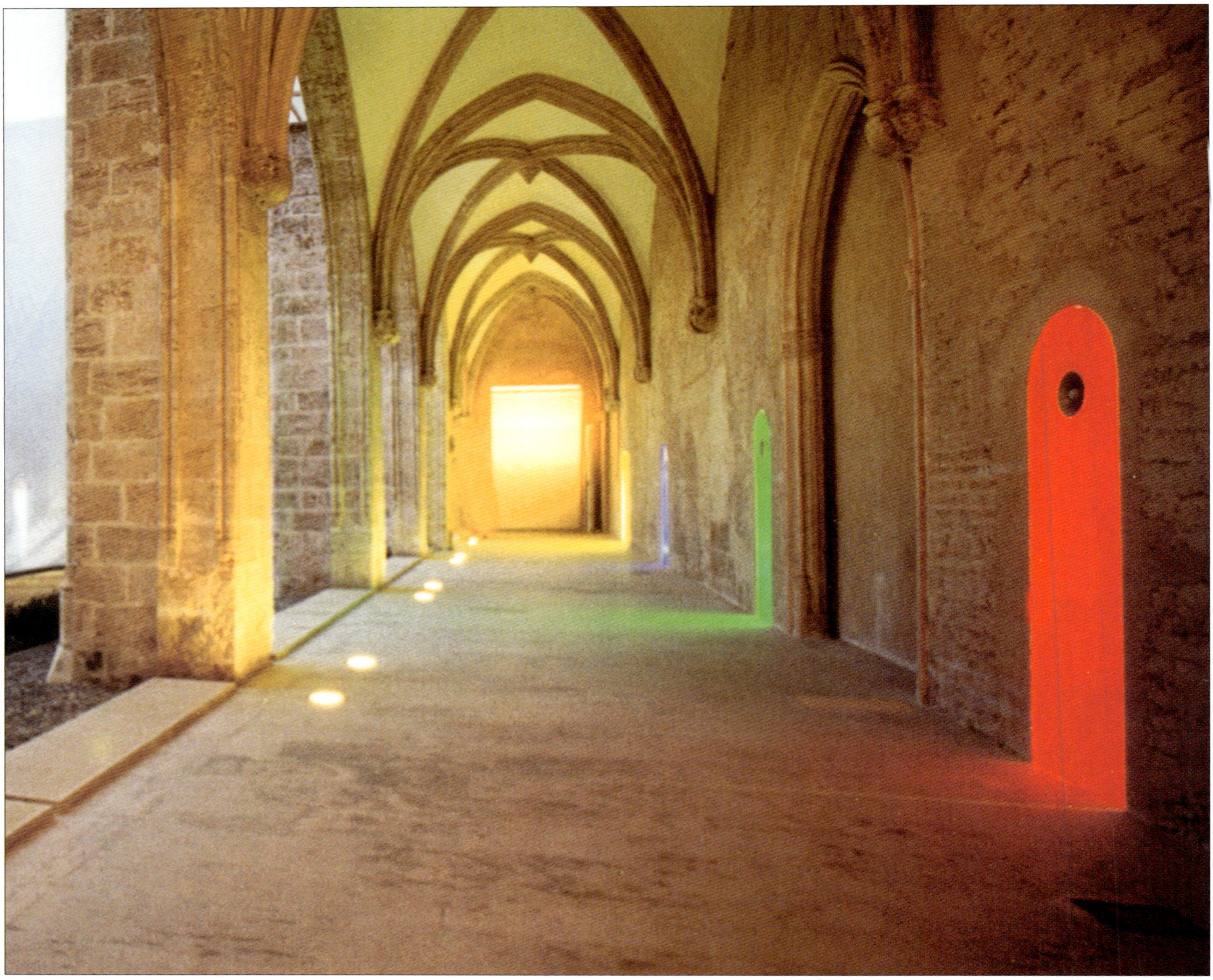

«Assassine», 2001
Plexiglas colorato, trombe acustiche, registrazioni /
coloured plexiglas, acoustic trumpets, recordings.

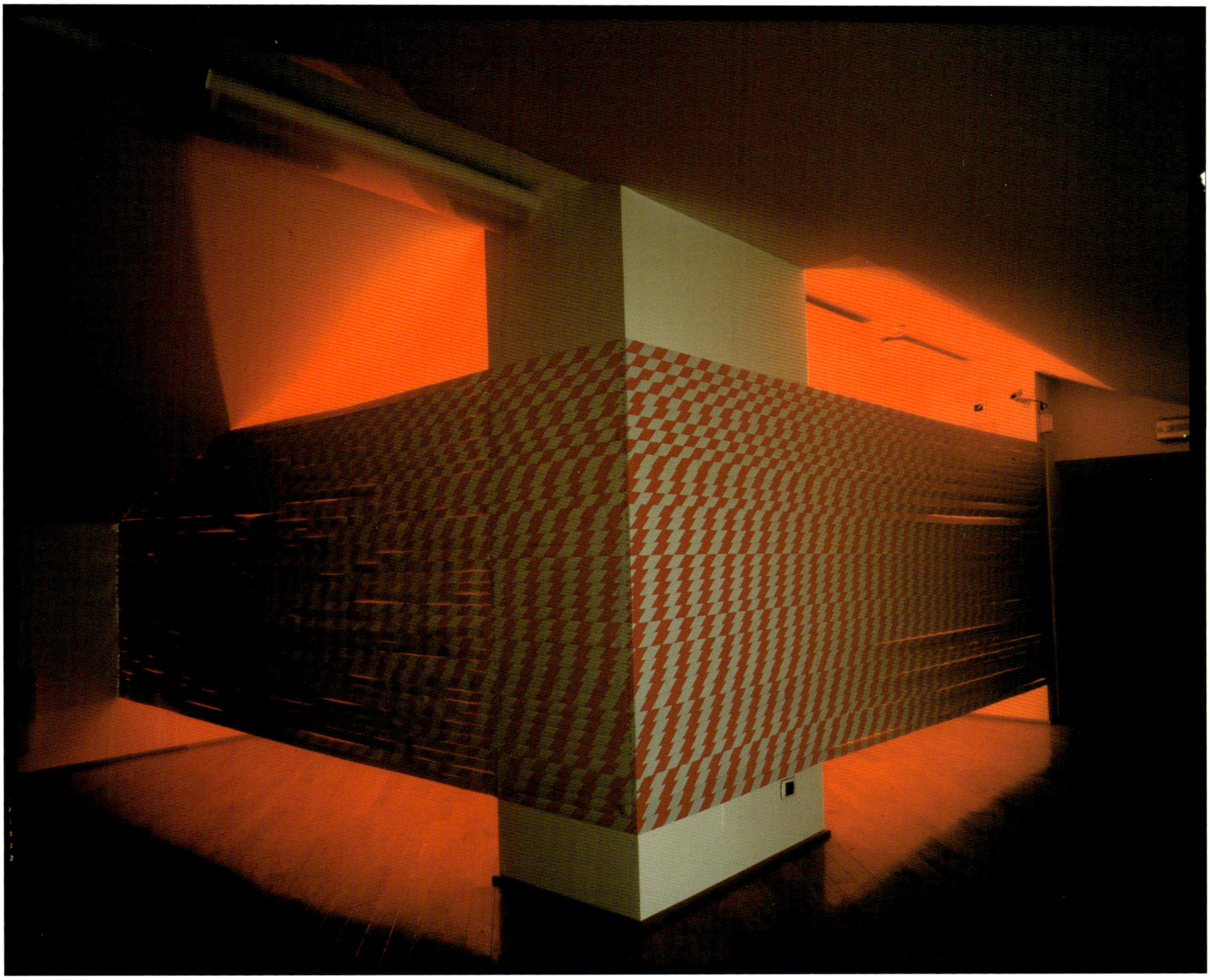

«This is the end», 2004
Strisce adesive, lampade rosse, acustica / adhesive strips, red lamps, acoustics.
Foto / photo Paolo Vandrasch, Milano.

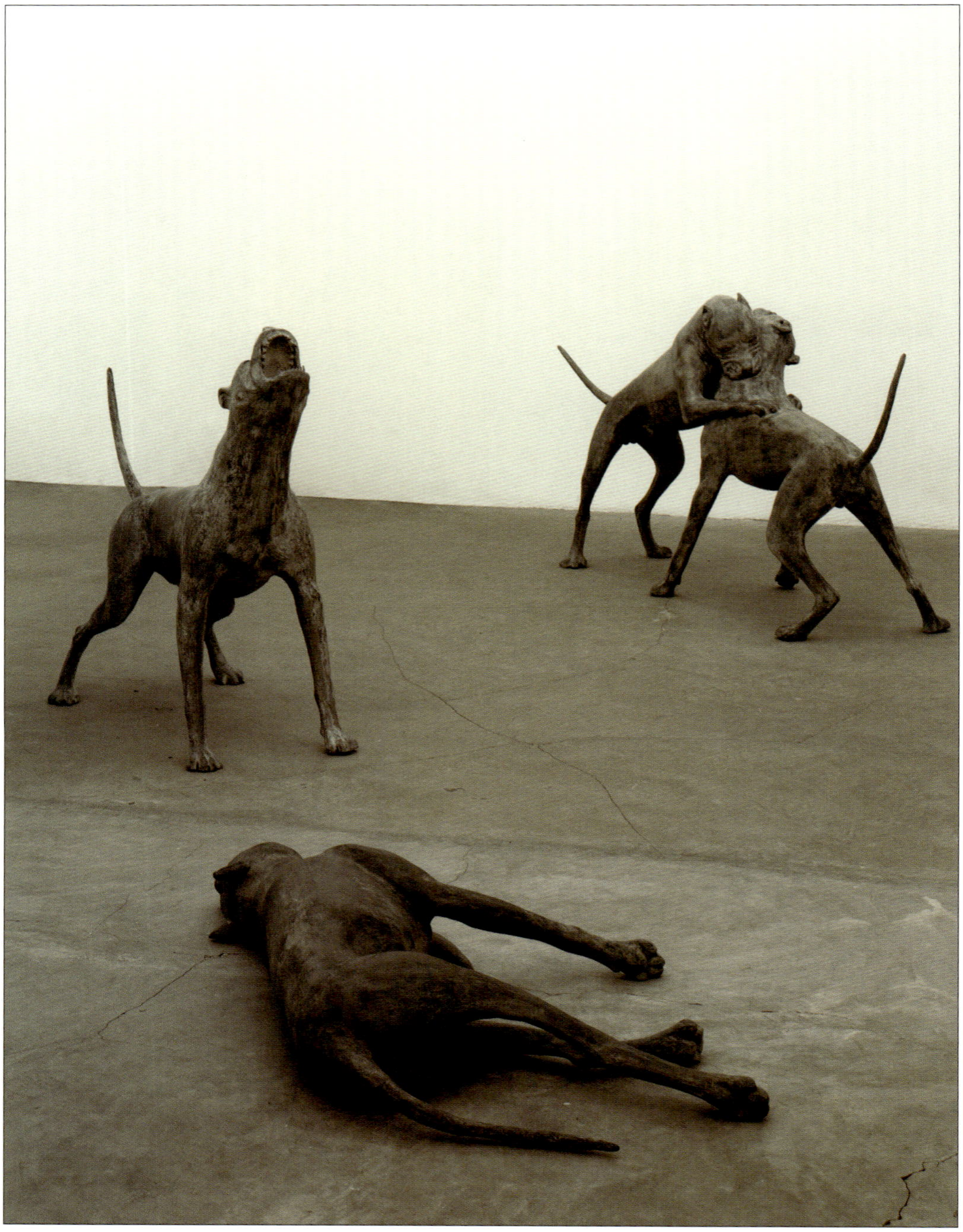

«Underdog», 2005
5 cani di bronzo / copper dogs,
veduta dell'installazione /
installation view,
dimensioni variabili /
variable dimensions.
Foto / photo Roberto Marossi,
Milano.

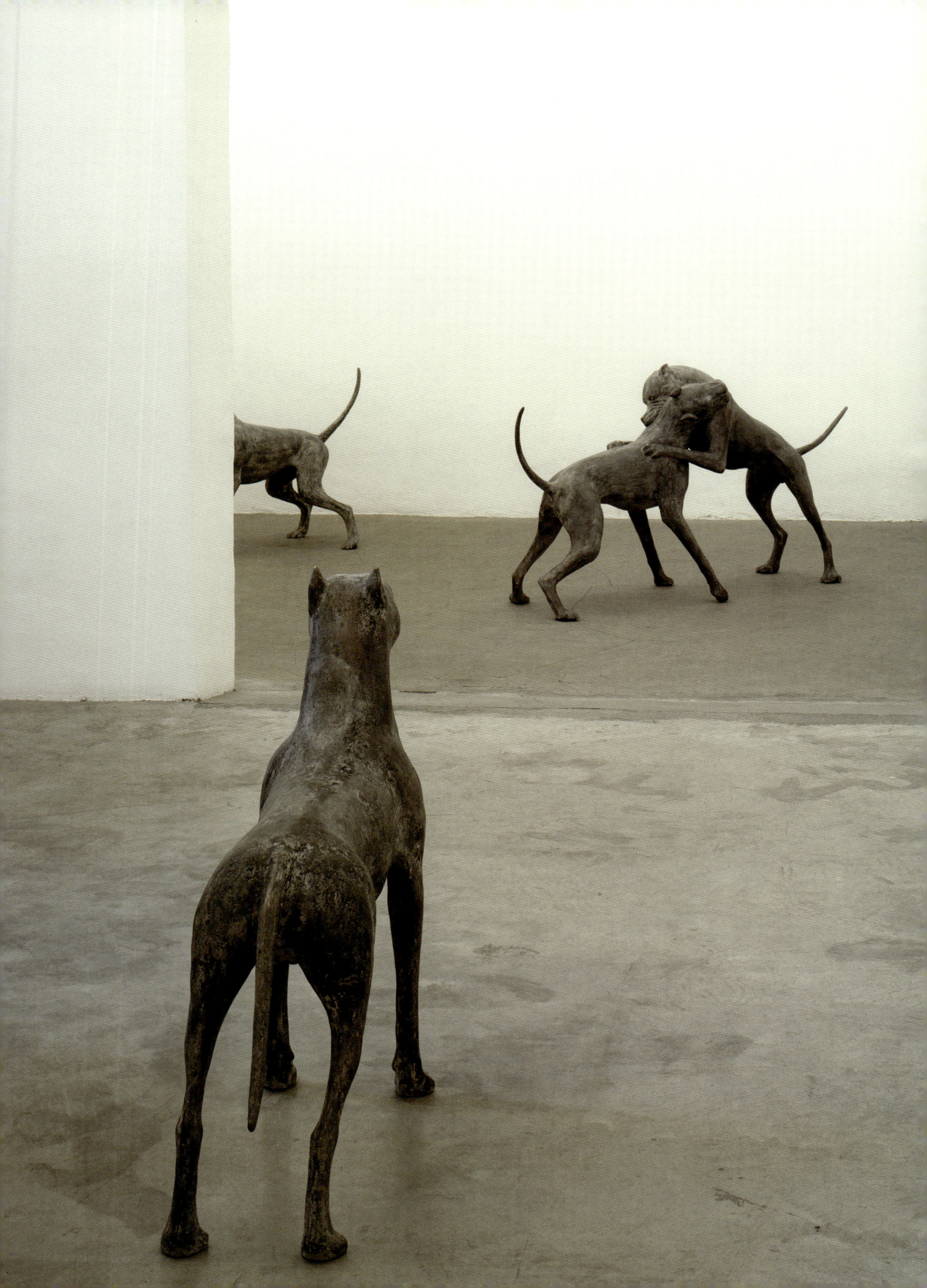

Maurizio Nannucci

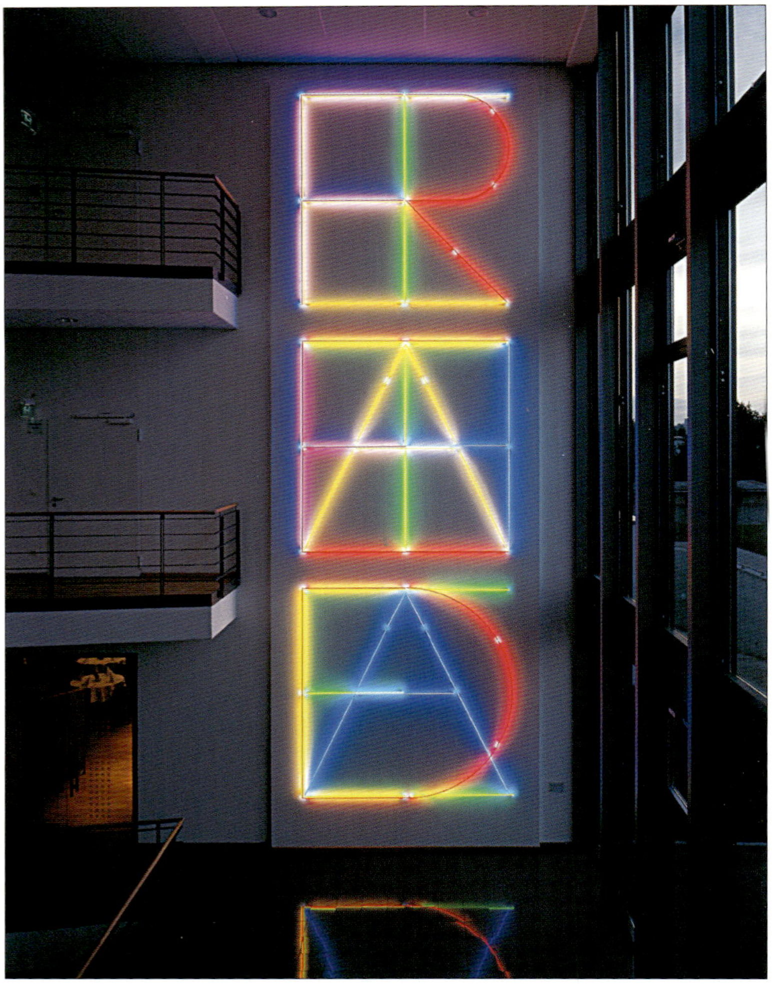

«Fire Heat Idea», 1996
Installazione neon / neon installation. Berlin, 1996.

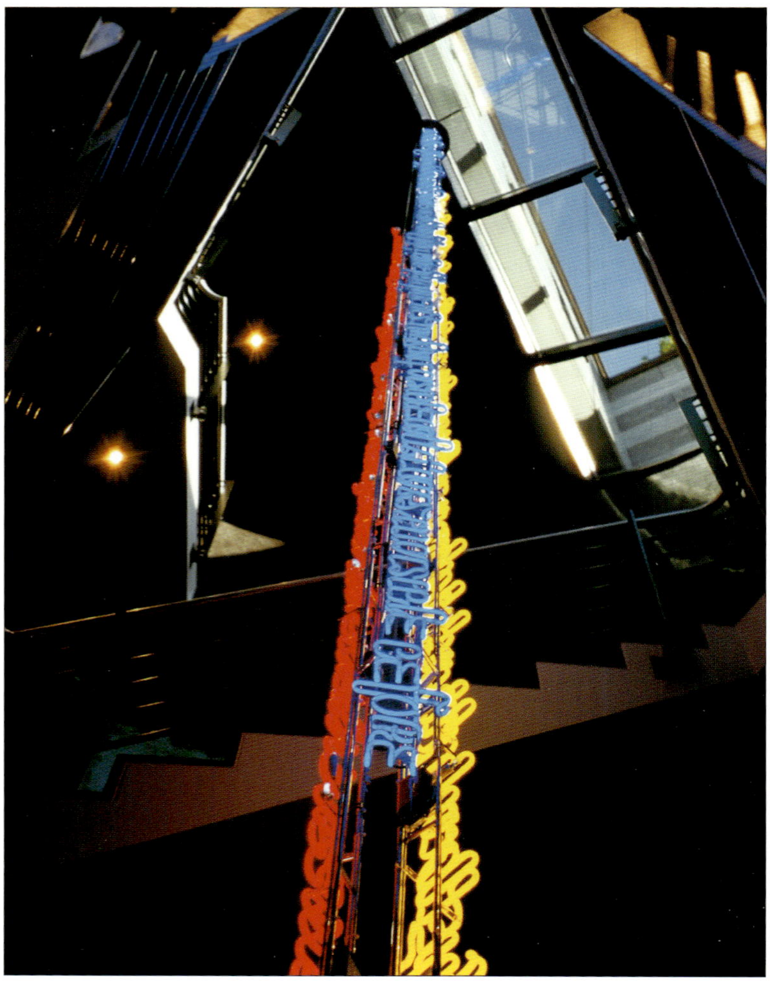

«When red meets blue and yellow», 1995
Installazione neon / neon installation. Basel, 1995.

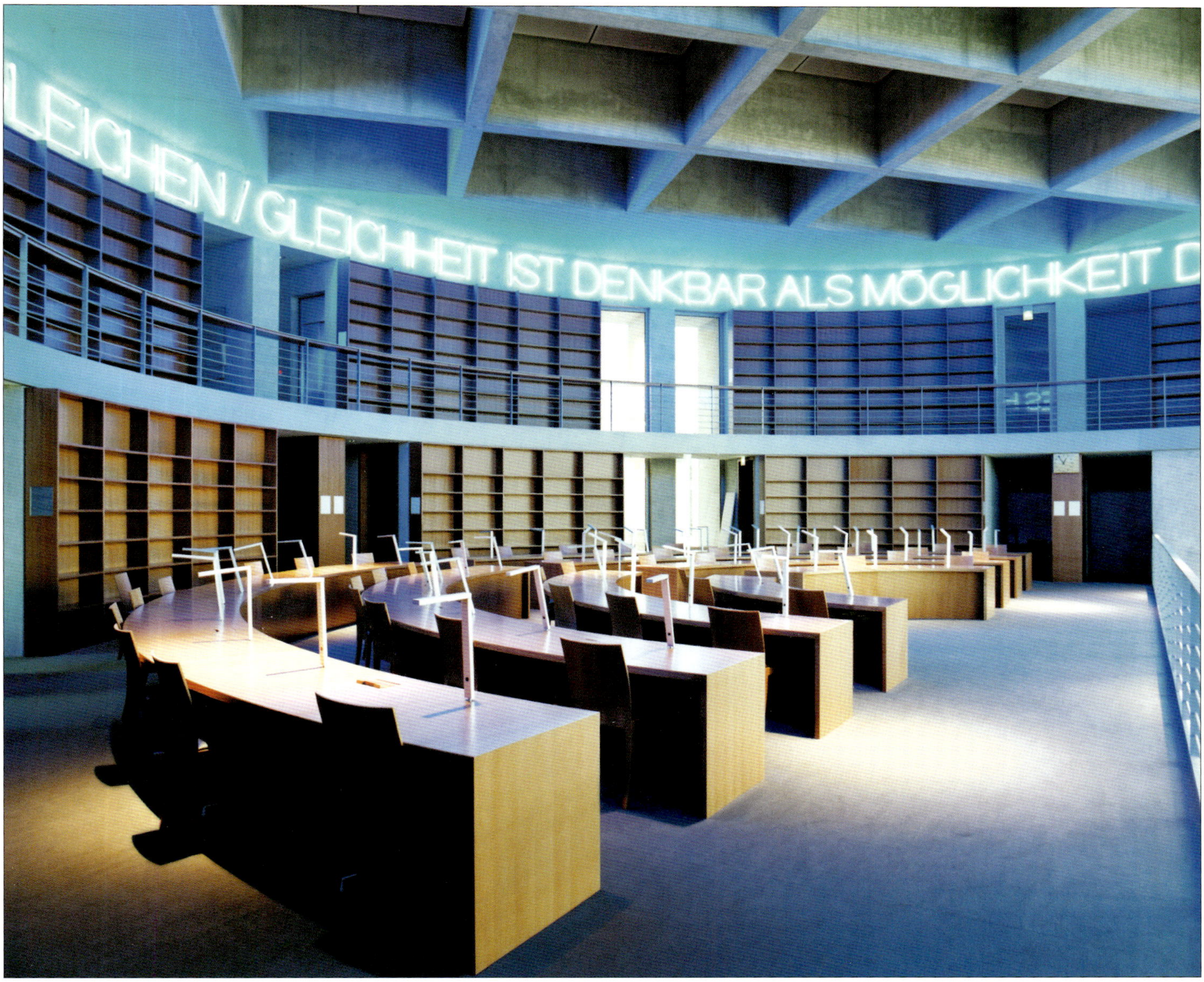

«Blauer Ring», 1998-2003
Installazione neon / neon installation.
Bibliothek des Deutschen Bundestages
(Biblioteca del Parlamento tedesco /
Library of German Parliament),
Berlin, 1998-2003.

Nelle pagine seguenti / Following pages
«The shadow of light», 1993
Installazione neon / neon installation.
Museum Fridericianum, Kassel, 1993.

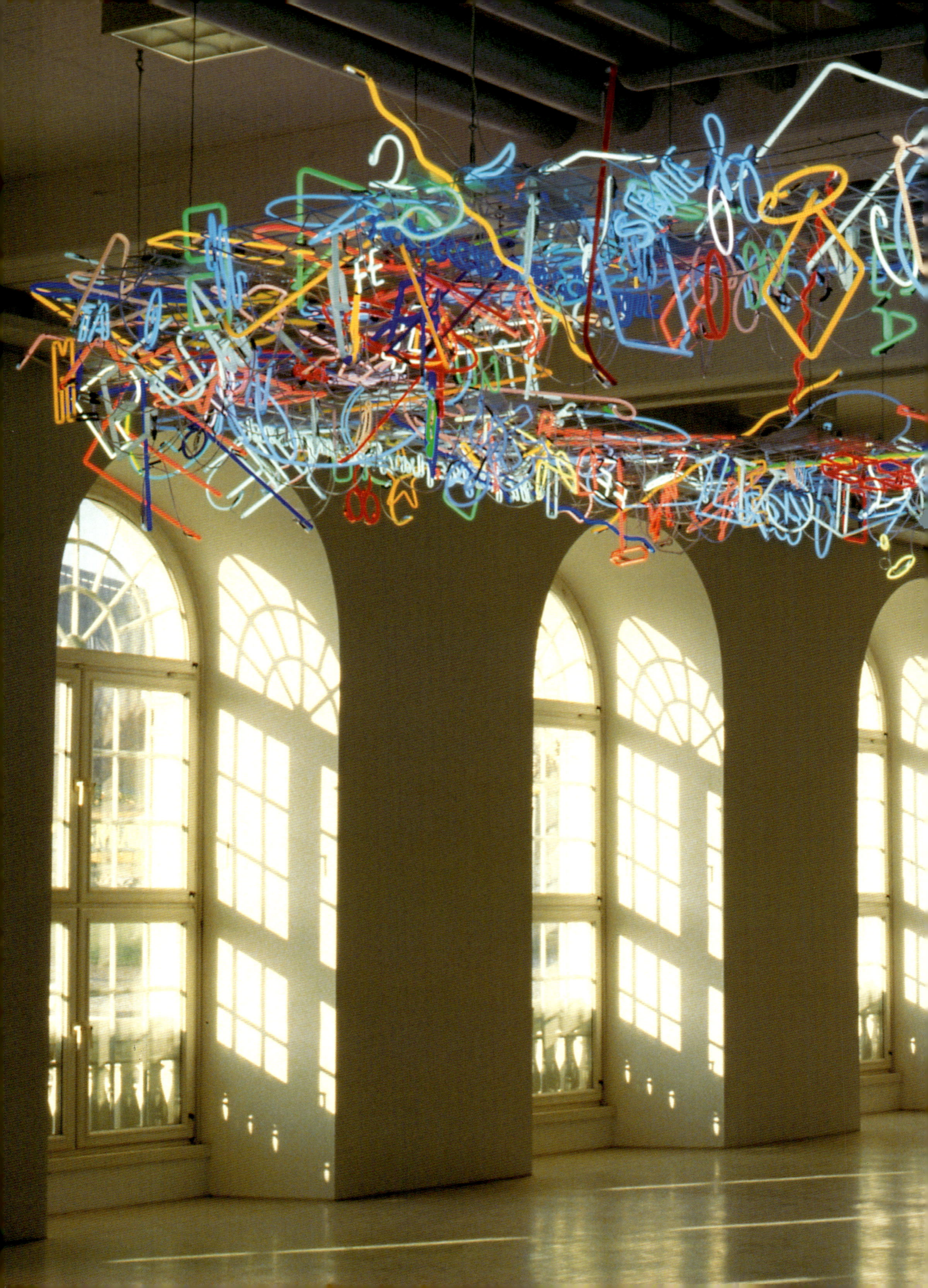

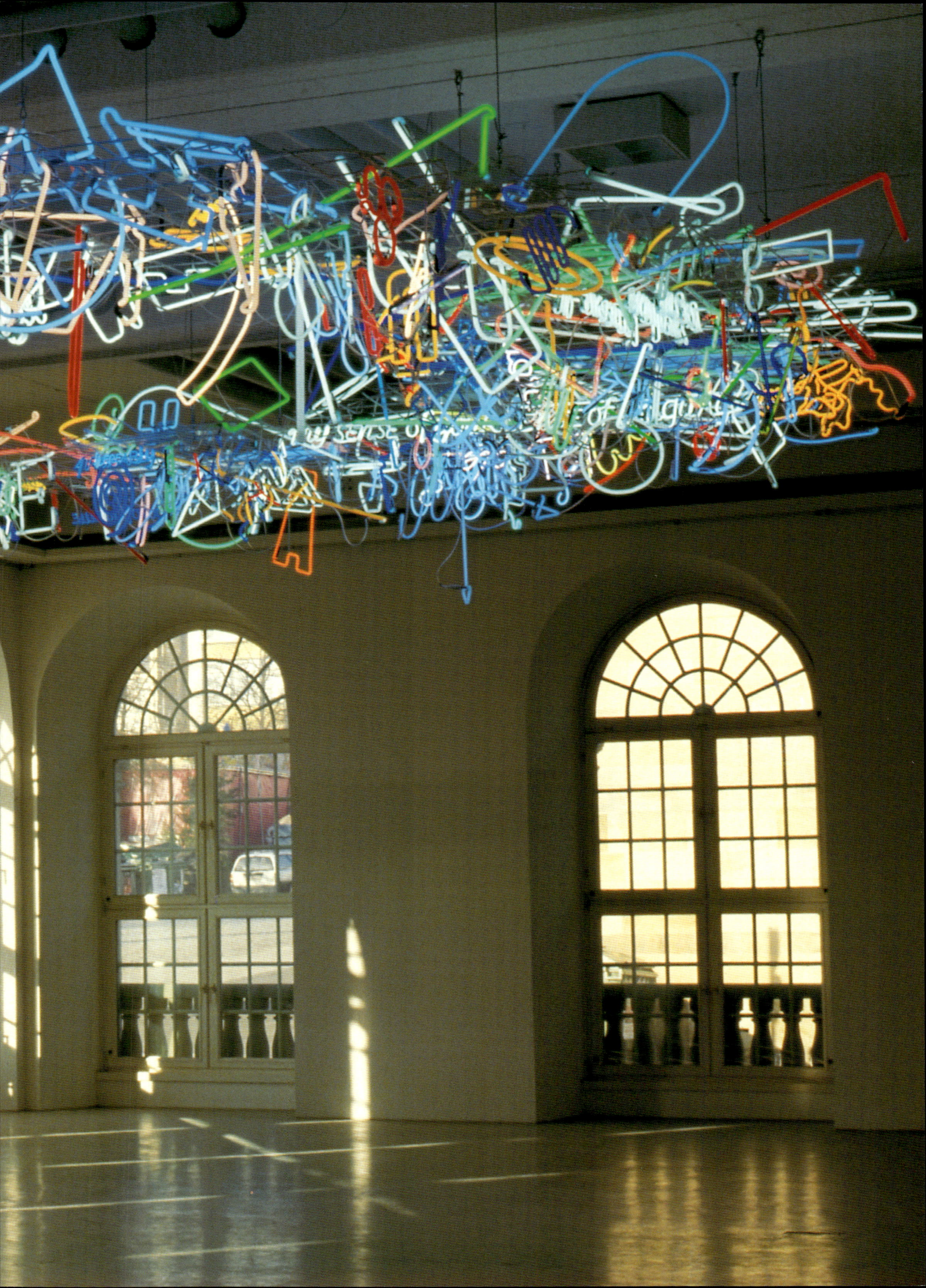

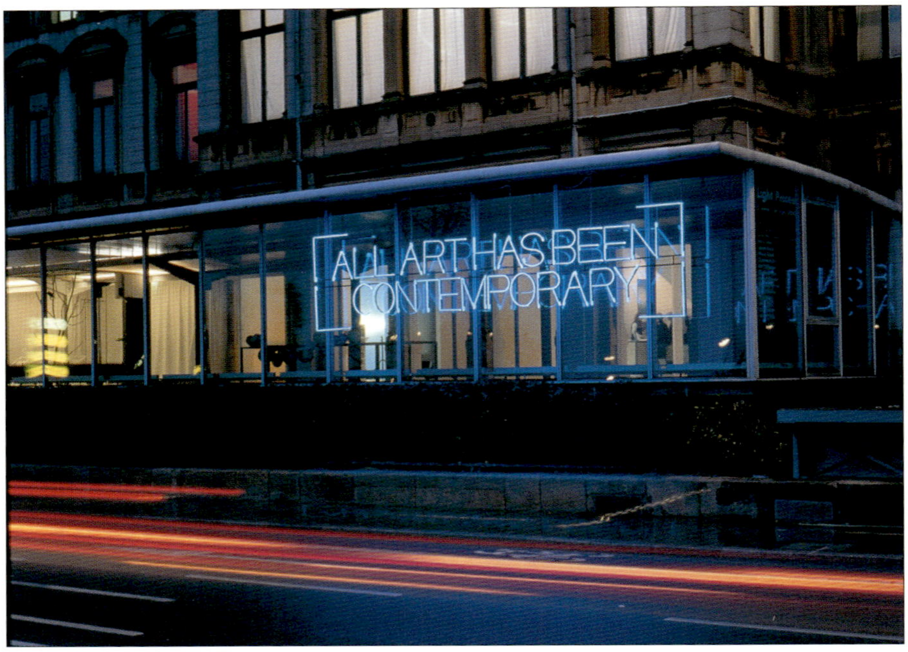

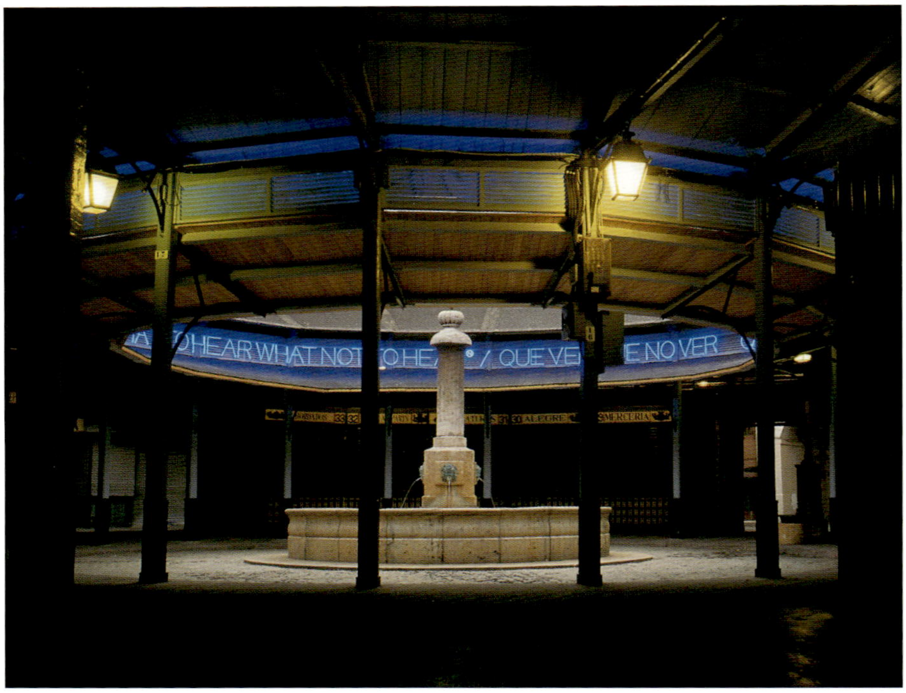

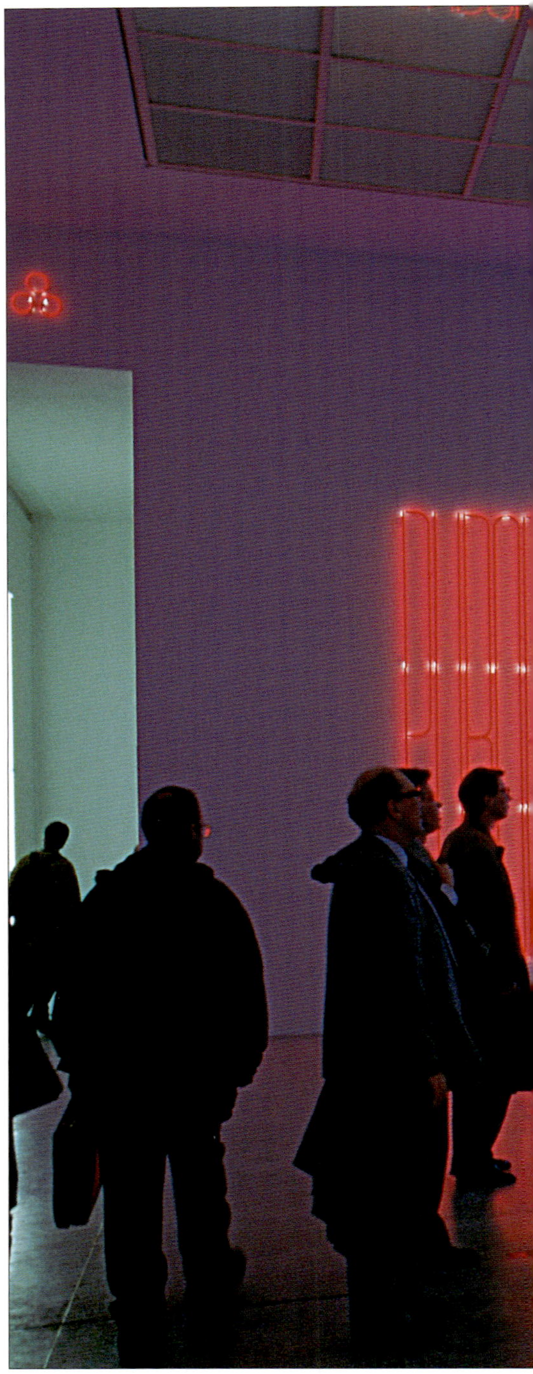

«All art has been contemporary», 1999
Installazione neon / neon installation.
Casino, Luxembourg, 1999.

«What to see what not to see», 2003
Installazione neon / neon installation.
Bienal de Valencia, 2003.

«Puro rosso puro blu puro giallo», 1995
Installazione neon / neon installation.
Wiener Secession, Wien, 1995.

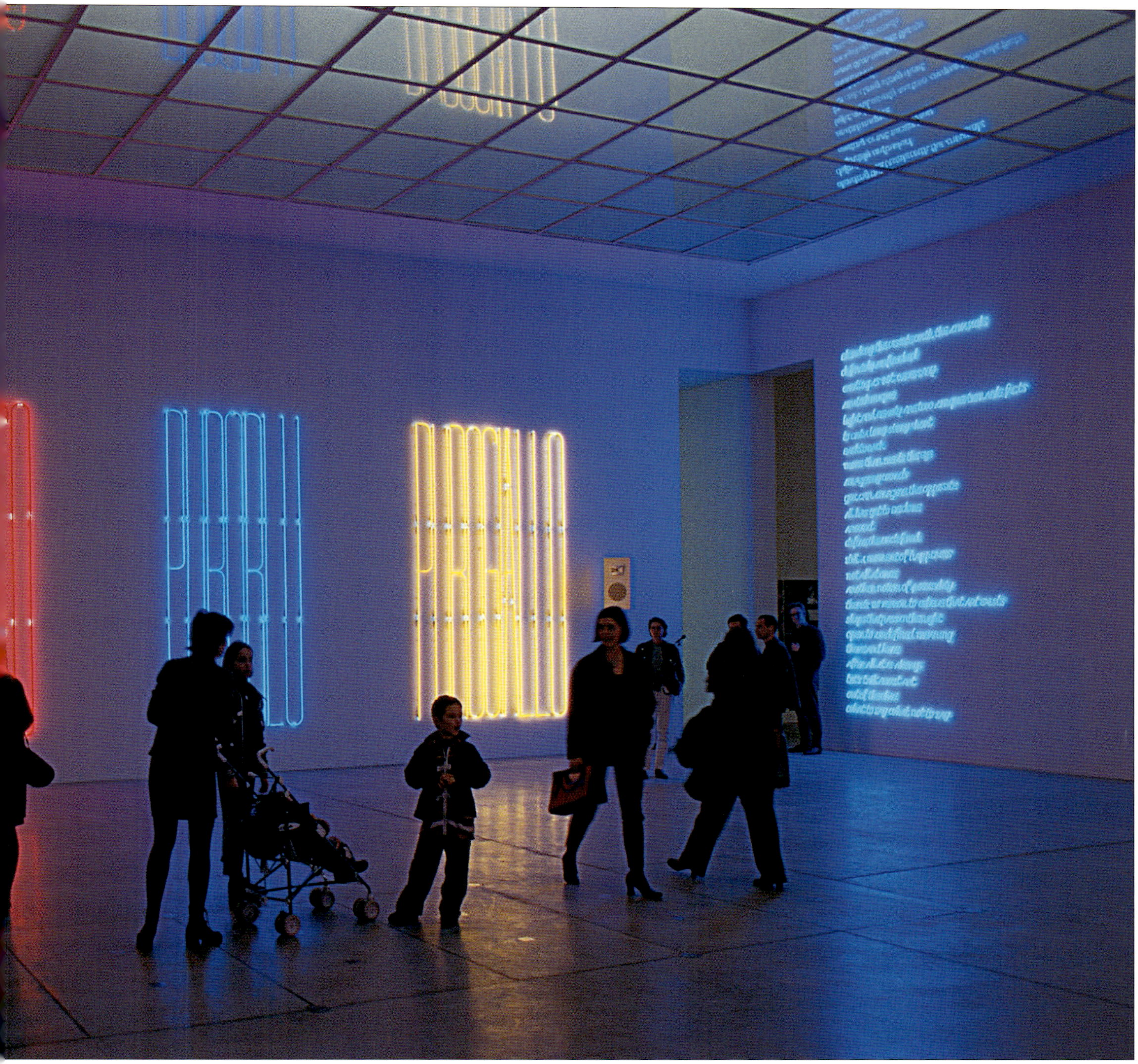

Mimmo Paladino

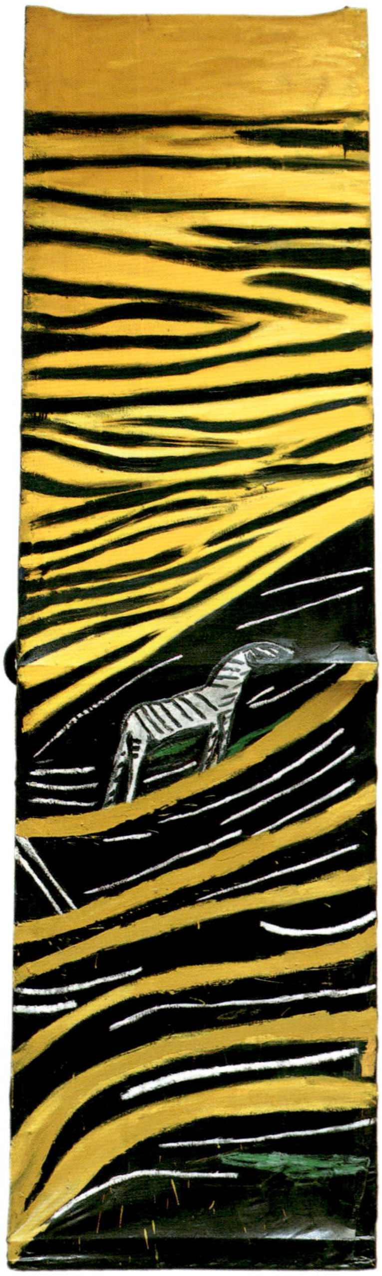

«Selvatico», 1979
Olio e pigmento su tela /
oil and pigment on canvas,
254 x 72 cm (recto),
254 x 72 x 10 cm (verso).

«Golem», 1991
Olio su tela / oil on canvas, 160 x 130 cm.

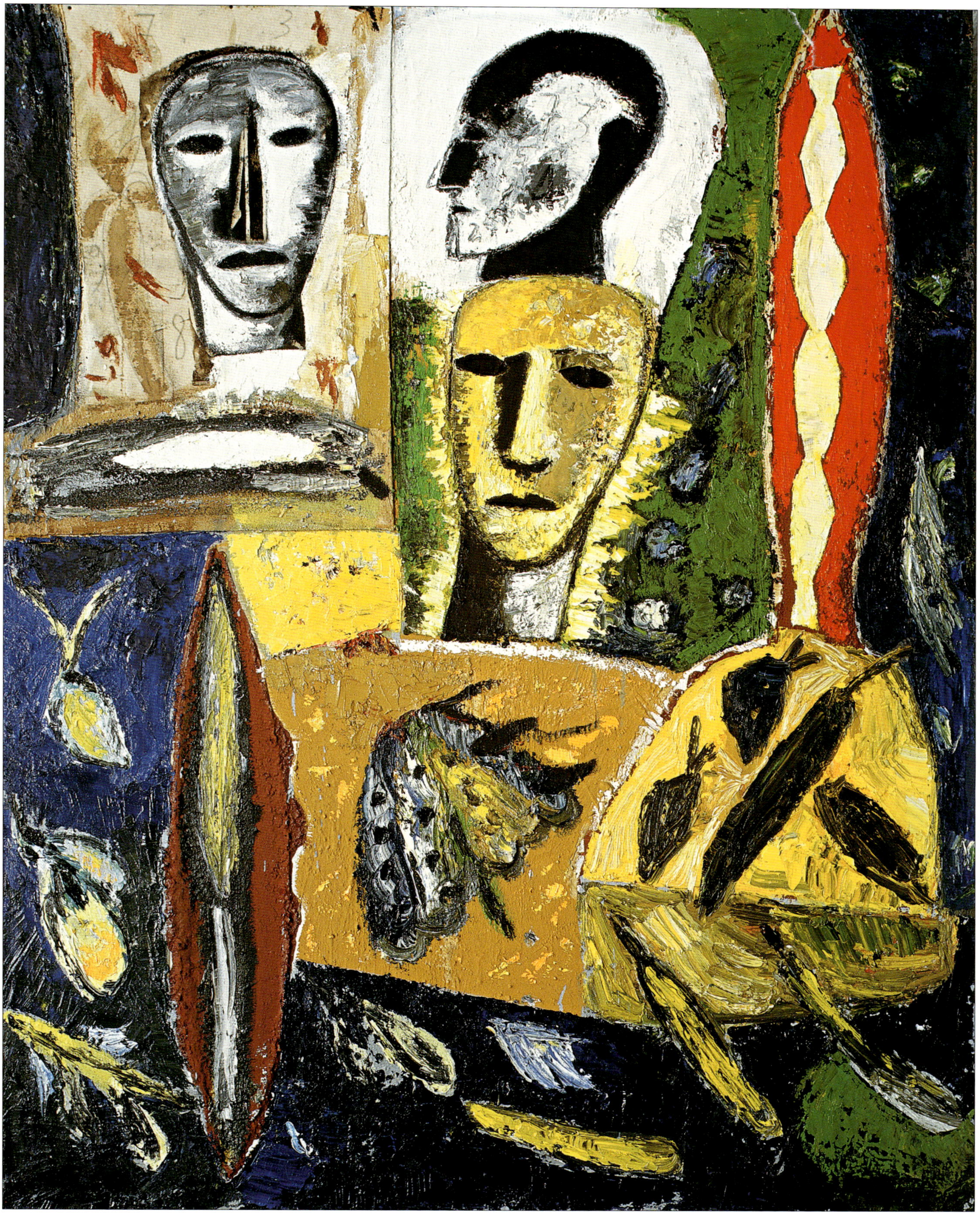

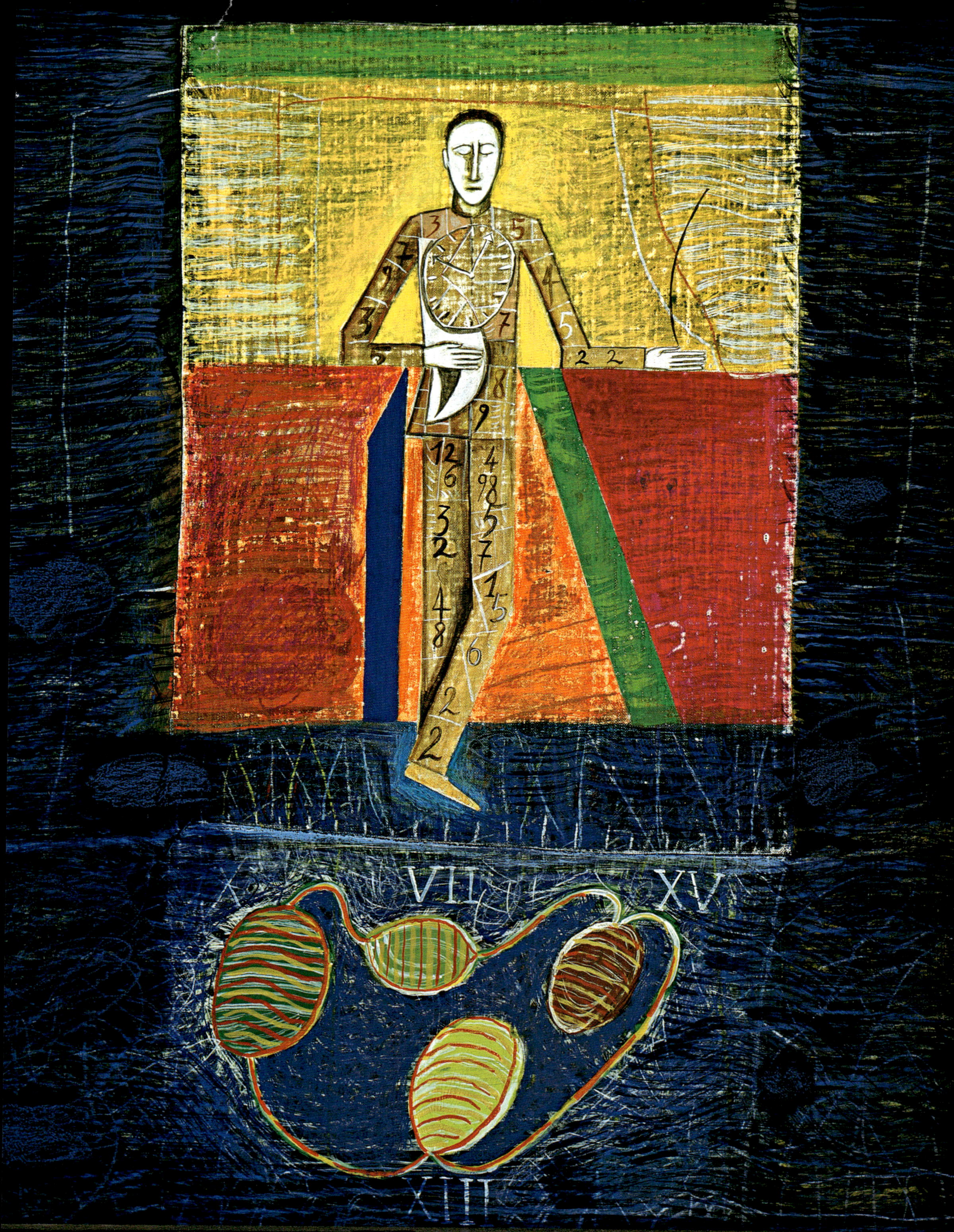

«Senza titolo», 2001
Tecnica mista su tavola /
mixed media on panel,
68 x 57 cm.

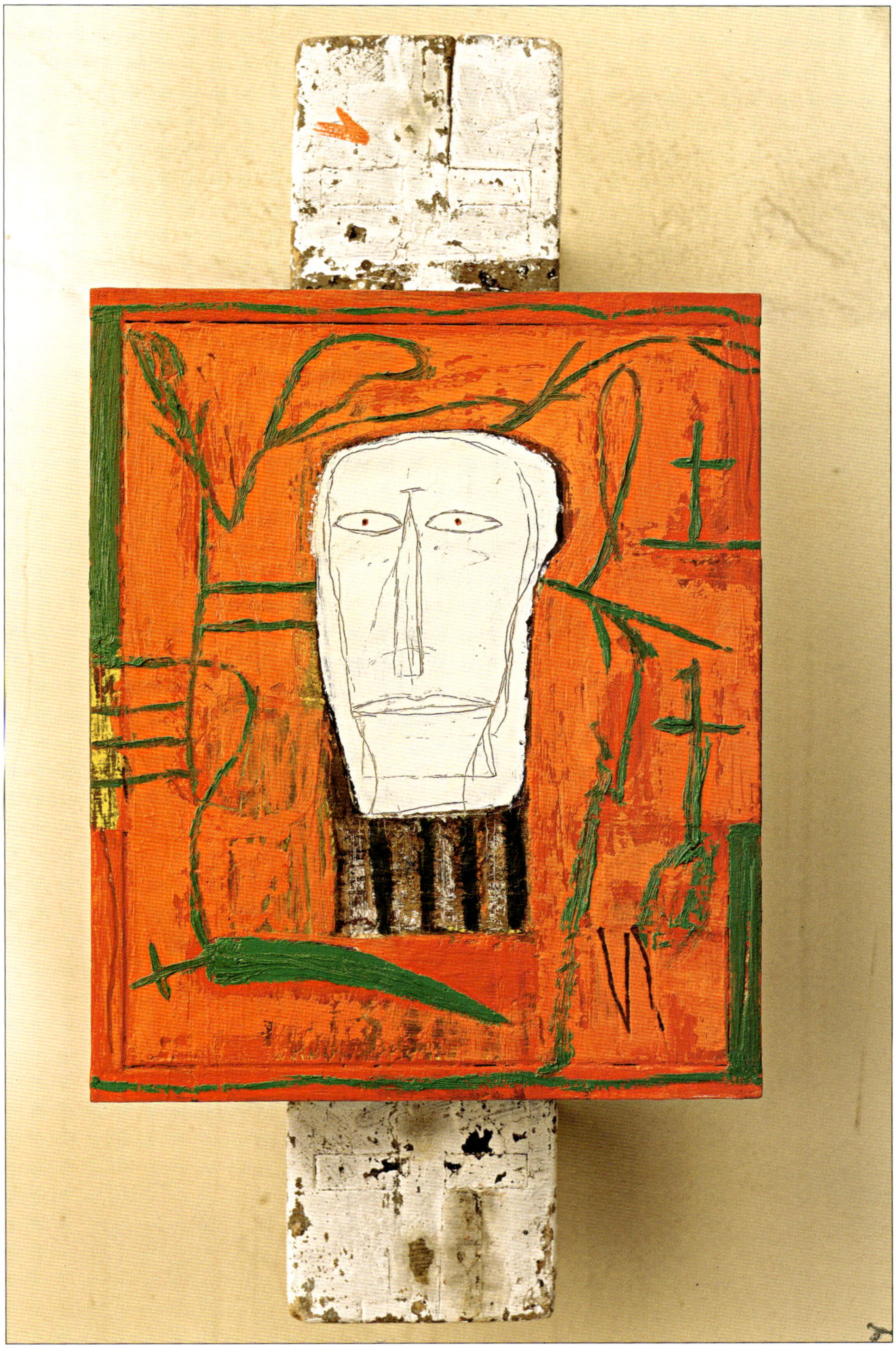

«Noa Noa», 1995
Olio su tela e legno /
oil on canvas and wood,
83 x 42 x 32 cm.

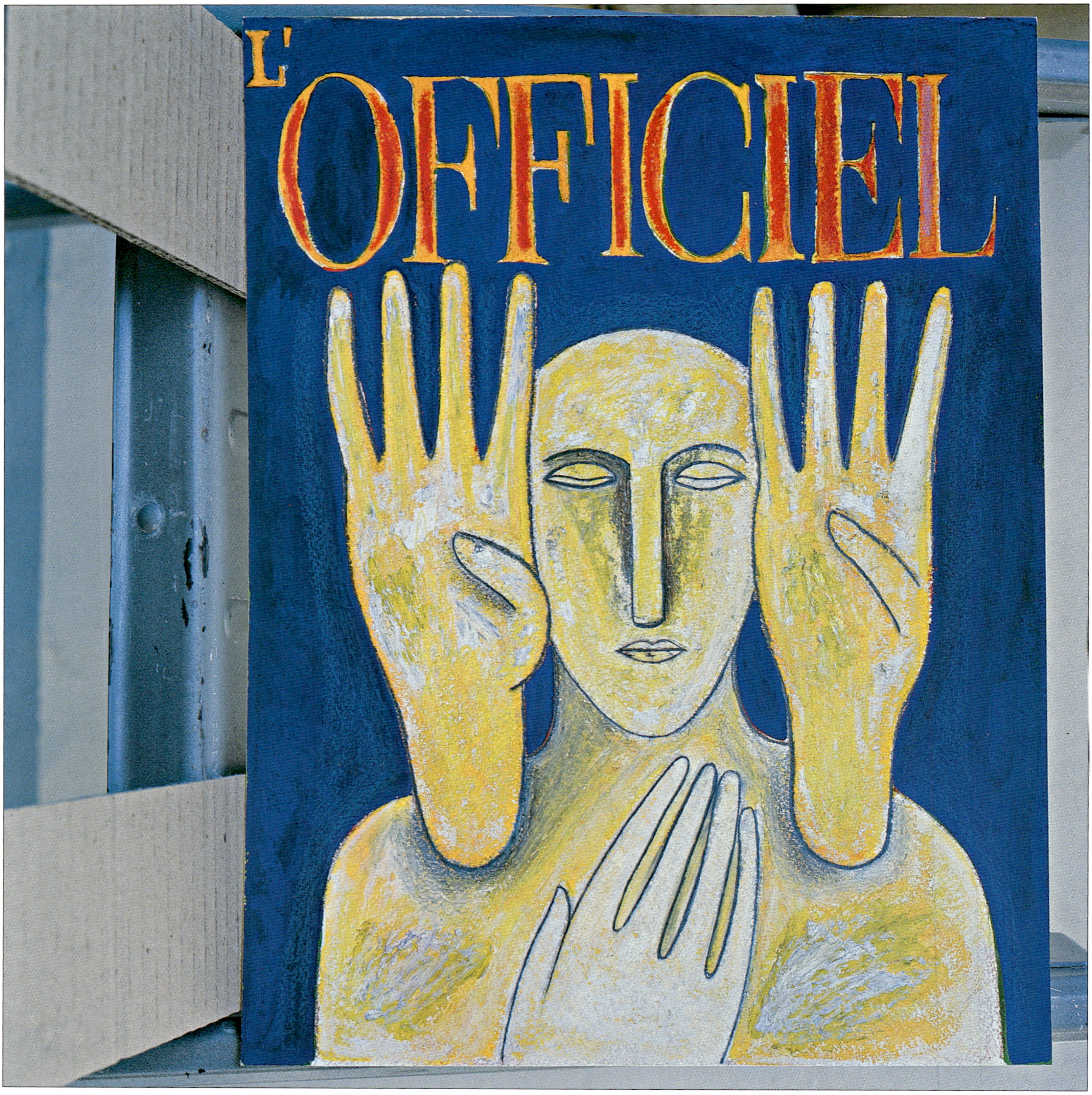

«L'Officel», 1989
Tecnica mista su carta / mixed media on paper,
40 x 30 cm.

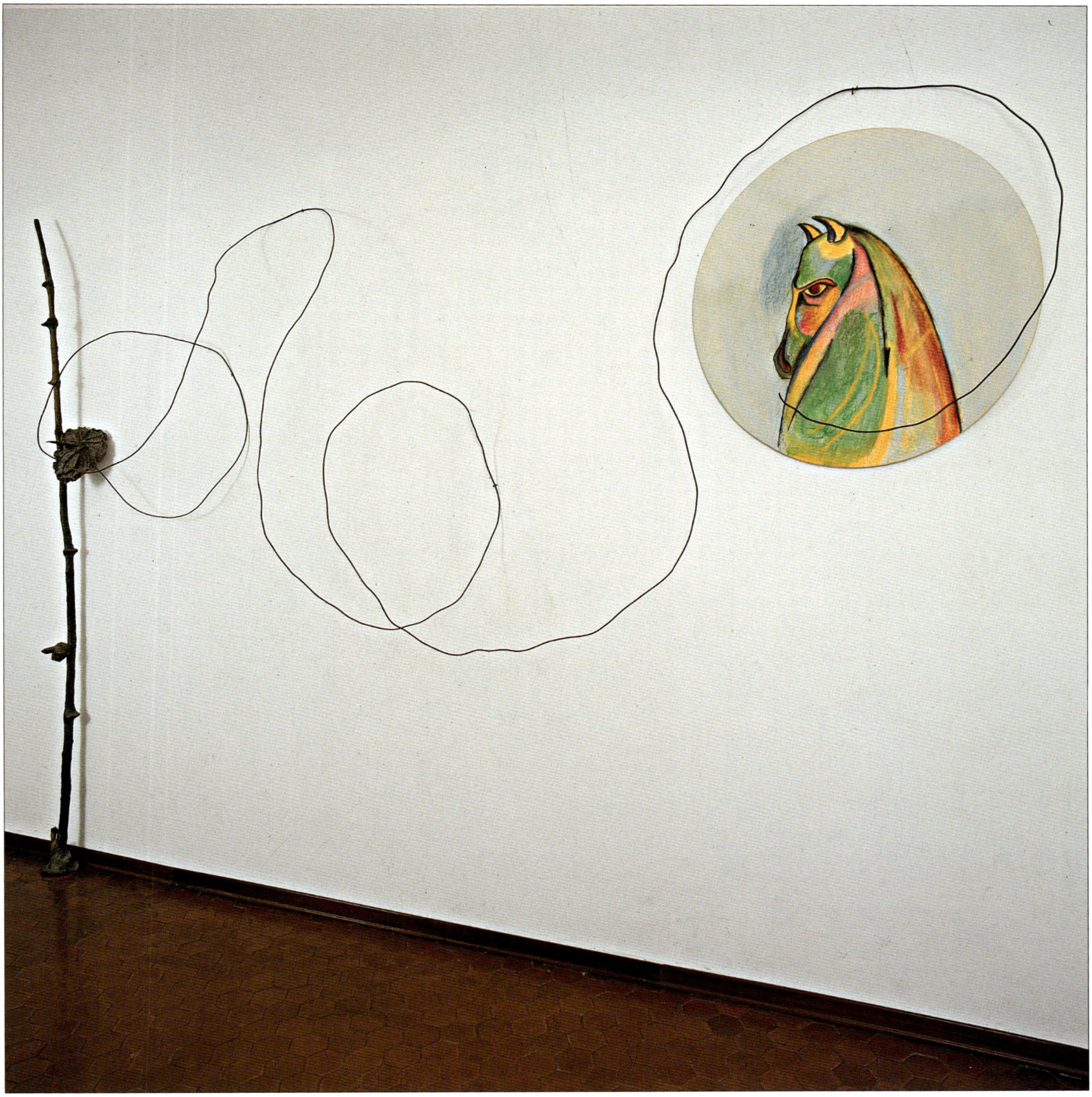

«Senza titolo», 1989
Bronzo, tecnica mista su tavola, ferro / bronze, mixed media on panel, iron, 280 x 500 cm.

Michelangelo Pistoletto

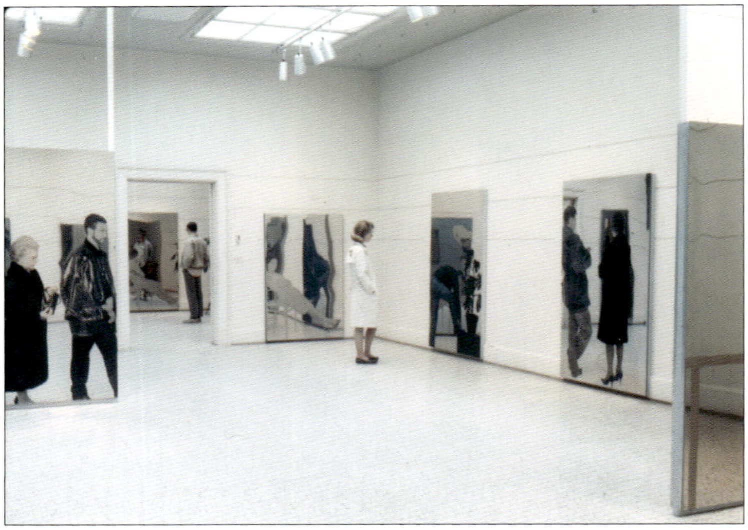

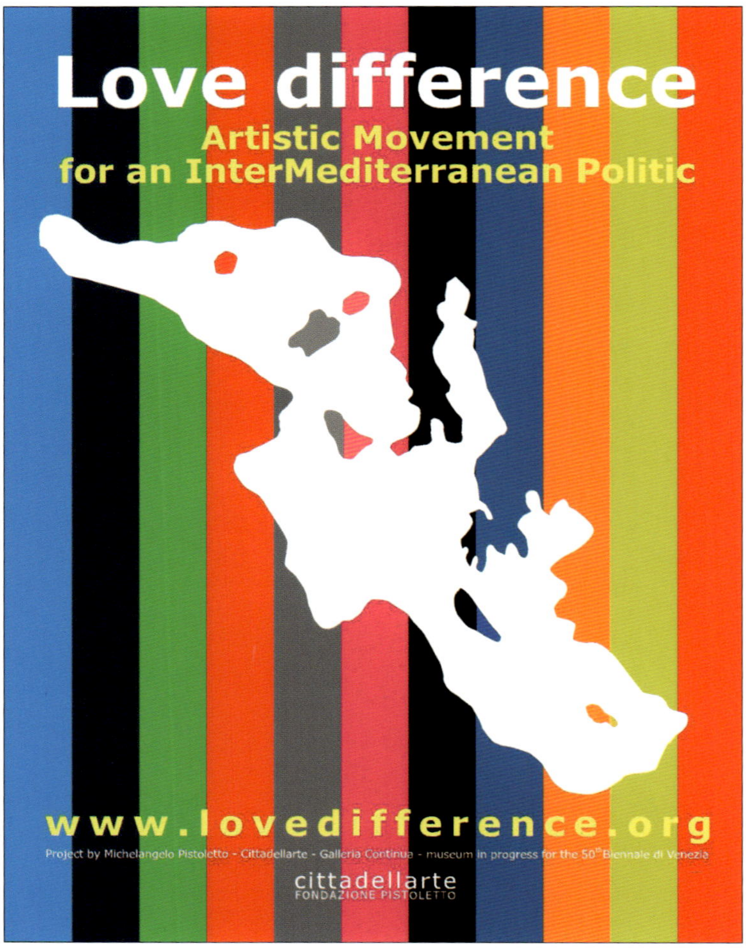

«Quadri specchianti», 1962-1966
Mostra personale al / solo exhibition at Walker Art Center, Minneapolis, 1966.

«Love Difference», 2000
Love Difference, Movimento Artistico per una Politica InterMediterranea; billboard, 600 x 500 cm.
Elaborazione grafica / graphic elaboration Cittadellarte, Biella.

«Quadro da pranzo - Oggetti in Meno», 1965-1966
Legno / wood, 200 x 200 x 50 cm.
Collezione Fondazione Pistoletto, Biella.
Foto / photo Paolo Pellion, Torino.

Nelle pagine seguenti / Following pages
«Tavolo Love Difference - il Mediterraneo», 2000
Specchio e legno / mirror and wood, 45 x 740 cm.
Installazione alla / installation at Fiera dell'Arte di Bologna, 2004.
Foto / photo Jes.

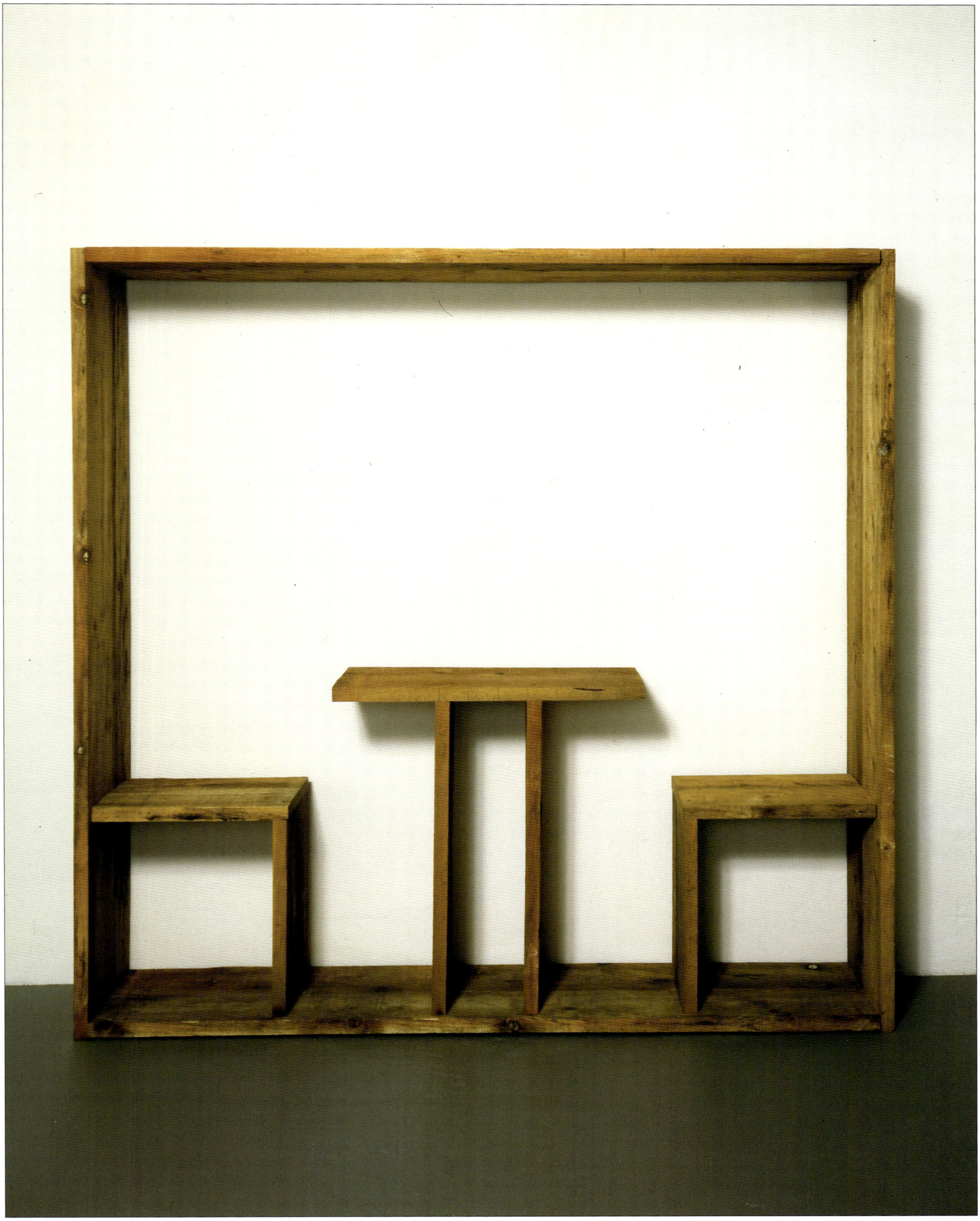

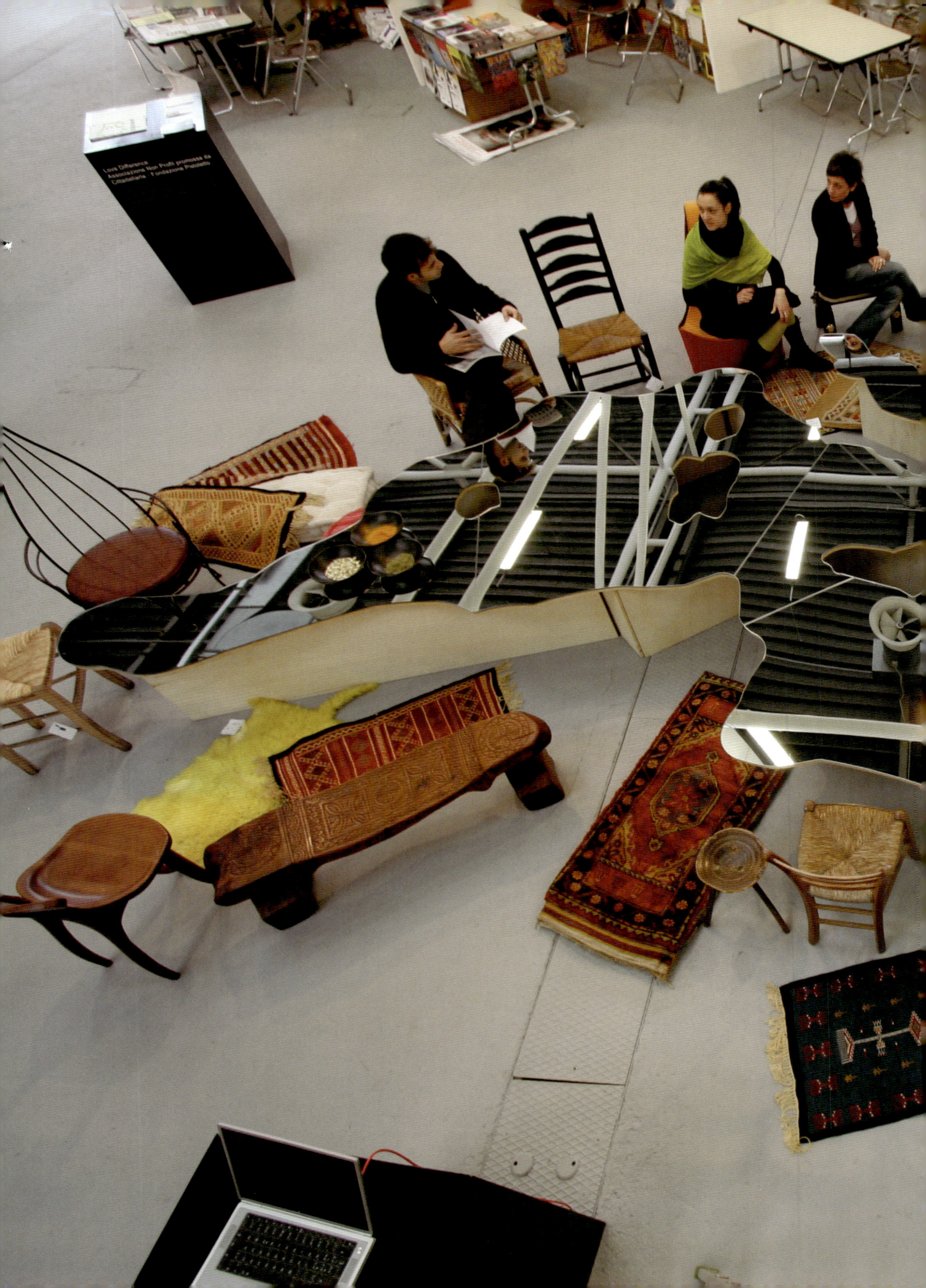
Love Difference
Associazione Non Profit promossa da
Cittadellarte - Fondazione Pistoletto

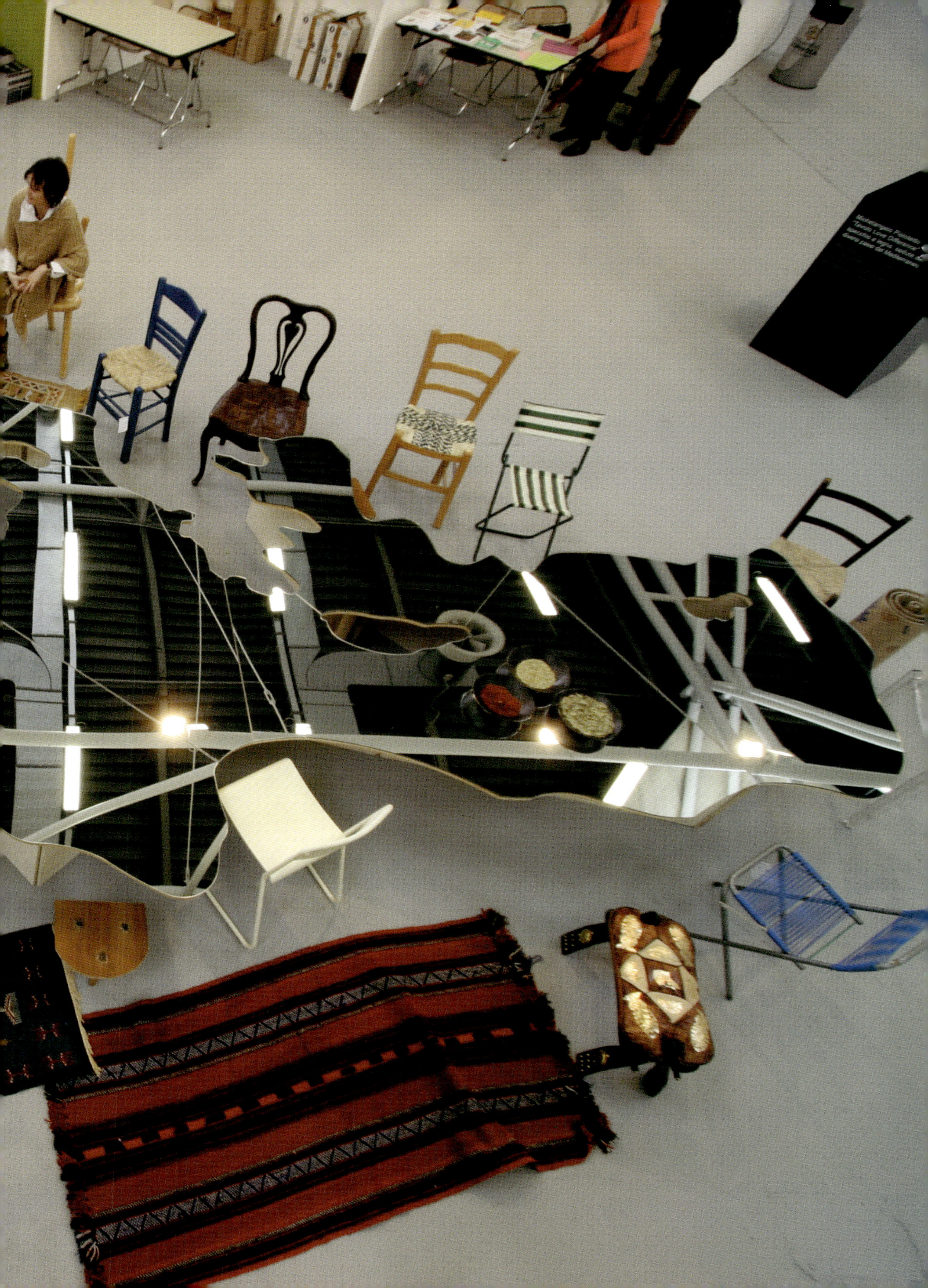

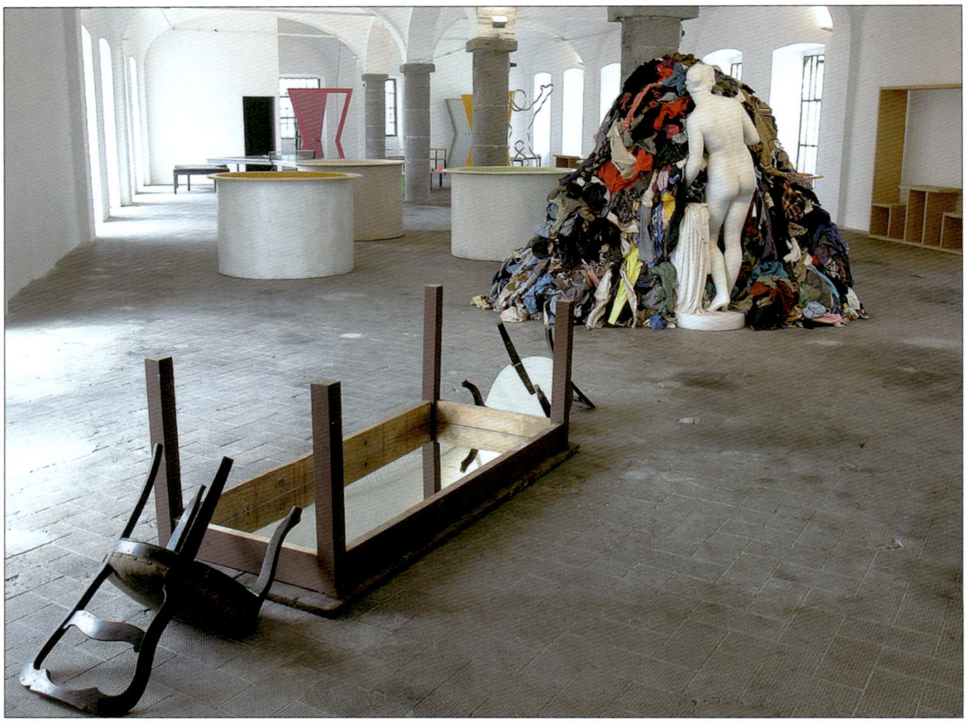

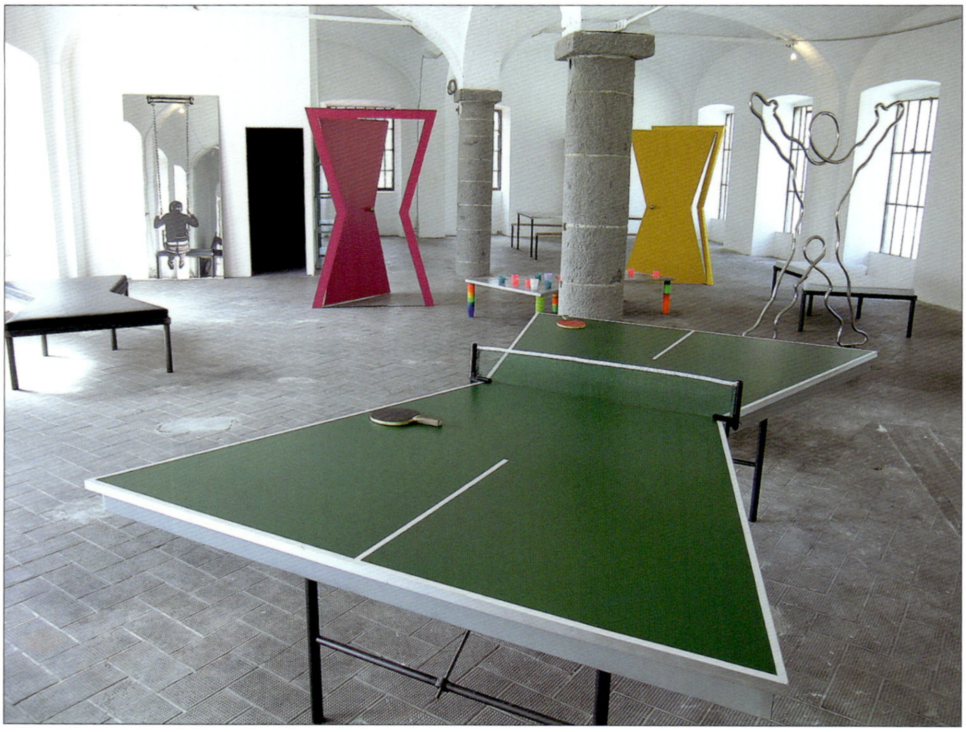

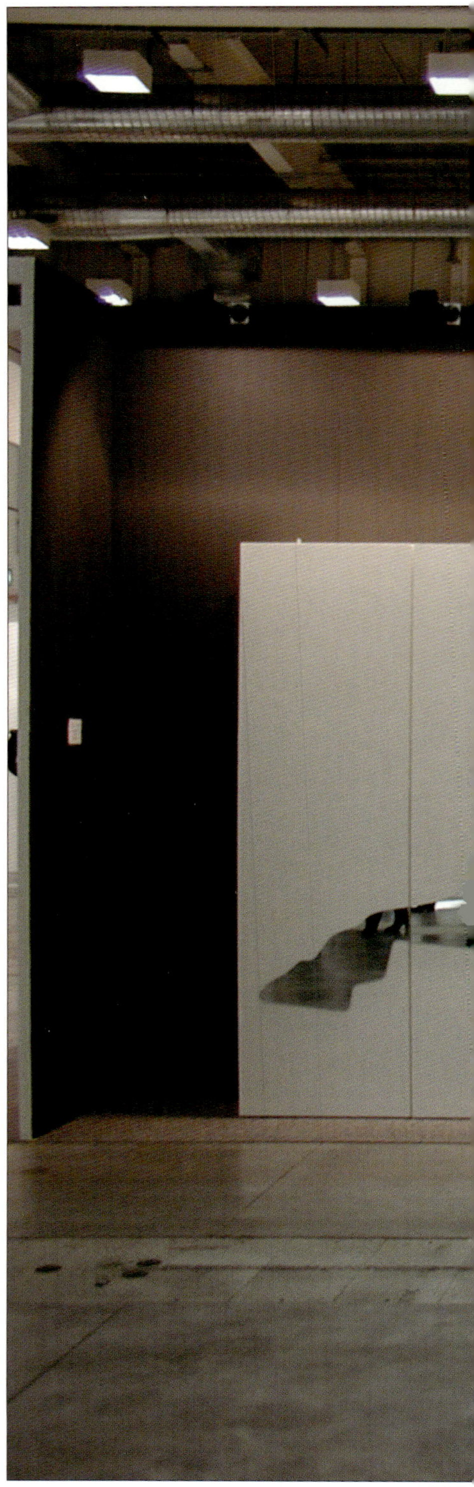

Installazione a / installation at Cittadellarte, Biella, 2004
In primo piano / in the foreground: «Mobili capovolti», 1976; «Venere degli stracci», 1967; «Pozzi», 1966.
Foto / photo Marco Scattaro.

Installazione a / installation at Cittadellarte, Biella, 2004
«Segno Arte», 1976-2000; in primo piano / in the foreground «Tavolo da Ping Pong».
Foto / photo Jes.

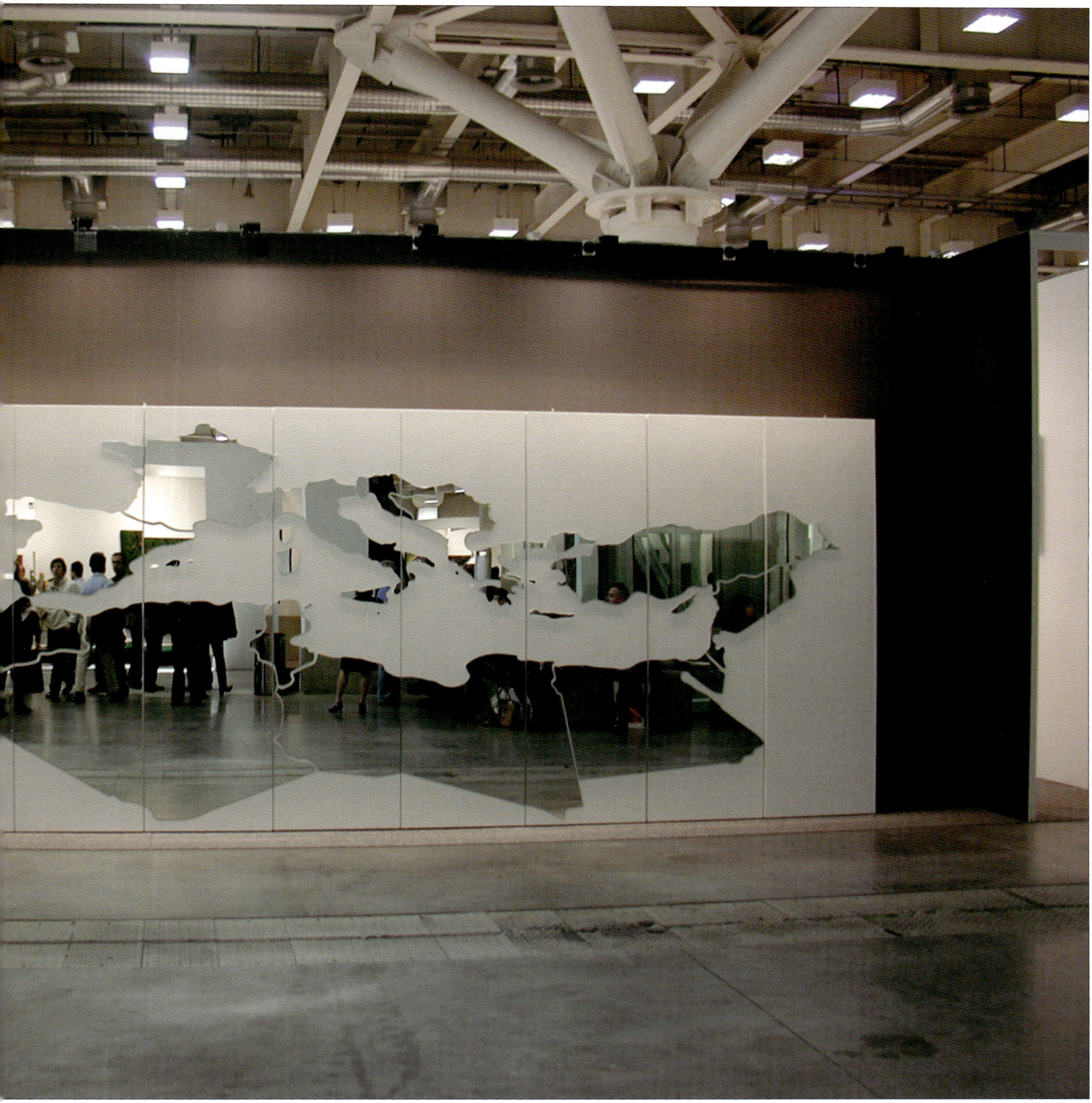

«Biblioteca LOVE DIFFERENCE - il Mediterraneo», 2000
Specchio e legno / mirror and wood, 220 x 660 x 40 cm.
Collezione RAM Radio Arte Mobile, Roma.

Luisa Rabbia

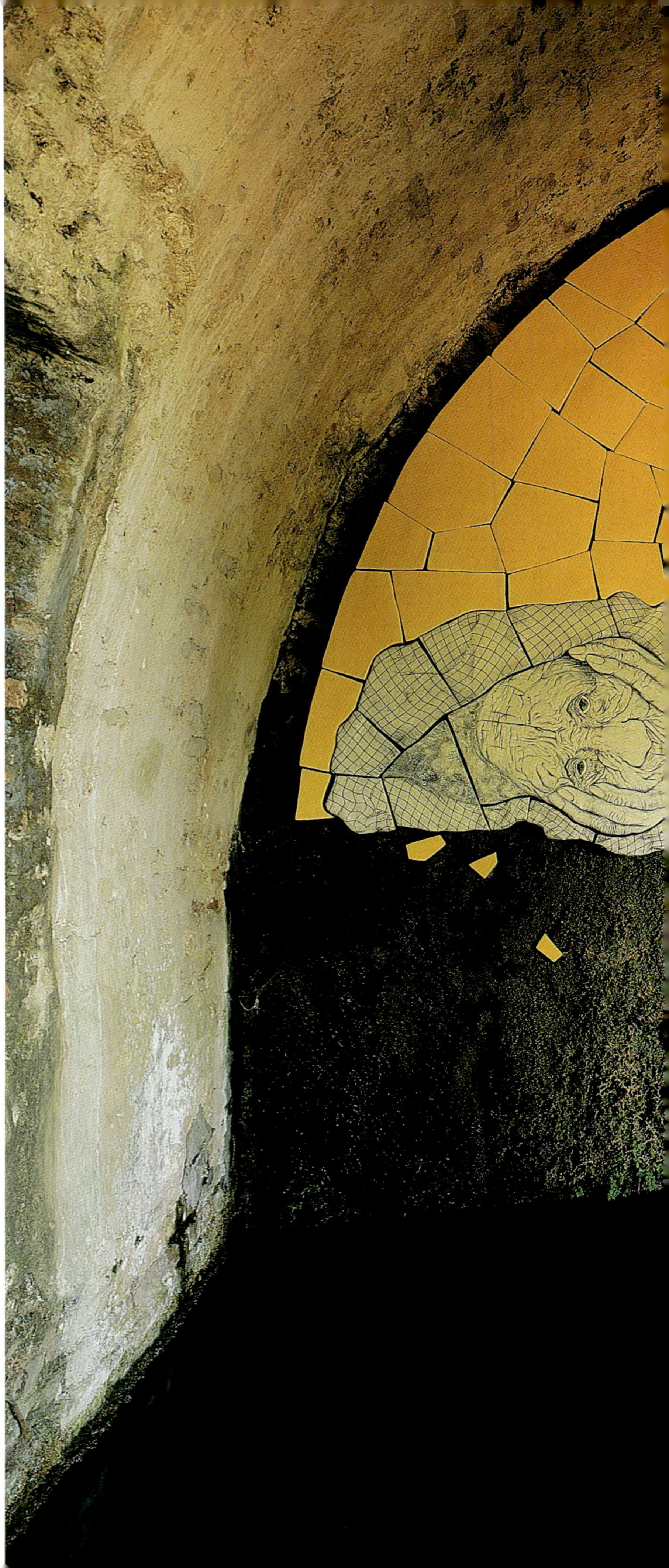

«Il riposo del tempo», 2004
Ceramica disegnata e incisa /
drawings and engravings on ceramic,
250 x 500 cm.
installazione permanente alle /
permanent installation at
Fonti Medievali, San Gimignano, Siena.
«Arte all'Arte IX».

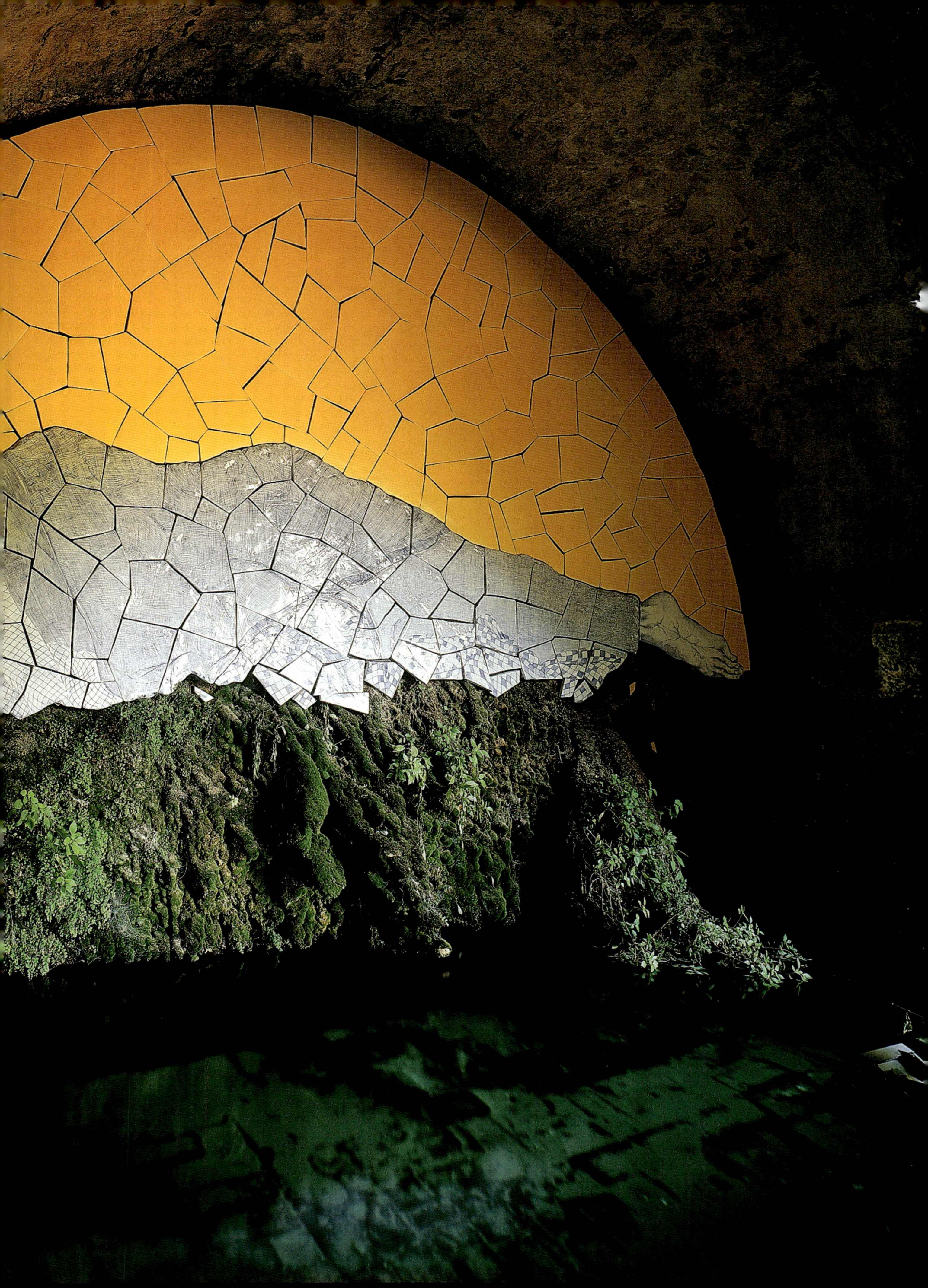

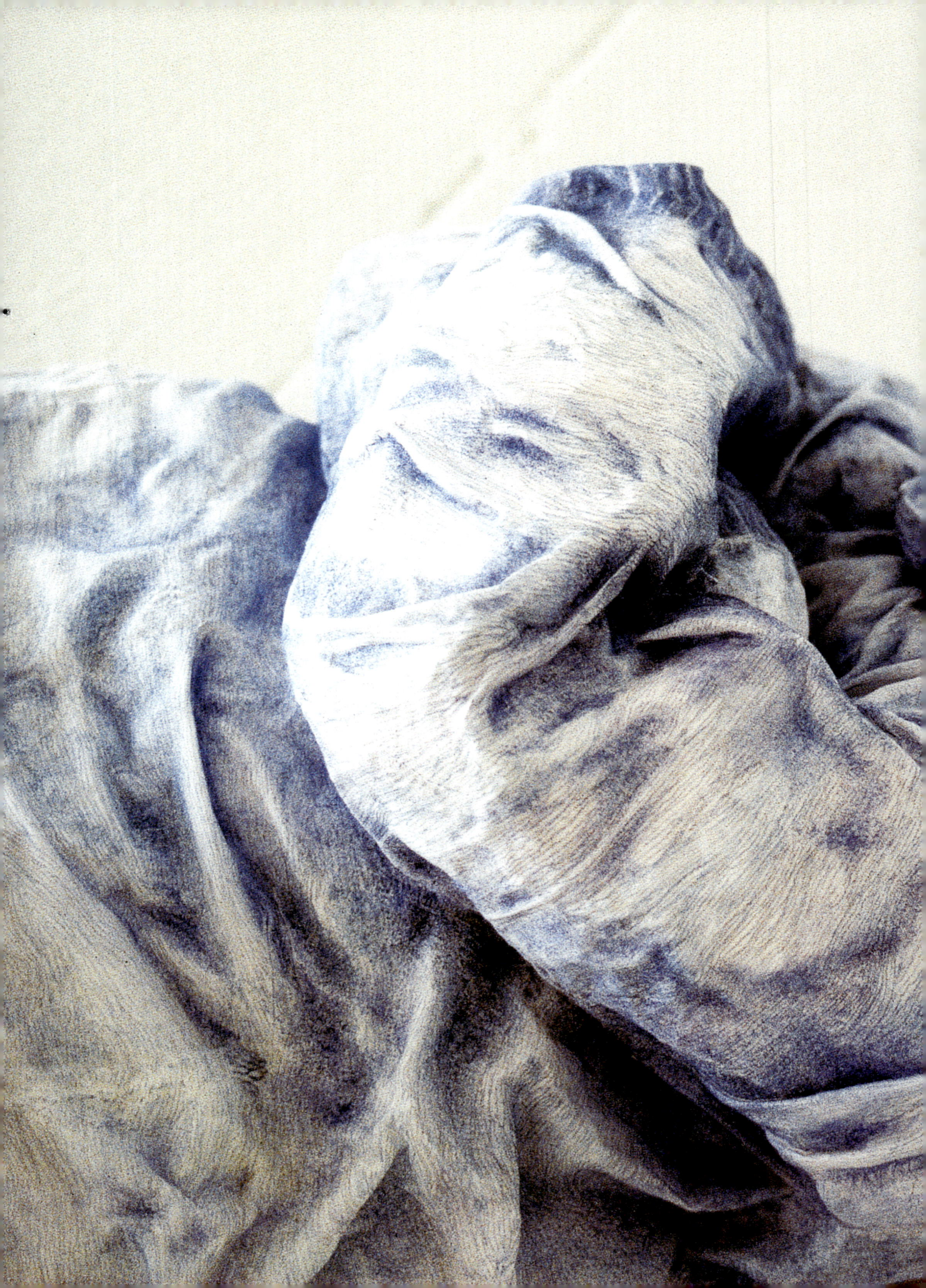

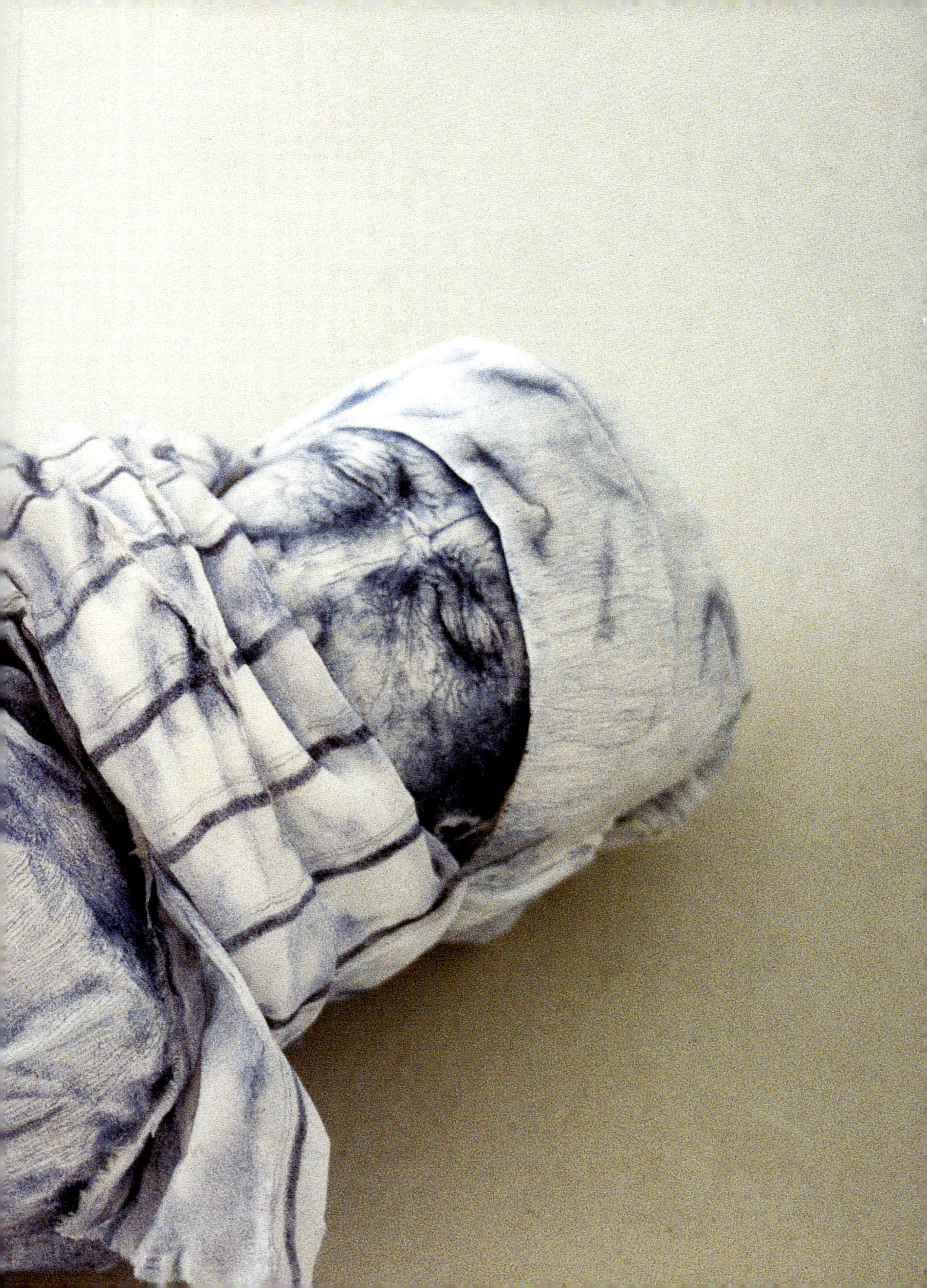

Nelle pagine precedenti / Previous pages
«Being sleeping», 2004
Matita blu su materiali vari / blue pencil on mixed materials,
110 x 46 x 27 cm (particolare / detail).

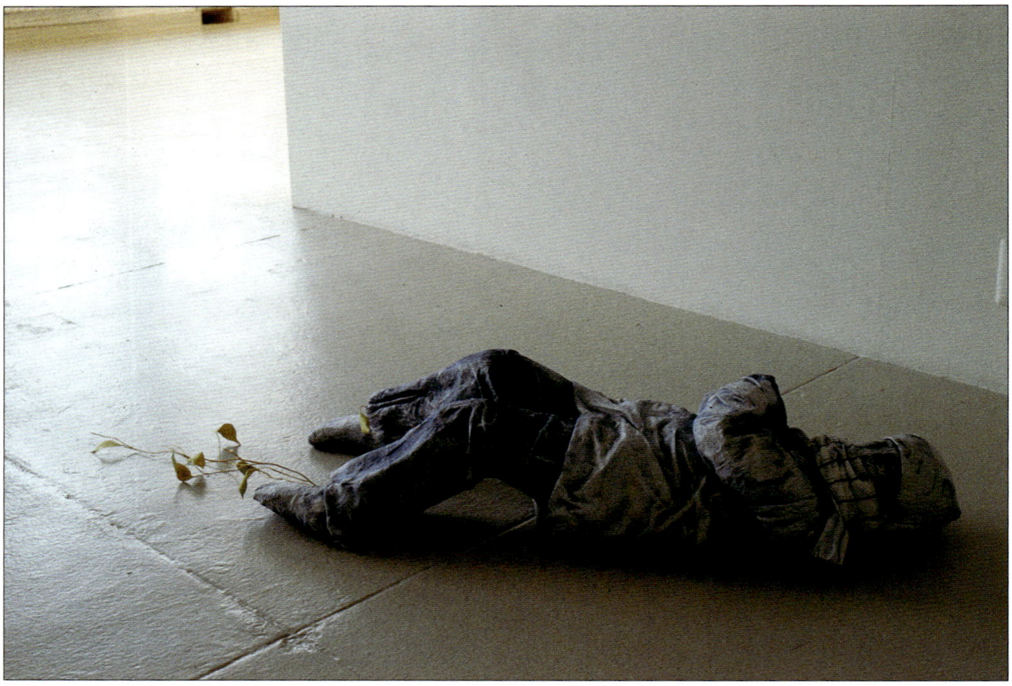

«Being sleeping», 2004
Matita blu su materiali vari /
blue pencil on mixed materials,
110 x 46 x 27 cm.

«Destiny», 2005
Matita blu su carta /
blue pencil on paper,
120 x 120 cm
(particolare / detail).

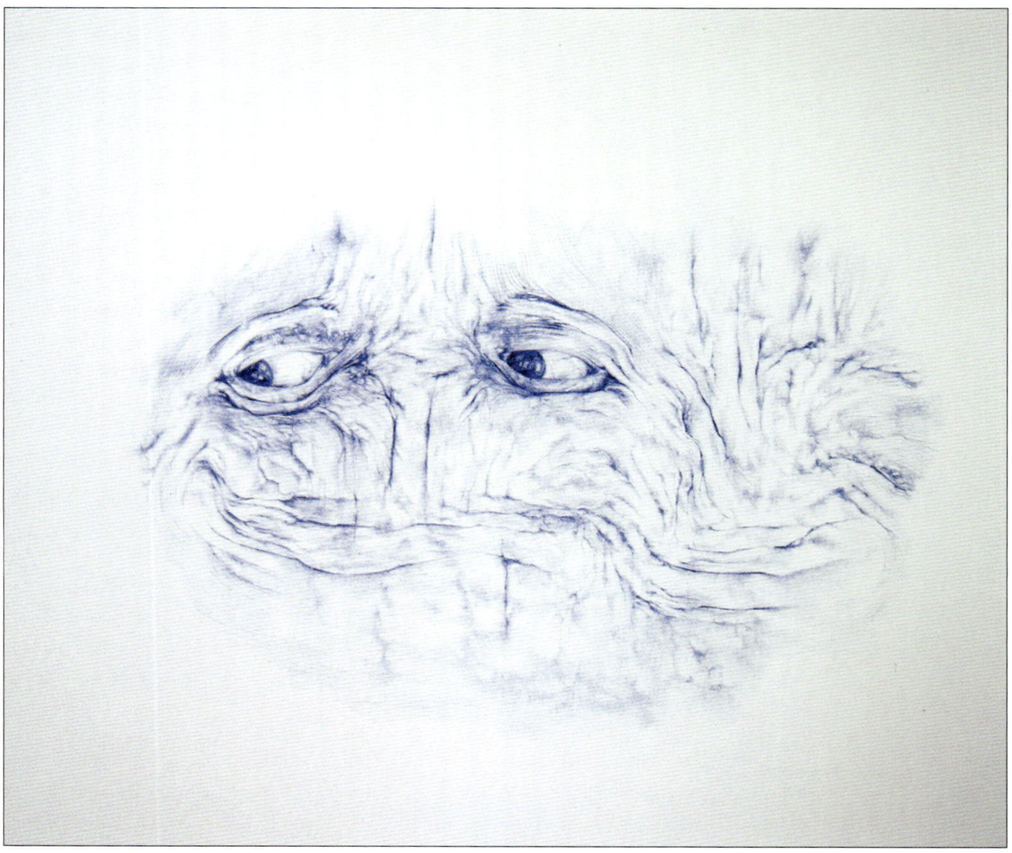

«Claudel», 2005
Matita blu su materiali vari /
blue pencil on mixed materials,
65 x 40 x 55 cm
(retro e fronte / back and front).

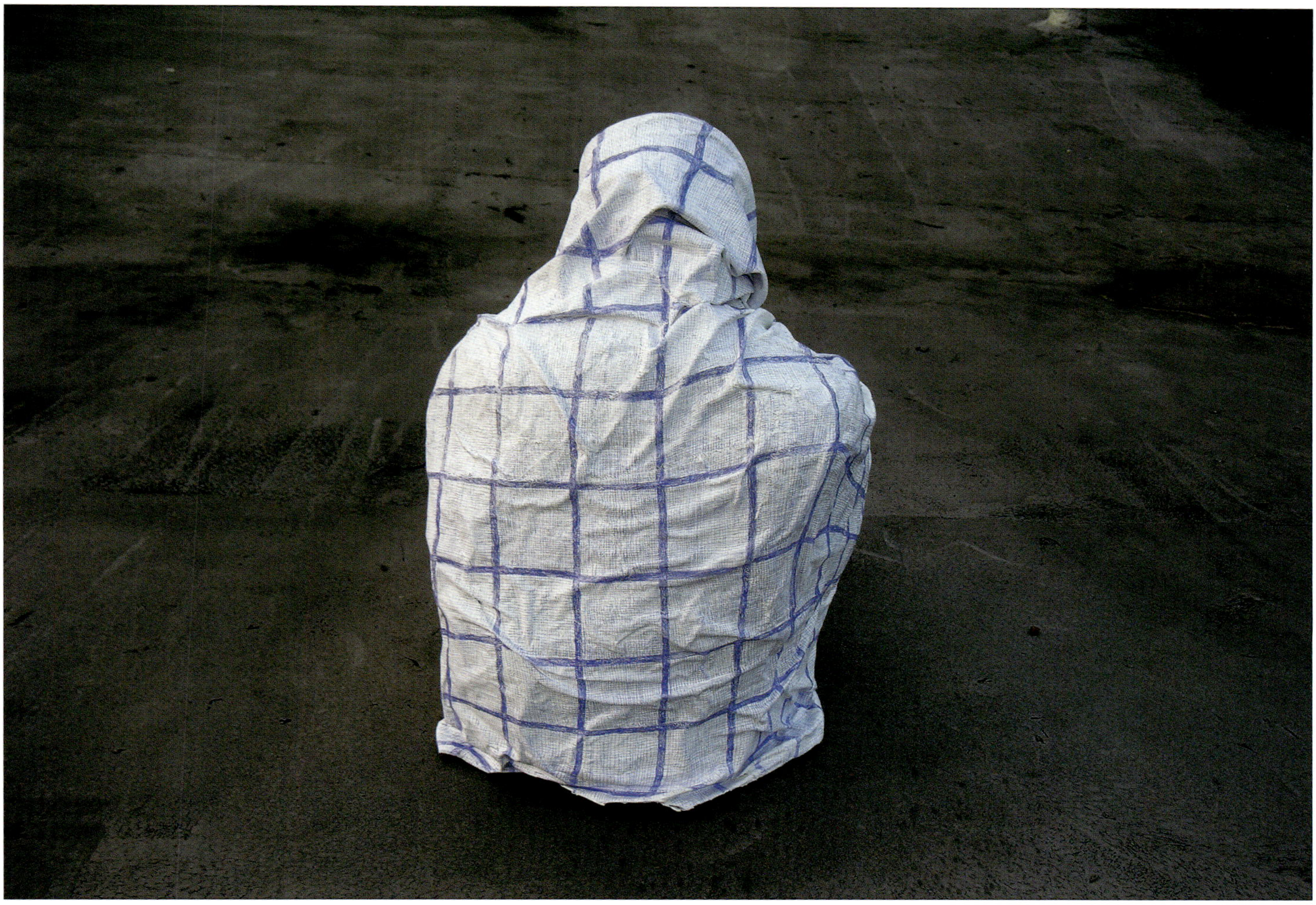

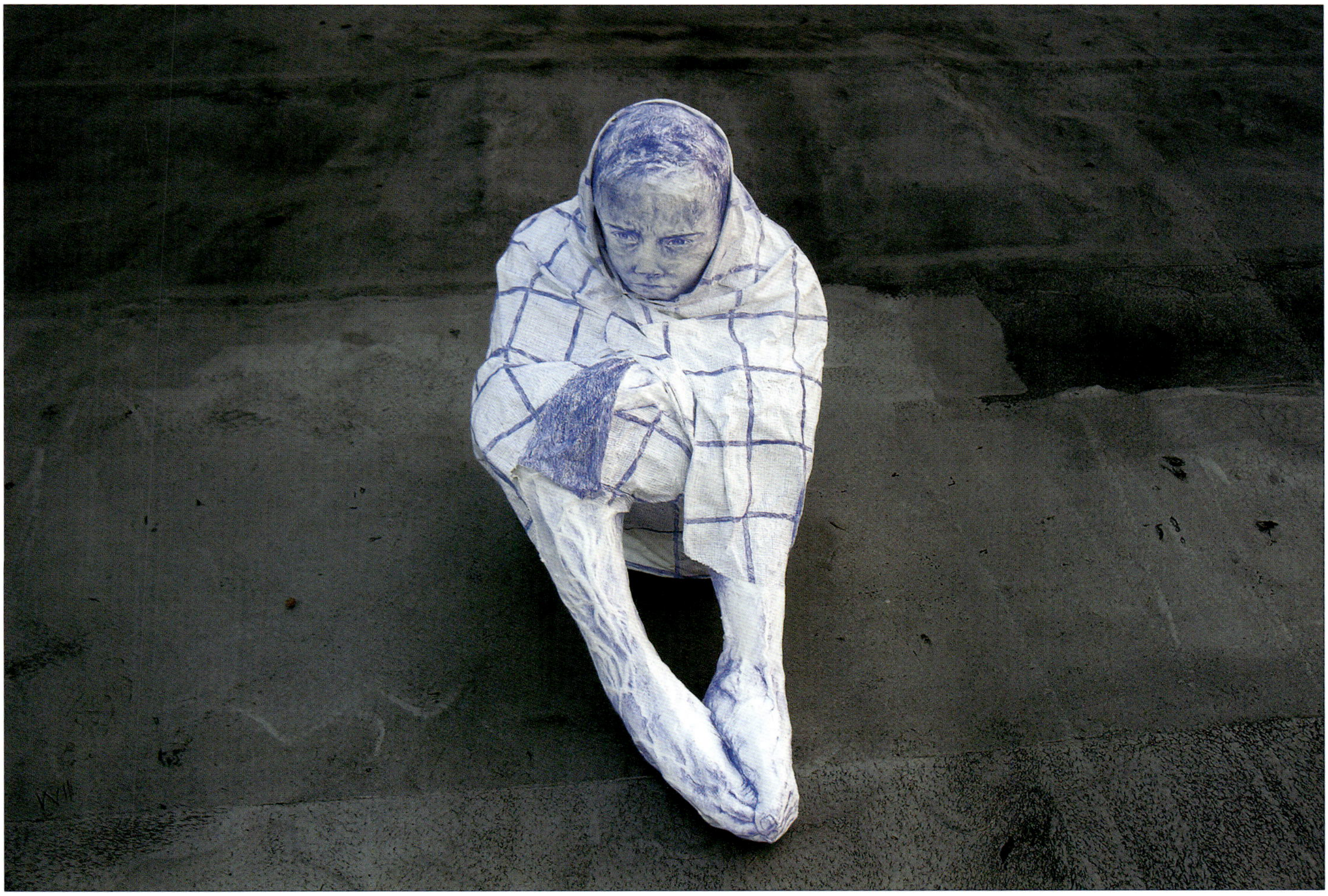

Remo Salvadori

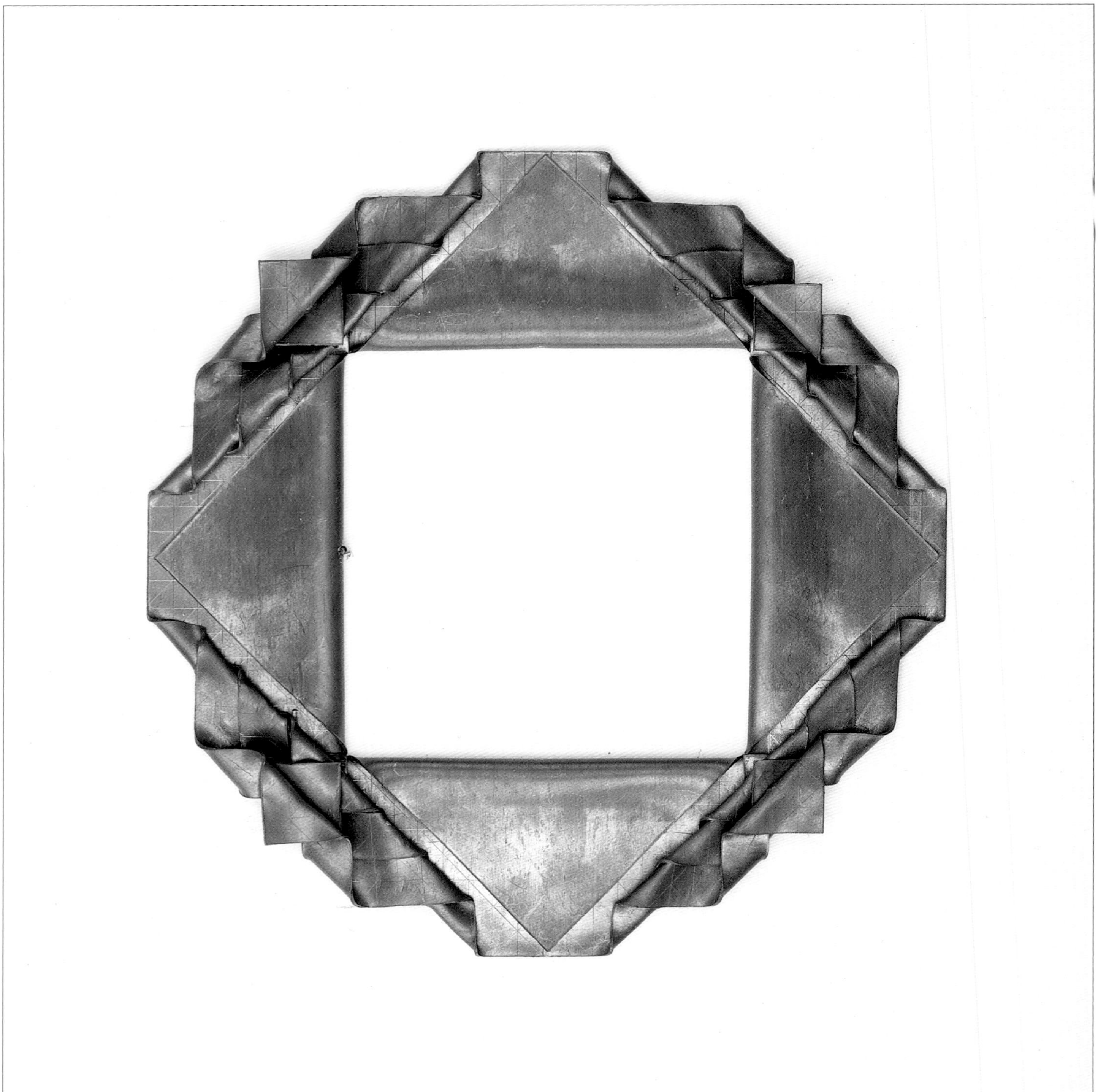

«Nel momento», 1996
Piombo / lead, 8 elementi / elements,
33,3 x 33,3 x 0,1 cm ciascuno / each.
Foto / photo Jean-Pierre Maurer, Milano.

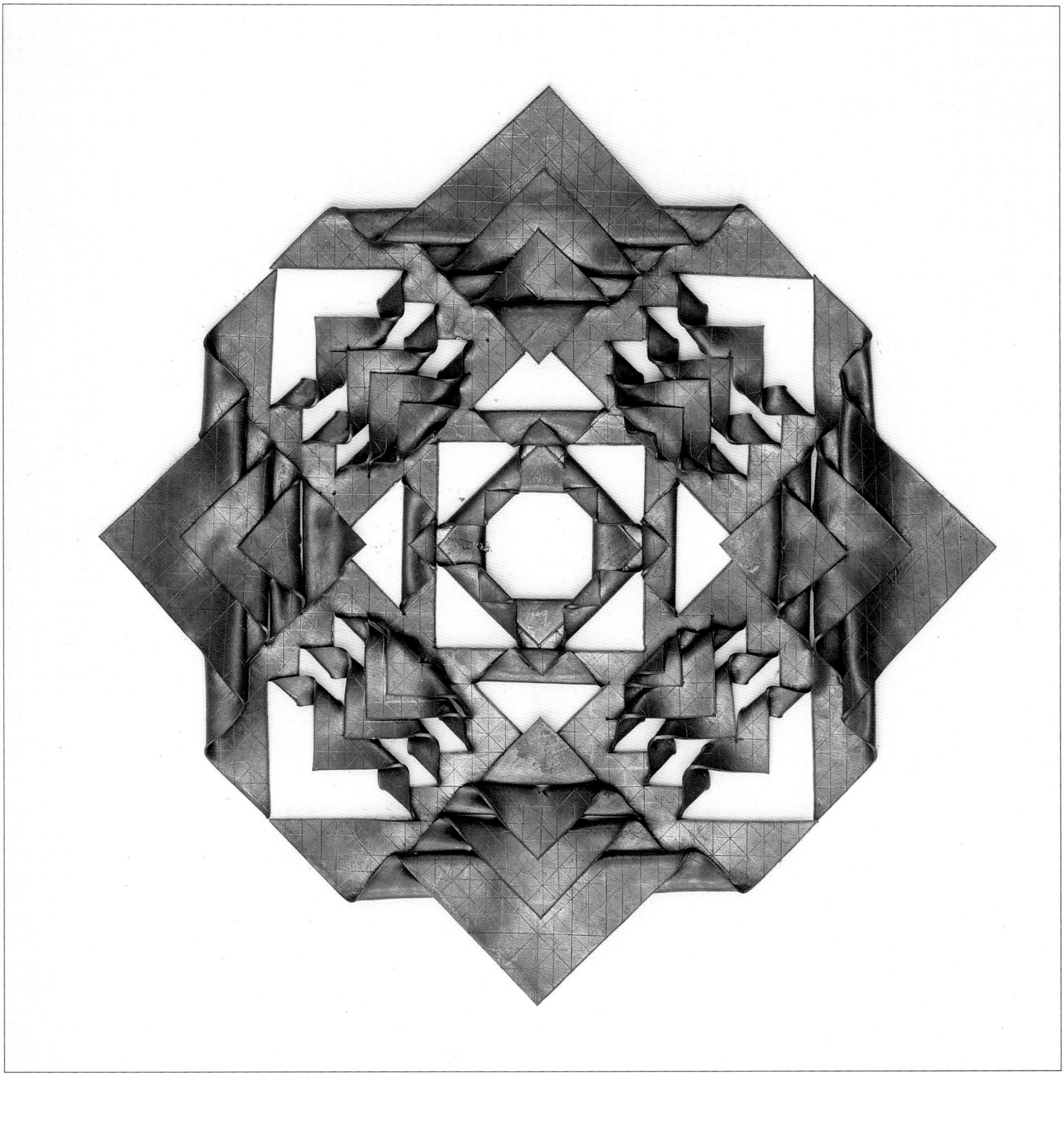

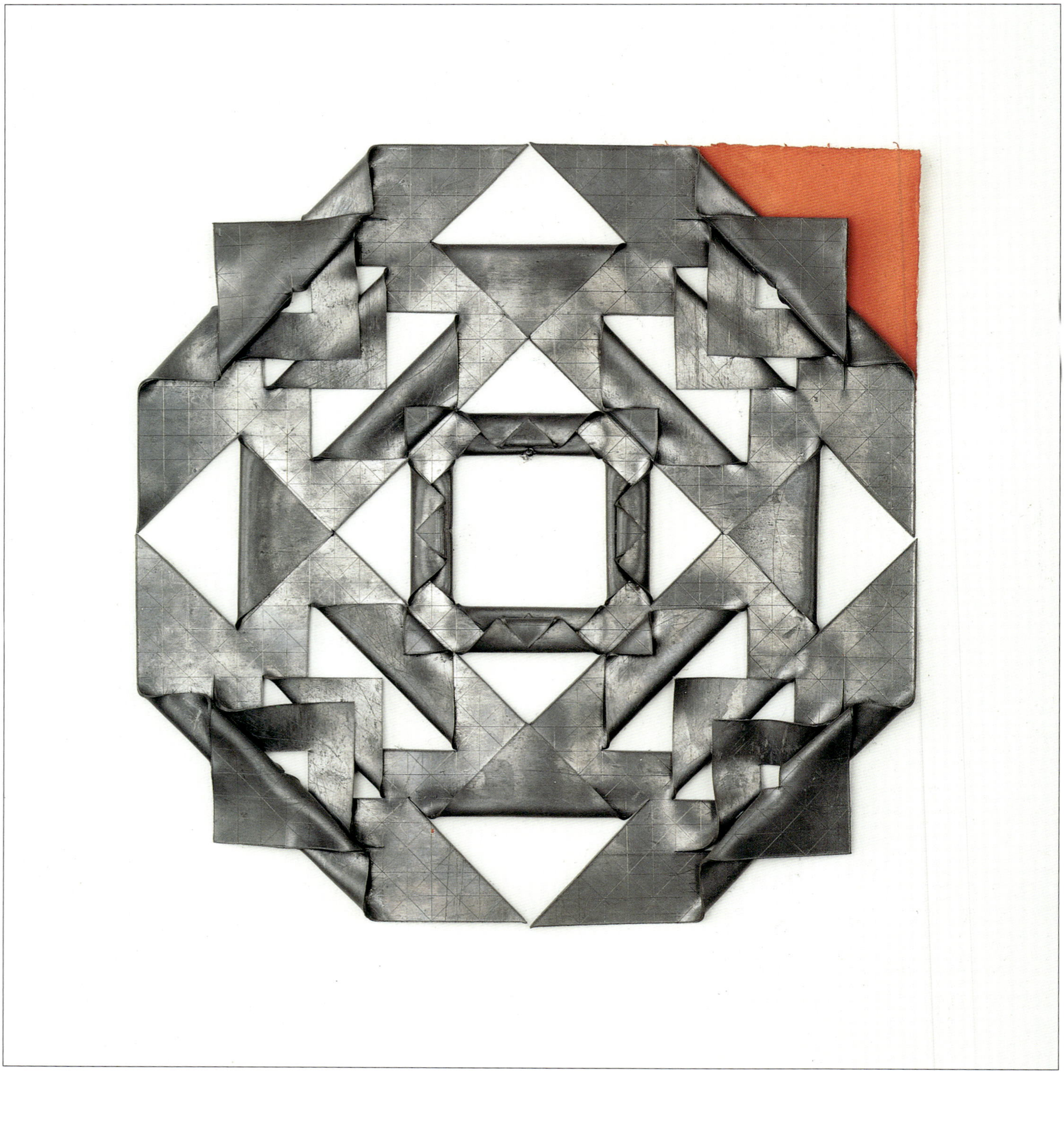

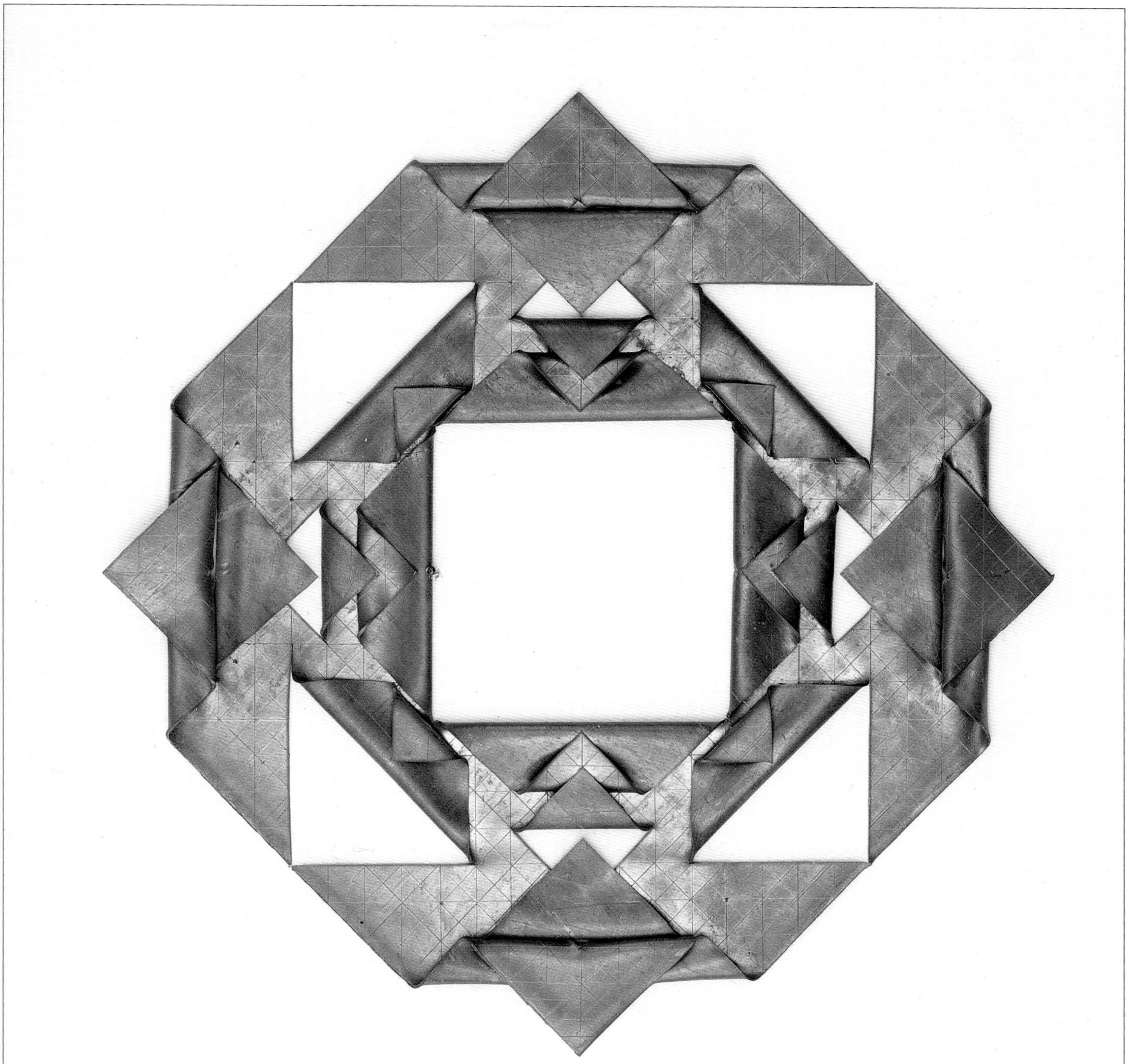

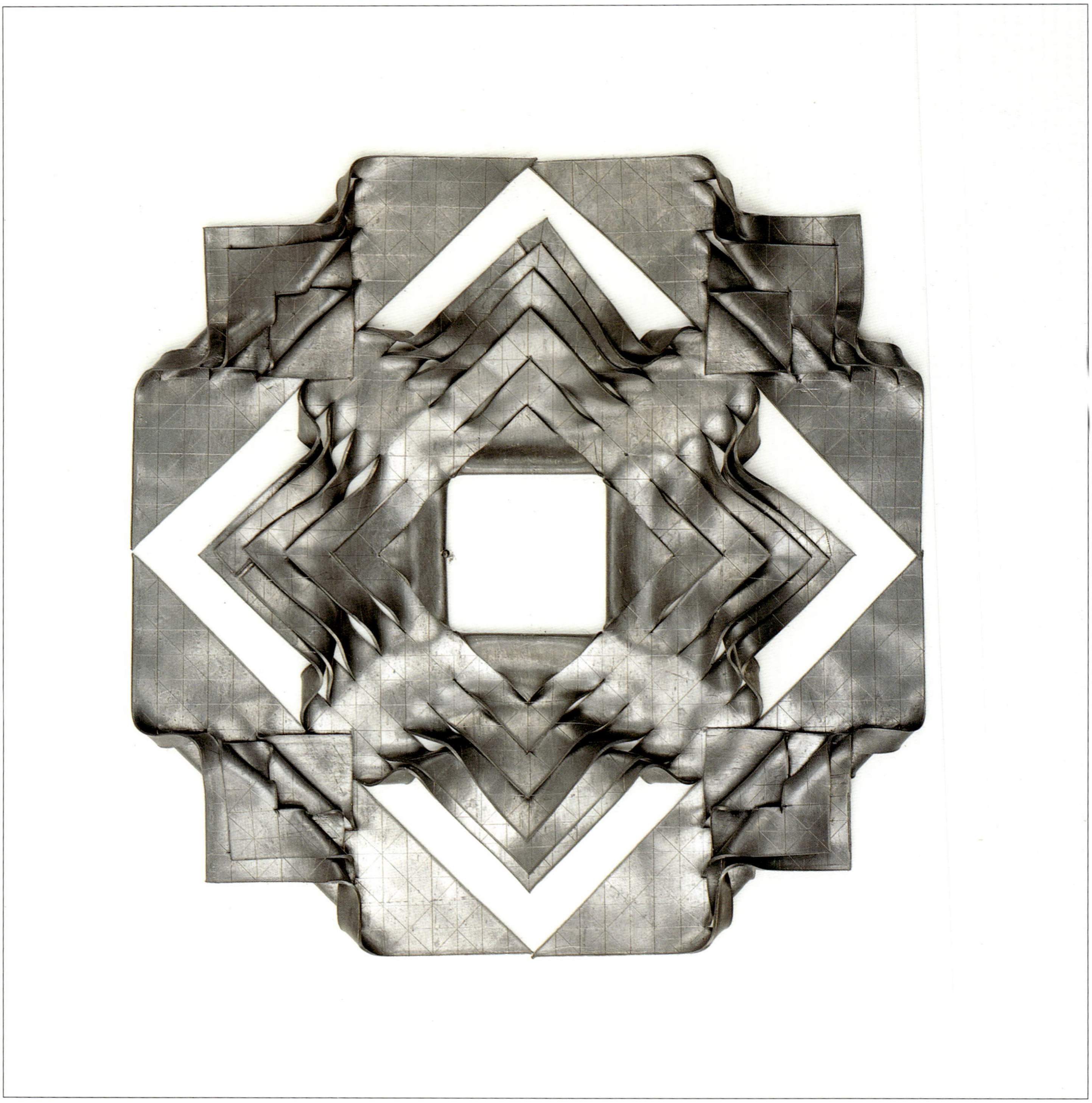

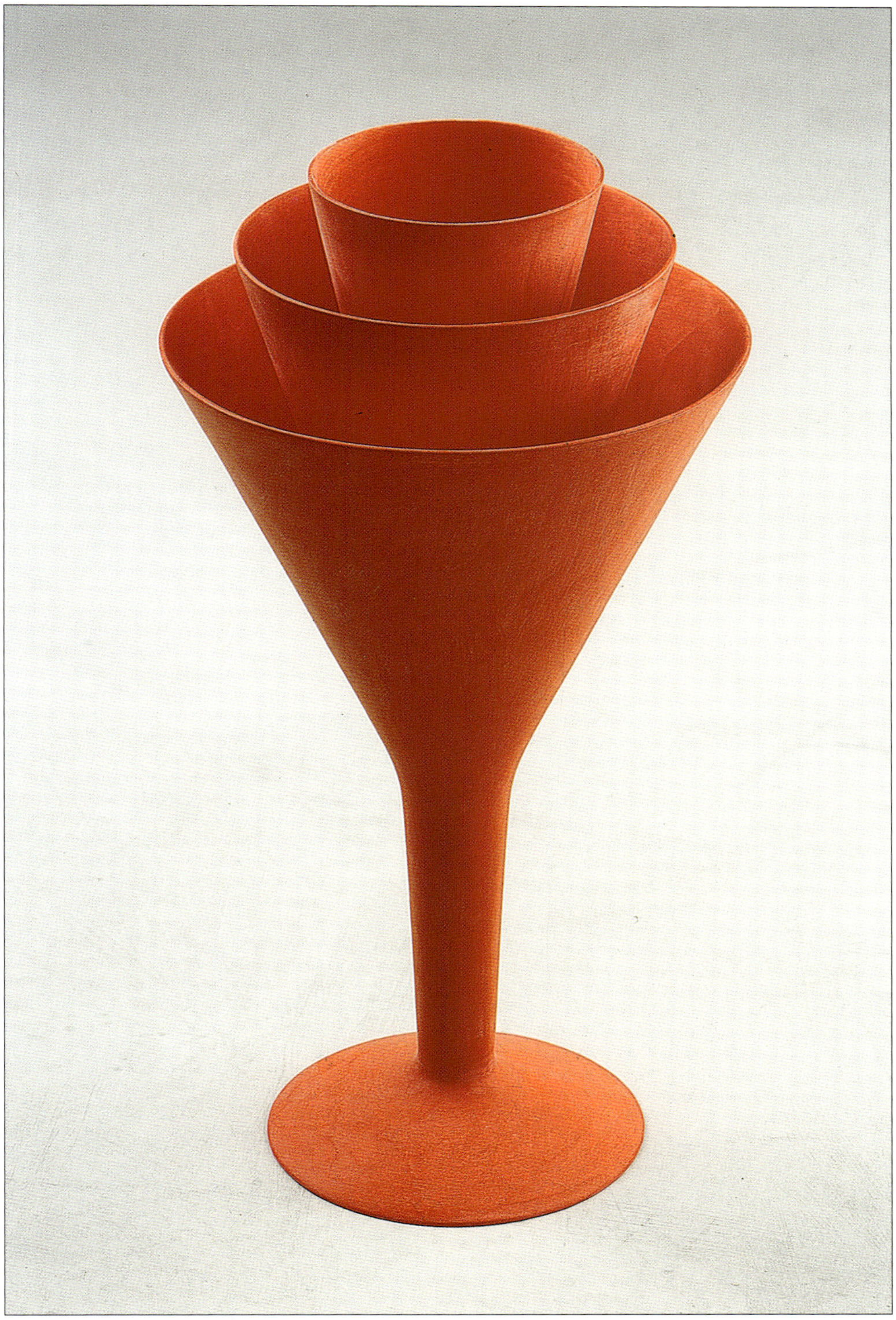

«Triade», 2004-2005
Ceramica e acquerello / ceramic and watercolour, 7 elementi / elements,
30 x 12 x 12 cm ciascuno / each.
Foto / photo Jean-Pierre Maurer, Milano.

Ettore Spalletti

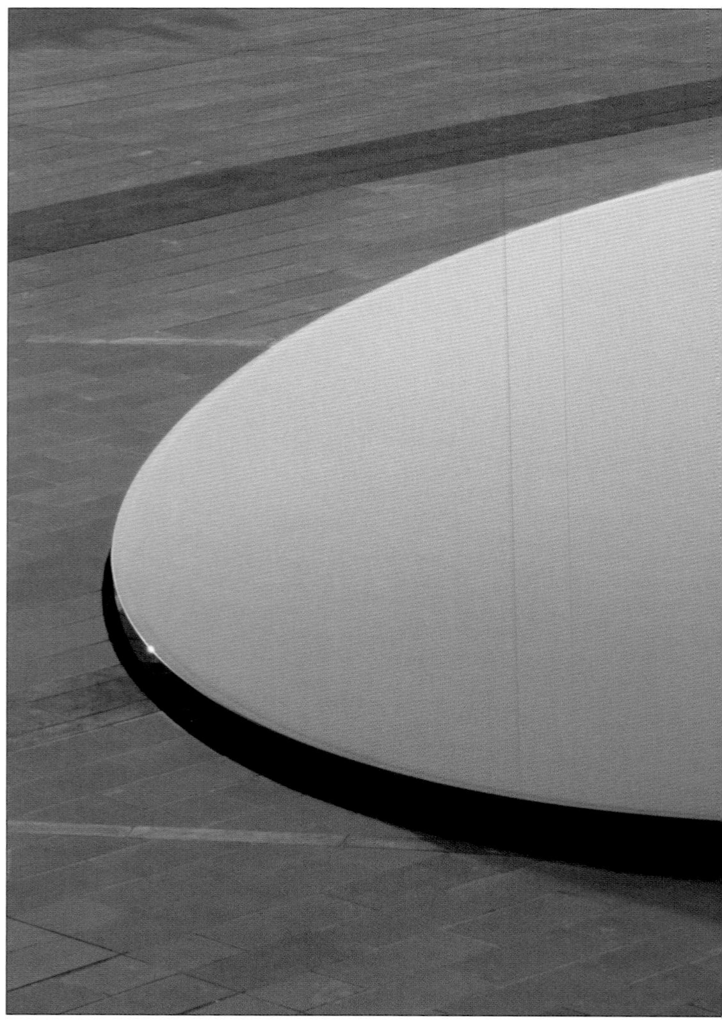

«Colore che restituisce e accoglie. Muro», 2002
Impasto di colore su tavola / impasto of colour on panel, 150 x 150 cm.

«Base di colore», 1990
Foto / photo Lautwein & Ritzenhoff.

«Fontana», 2004
Pescara, 2004.
Foto / photo Attilio Maranzano.

Nelle pagine seguenti / Following pages
«Sala delle feste», 1999
Musée d'Art Moderne et Contemporain, Strasbourg, 1999.
Foto / photo Attilio Maranzano.

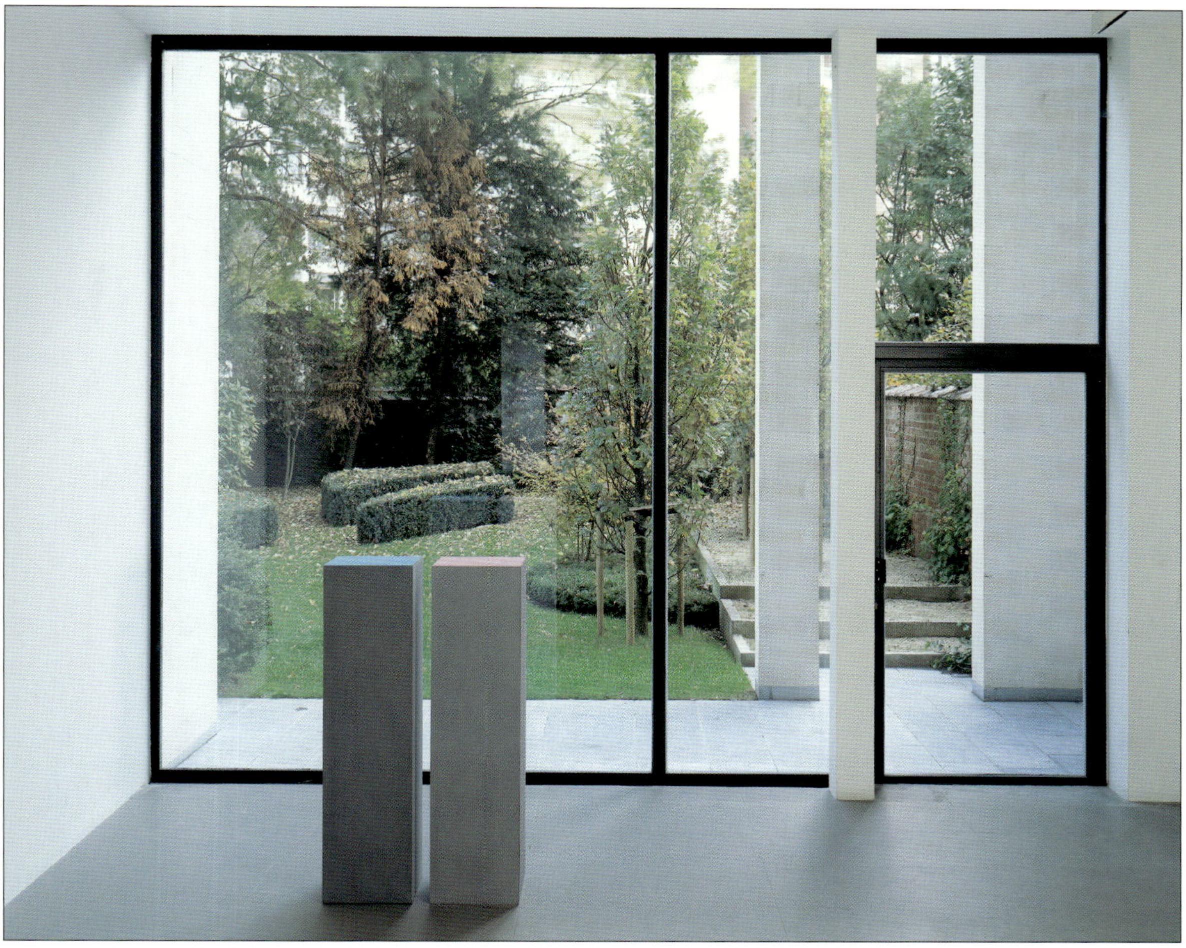

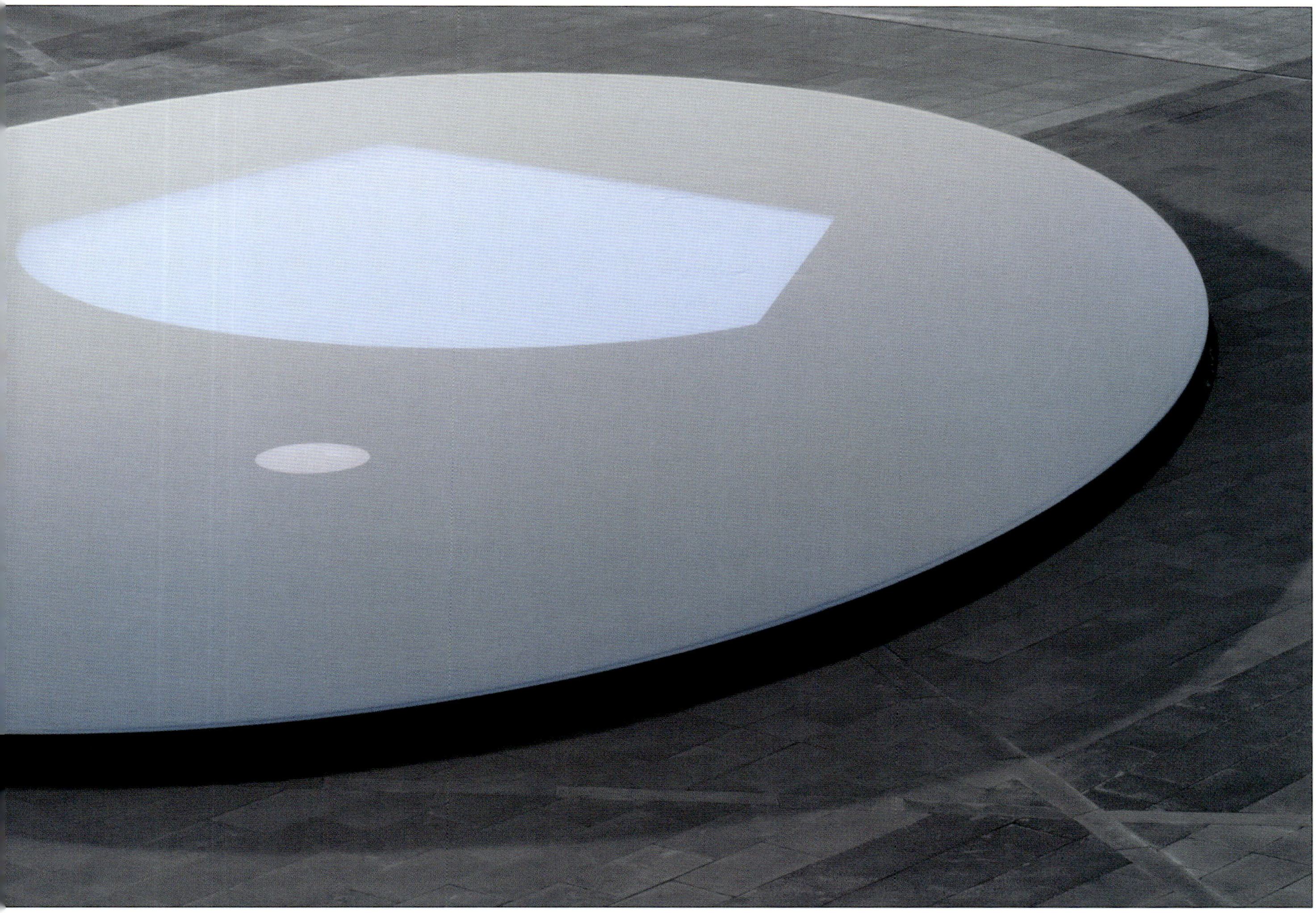

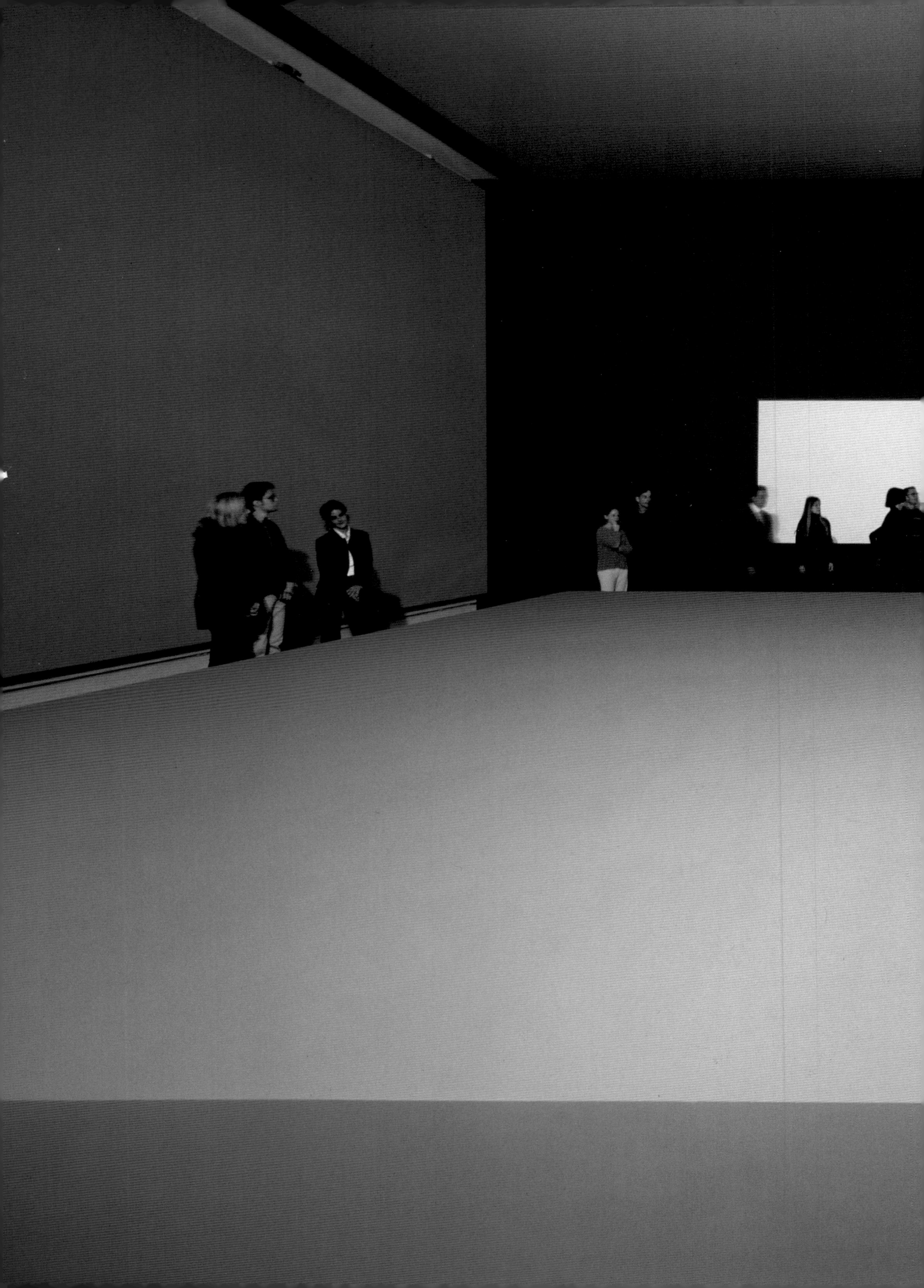

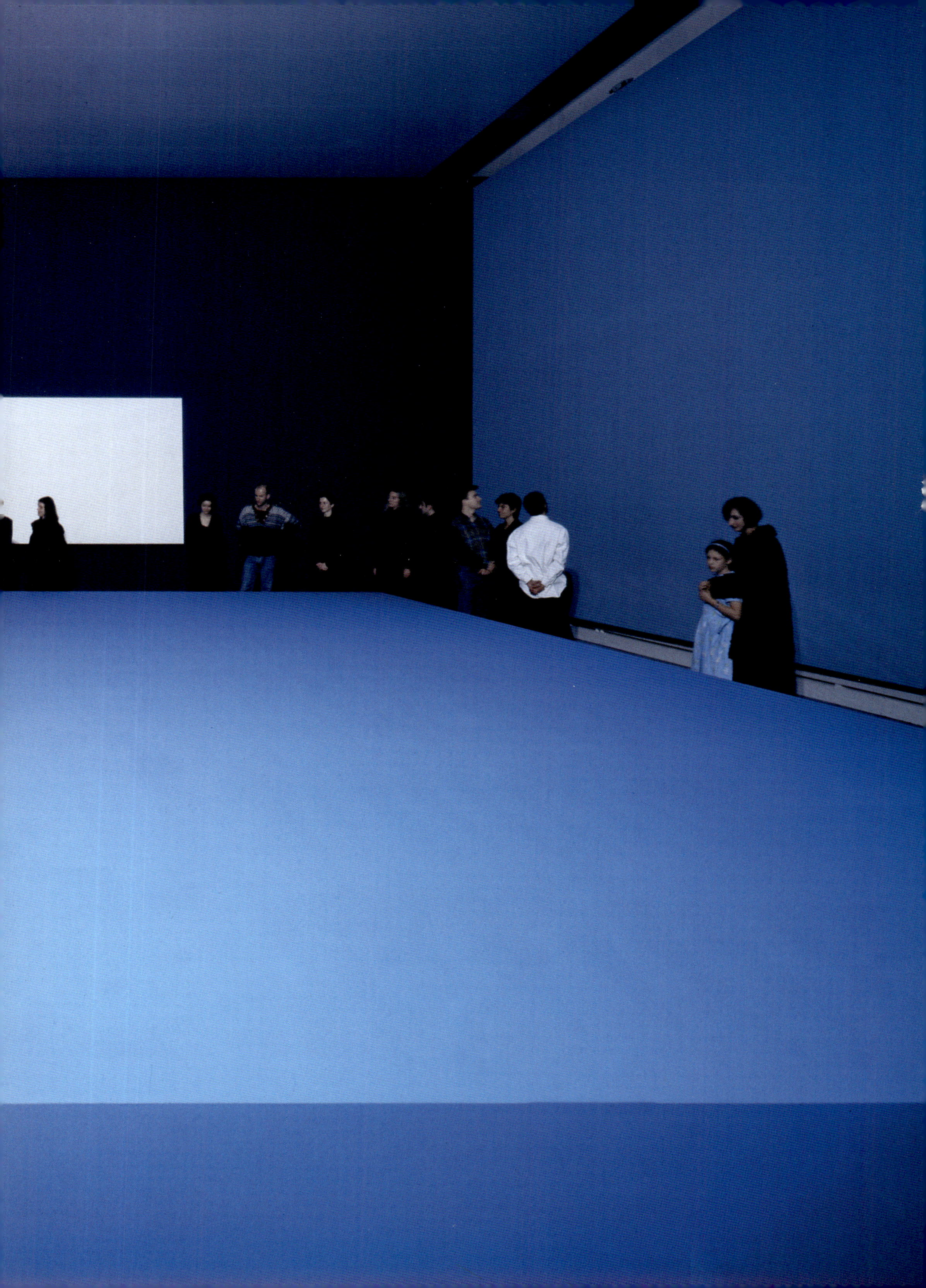

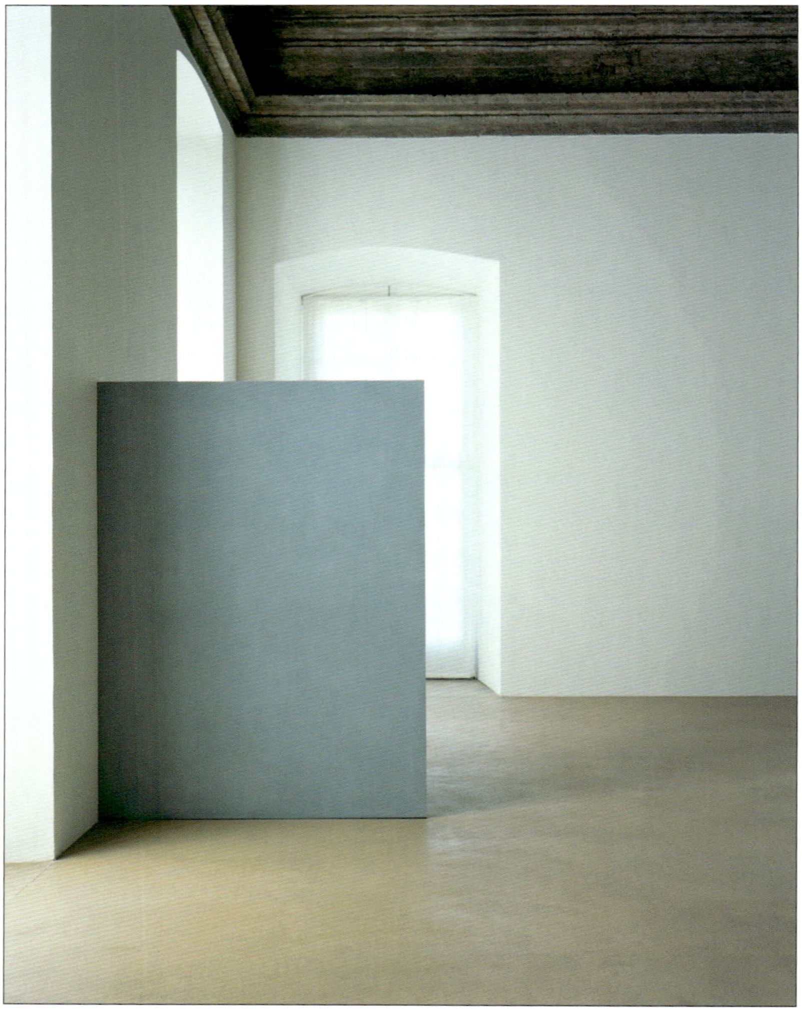

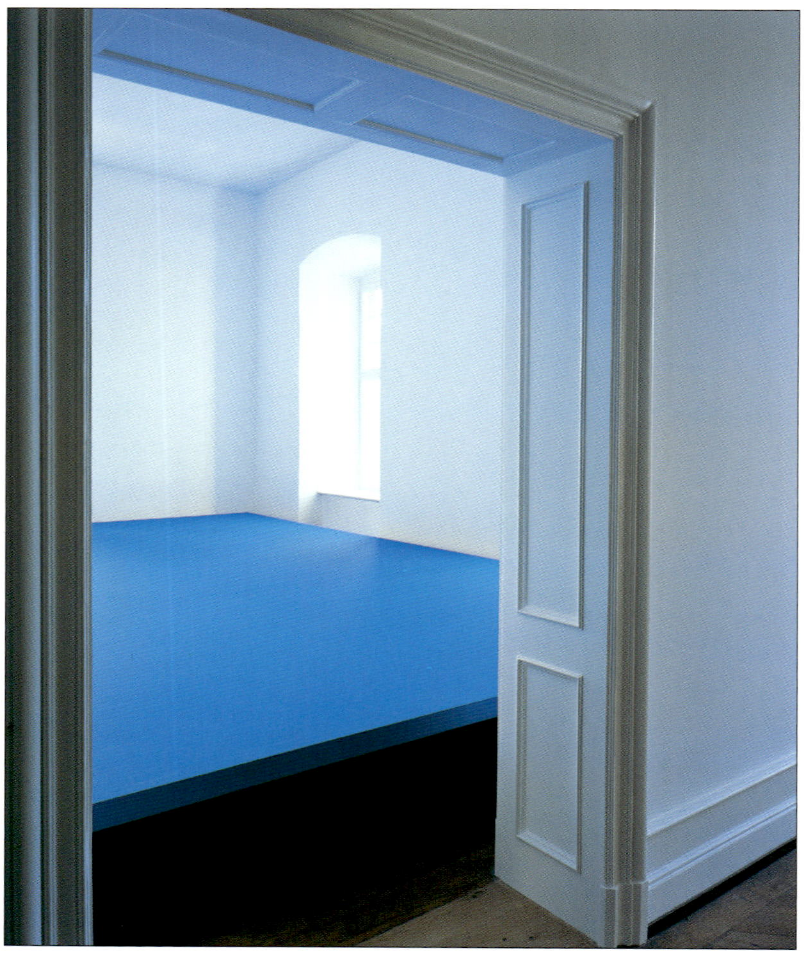

«Presenza stanza», 1978
Castello di Rivoli Museo d'Arte Contemporanea,
Rivoli (Torino).
Foto / photo Paolo Pellion, Torino.

«Angelo astuto», 2003
Stiftung Schloss Dyck, Köln.
Foto / photo Jorg Hejkal.

«Senza scampo», 2002
Casa Masaccio, San Giovanni Valdarno (Arezzo), 2002.
Foto / photo Attilio Maranzano.

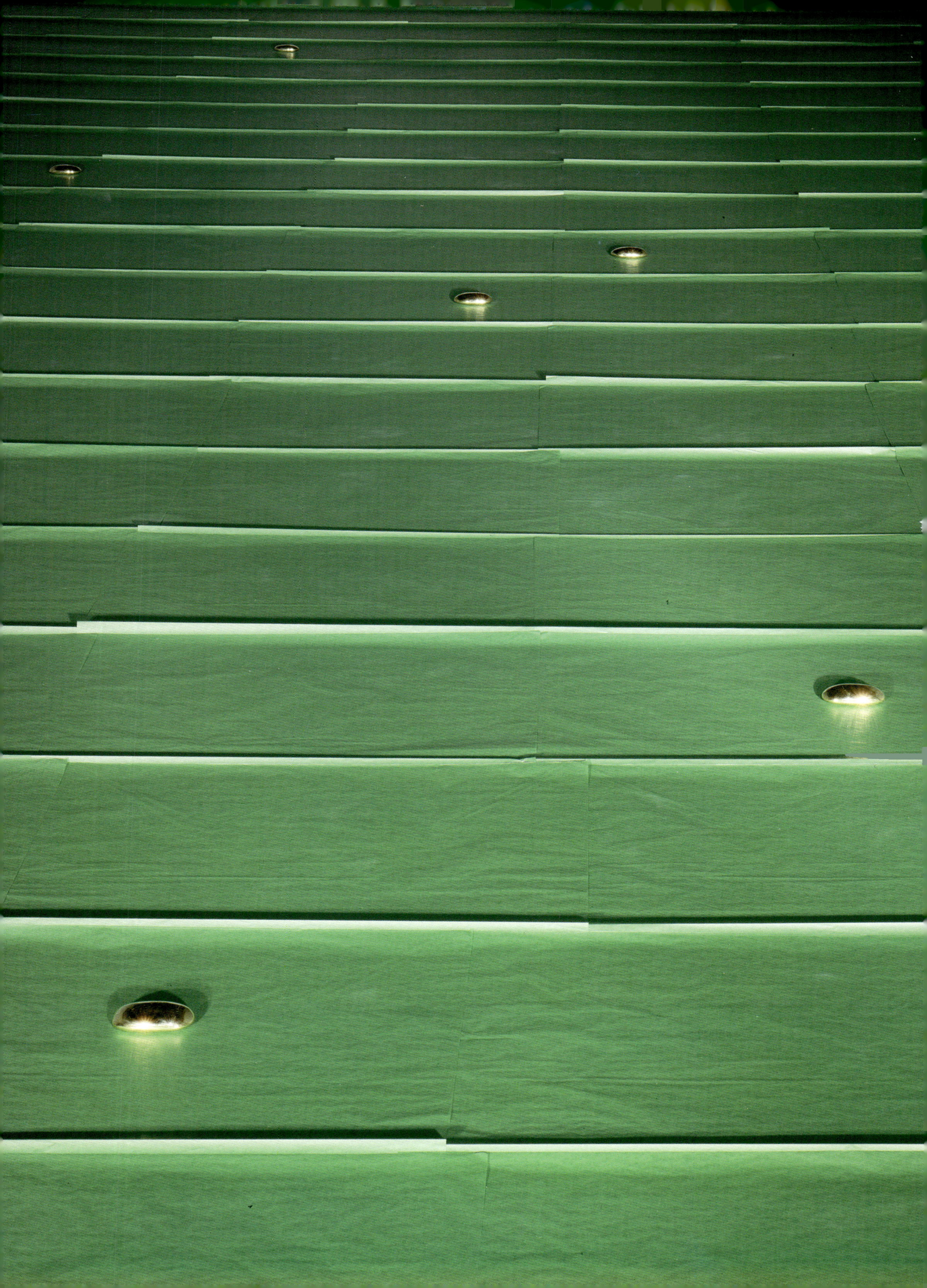

Nikola Uzunovski

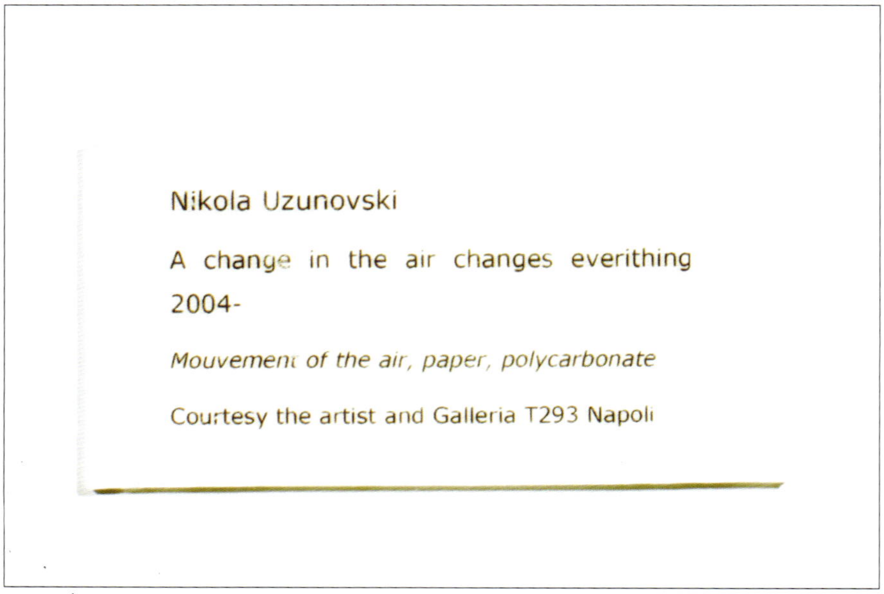

«A change in the air changes everything», 2004
Aria, plexiglas, carta / air, plexiglas, paper,
10 x 5 cm.

«What are you waiting for?», 2005
Post-it su un ingresso alla mostra sbarrato /
post-it on a locked exhibition entrance door,
8 x 23 cm.

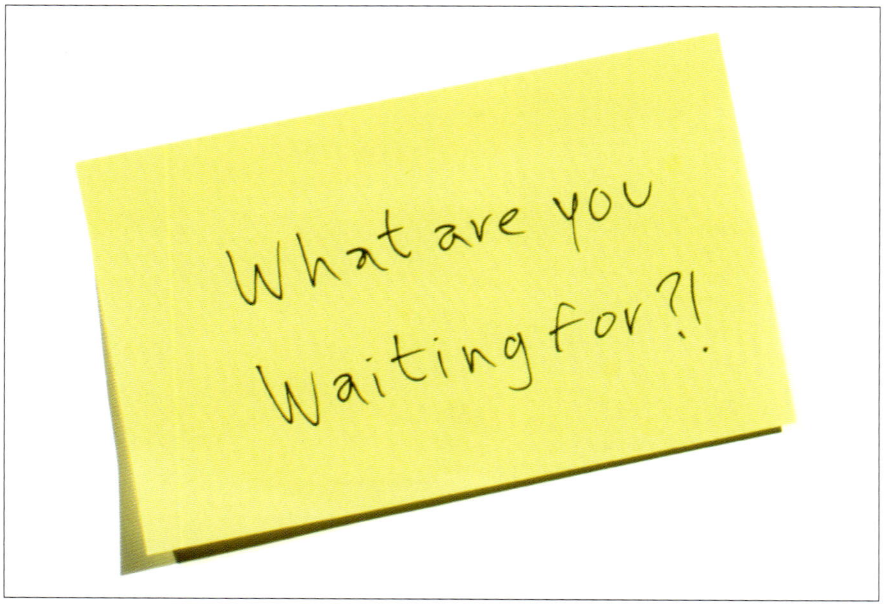

«Unsaid (Wish)», 2004
Torta, candelina, fiammiferi (desiderio) /
cake, candle, matches (wish).
Dimensioni variabili / variable dimensions.

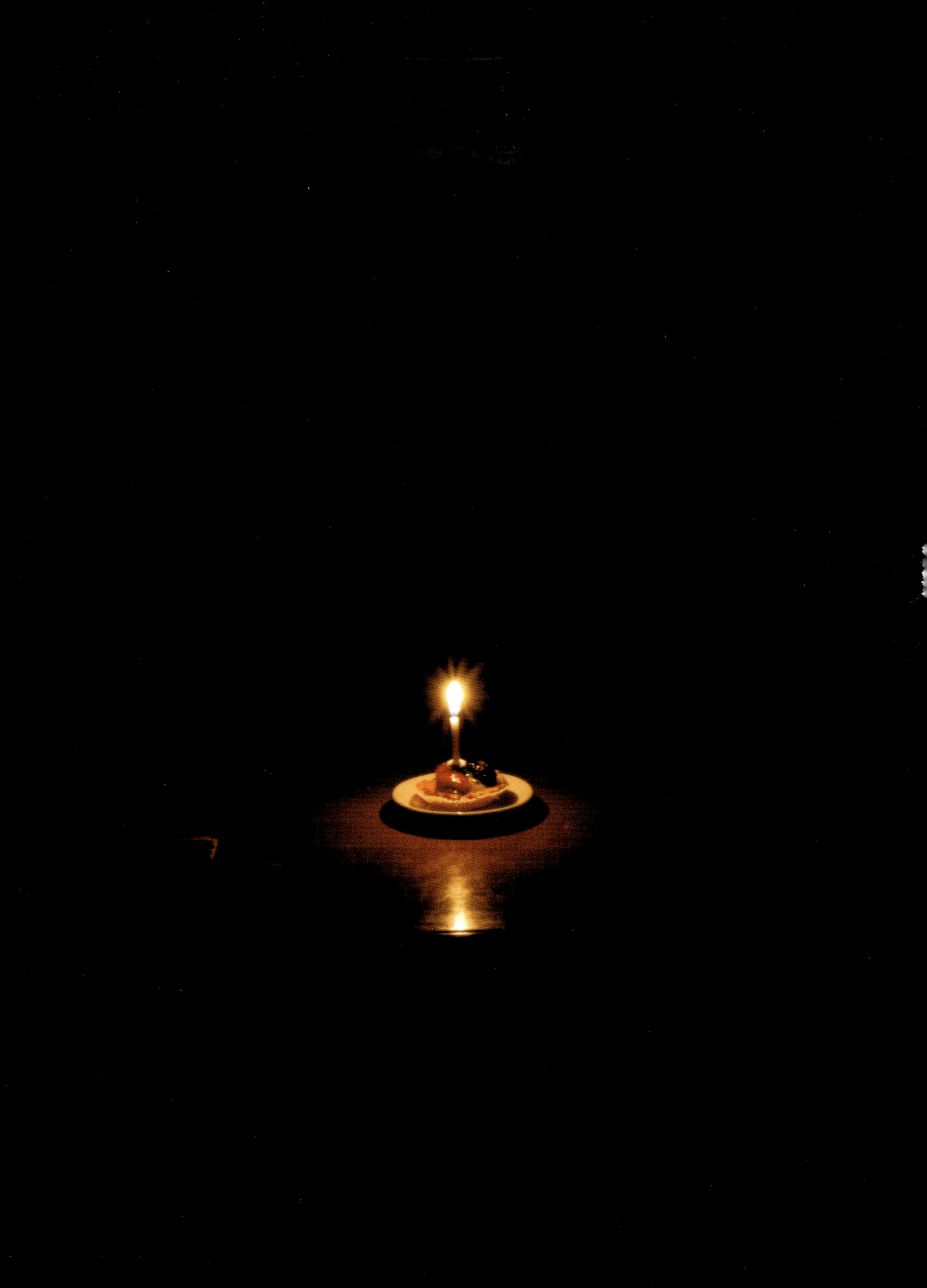

Nelle tre pagine precedenti / Three previous pages

«Snow, Åre, Sweden», 2005
Stampa su carta, plexiglas / print on paper, plexiglas, 30 x 40 cm.

«Snow, Oulu, Finland», 2005
Stampa su carta, plexiglas / print on paper, plexiglas, 30 x 40 cm.

«Snow, Trondheim, Norway», 2005
Stampa su carta, plexiglas / print on paper, plexiglas, 30 x 40 cm.

Gilberto Zorio

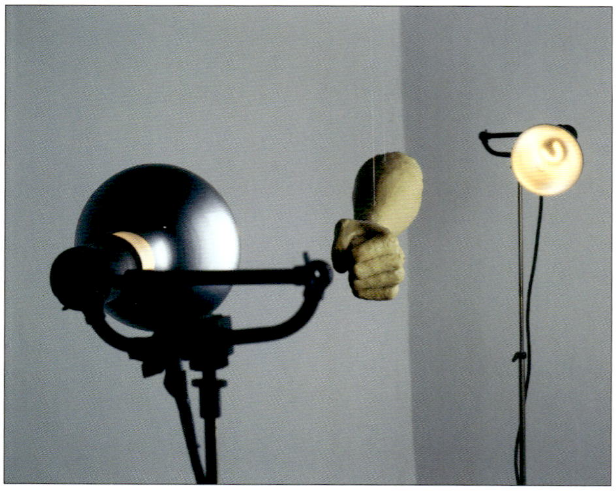

«Pugno fosforescente», 1971
Cera fosforescente, due lampade, due cavalletti, timer / phosphorescent wax, 2 lamps, 2 tripods, timer, 170 x 180 cm.
Collection Musée National d'Art Moderne, Centre Georges Pompidou, Paris.
Foto / photo Paolo Mussat Sartor, Torino.

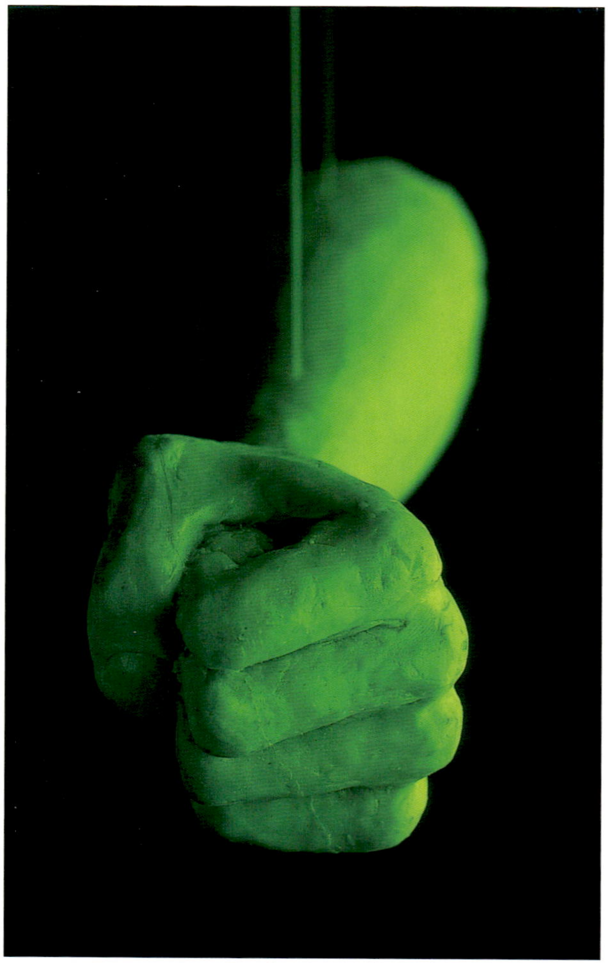

«Pugno fosforescente», 1971
Cera fosforescente, due lampade, due cavalletti, timer / phosphorescent wax, 2 lamps, 2 tripods, timer, 170 x 180 cm (particolare / detail).
Collection Musée National d'Art Moderne, Centre Georges Pompidou, Paris.
Foto / photo Paolo Mussat Sartor, Torino.

A destra e nelle pagine seguenti / Right and following pages
«Du Creux de l'enfer au creux de Vesuvio», 2005
Blocchi di cemento cellulare, lampada di Wood, pigmenti fosforescenti, timer / cellular blocks of cement, Wood's lamp, phosphorescent pigment, timer, «Le creux de l'enfer», Centre d'Art Contemporain, Thiers.
Foto / photo Joël Damase.

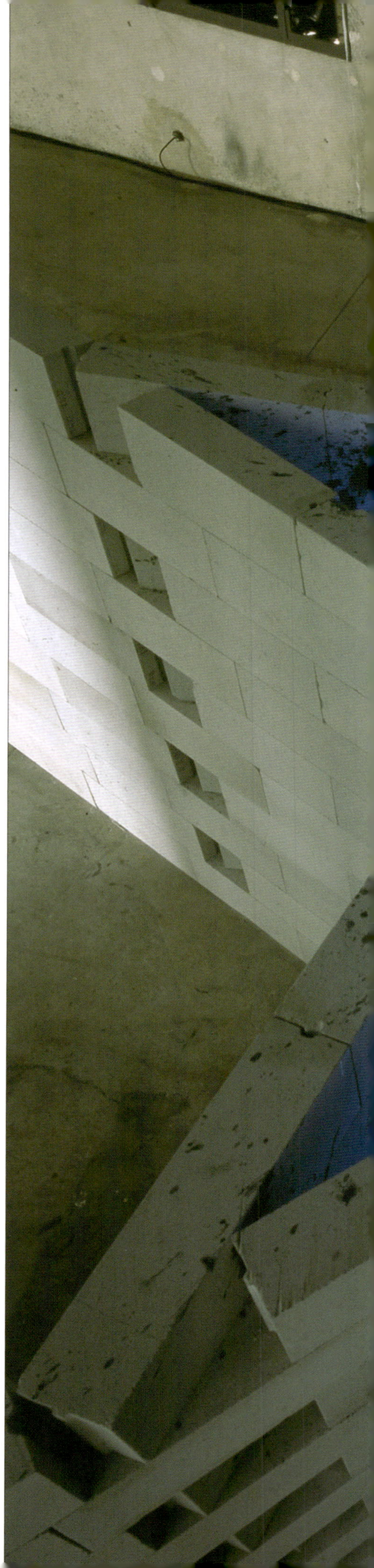

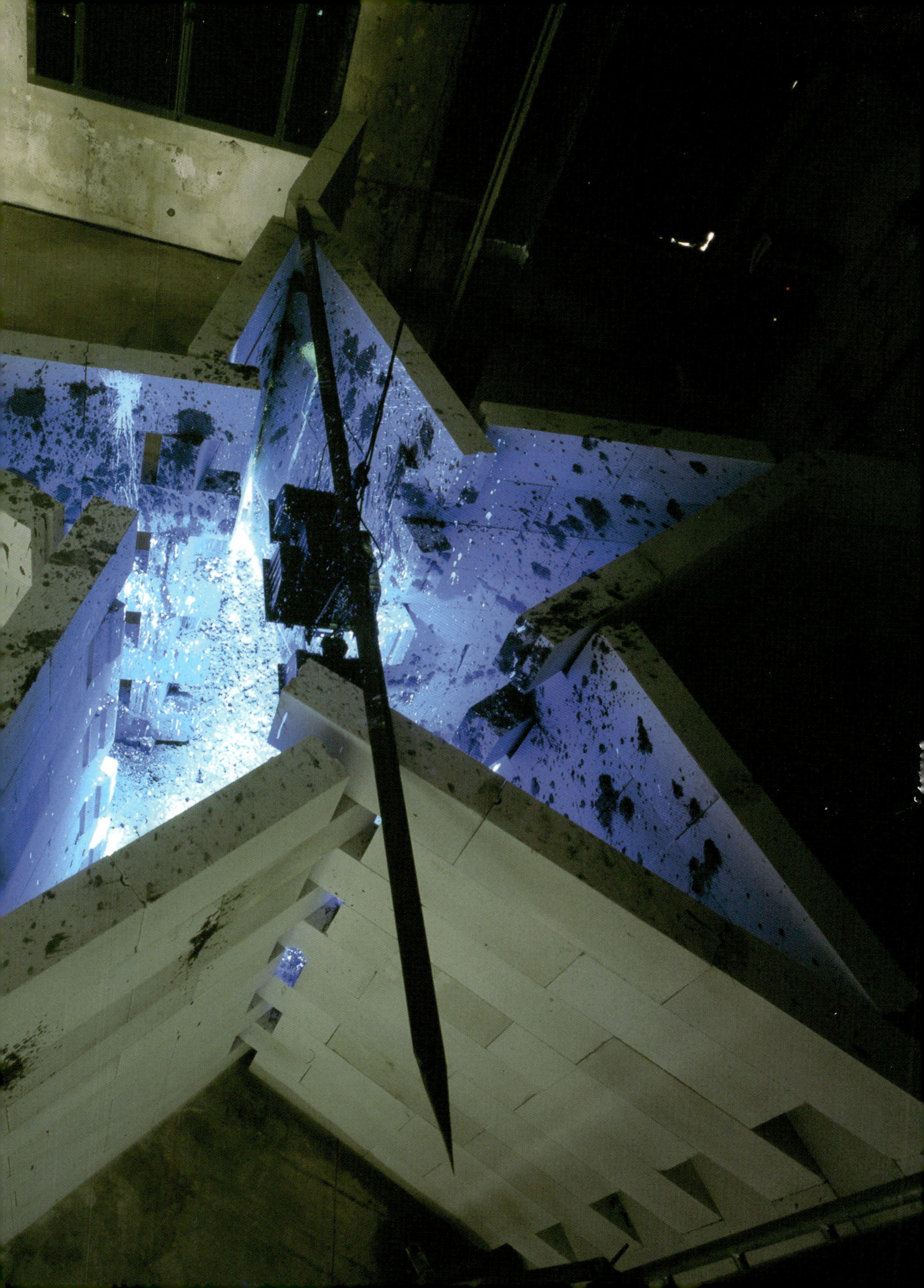

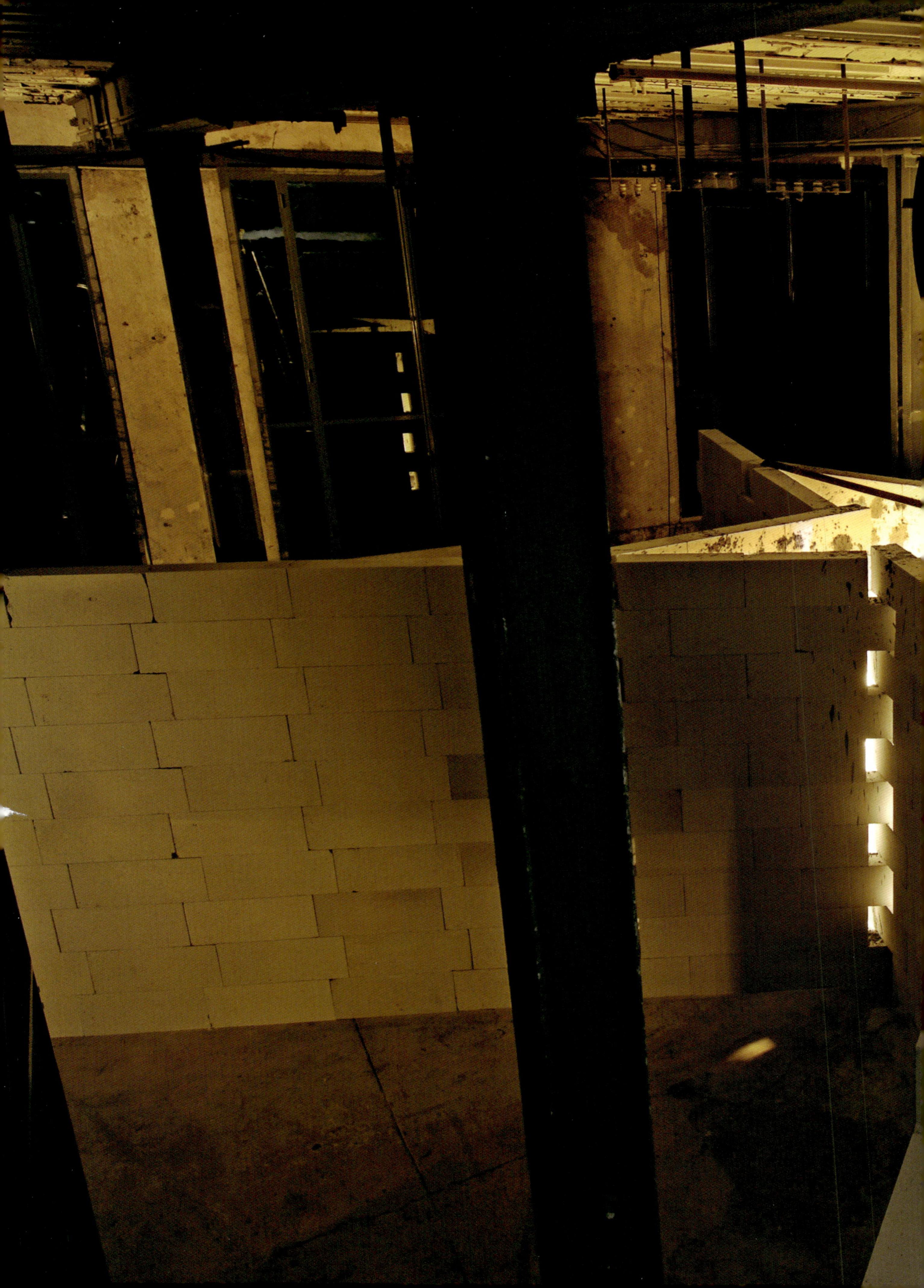

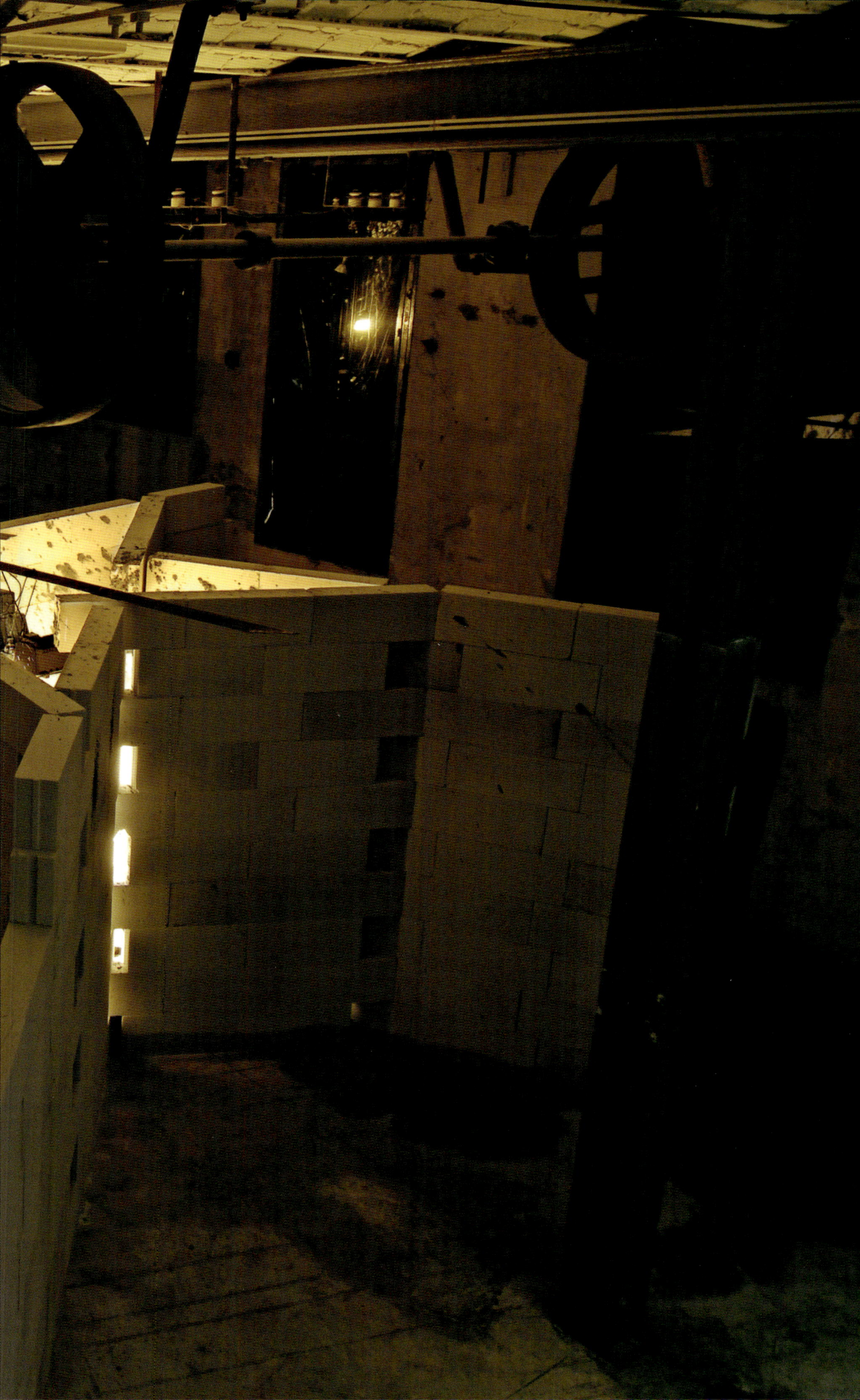

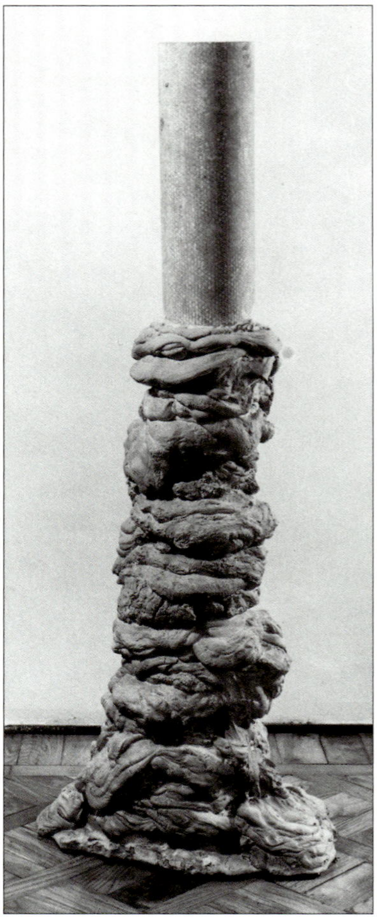

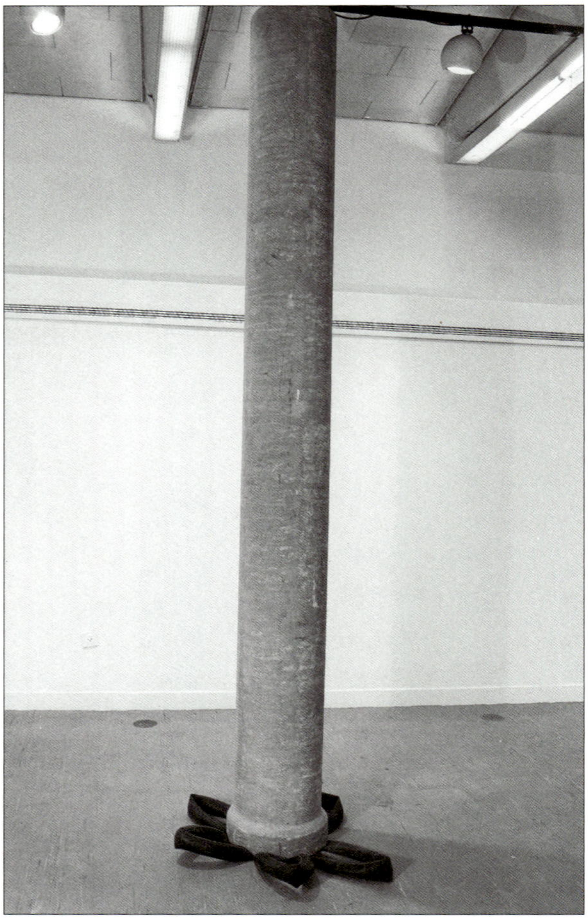

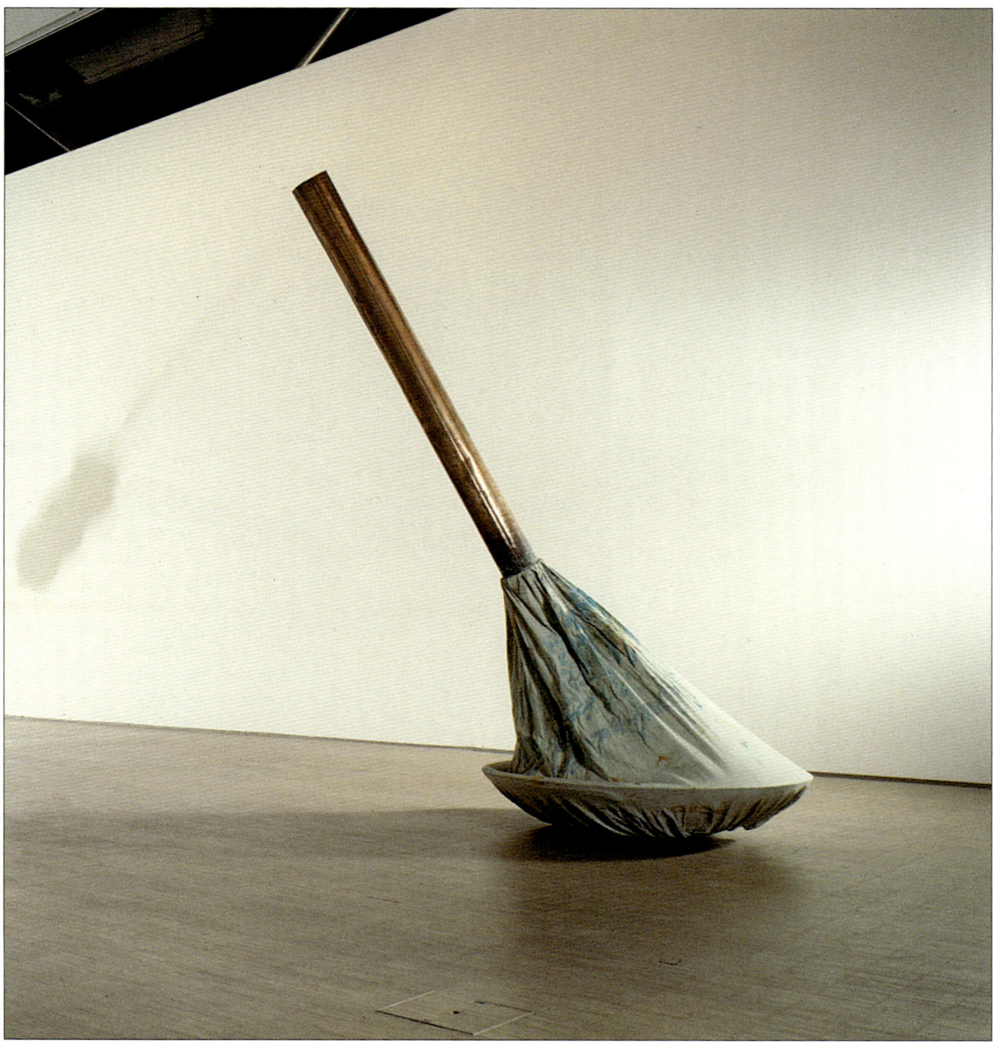

«Senza titolo», 1967
Gesso, cloruro di cobalto,
cilindro di eternit / plaster, chloride
of cobalt, asbestos cement cylinder,
170 x 60 cm.
Collezione privata /
private collection, Torino.
Foto / photo Paolo Bressano, Torino.
© Archivio Gilberto Zorio, Torino.

«Senza titolo», 1967
Cilindro di eternit, camere d'aria /
asbestos cement cylinder, inner tube,
285 x 30 cm.
Collezione Castello di Rivoli
Museo d'Arte Contemporanea,
Rivoli (Torino).
Foto / photo Avraham Hay, Tel-Aviv.
© Archivio Gilberto Zorio, Torino.

«Senza titolo», 1968
Rame, solfato di rame, acqua, eternit,
tessuto / copper, copper sulphate, water,
asbestos cement, fabric,
300 x 120 cm.
Collection Sonnabend Gallery,
New York.
Foto / photo Béatrice Hatala.
© Archivio Gilberto Zorio, Torino.

«Rosa-blu-rosa», 1967
Semicilindro in eternit, impasto
di cloruro di cobalto / asbestos cement
half-cylinder, impasto of chloride
of cobalt,
15 x 30 x 285 cm.
Collezione GAM, Galleria d'Arte
Moderna, Torino.
Foto / photo Paolo Mussat Sartor,
Torino.
© Archivio Gilberto Zorio, Torino.

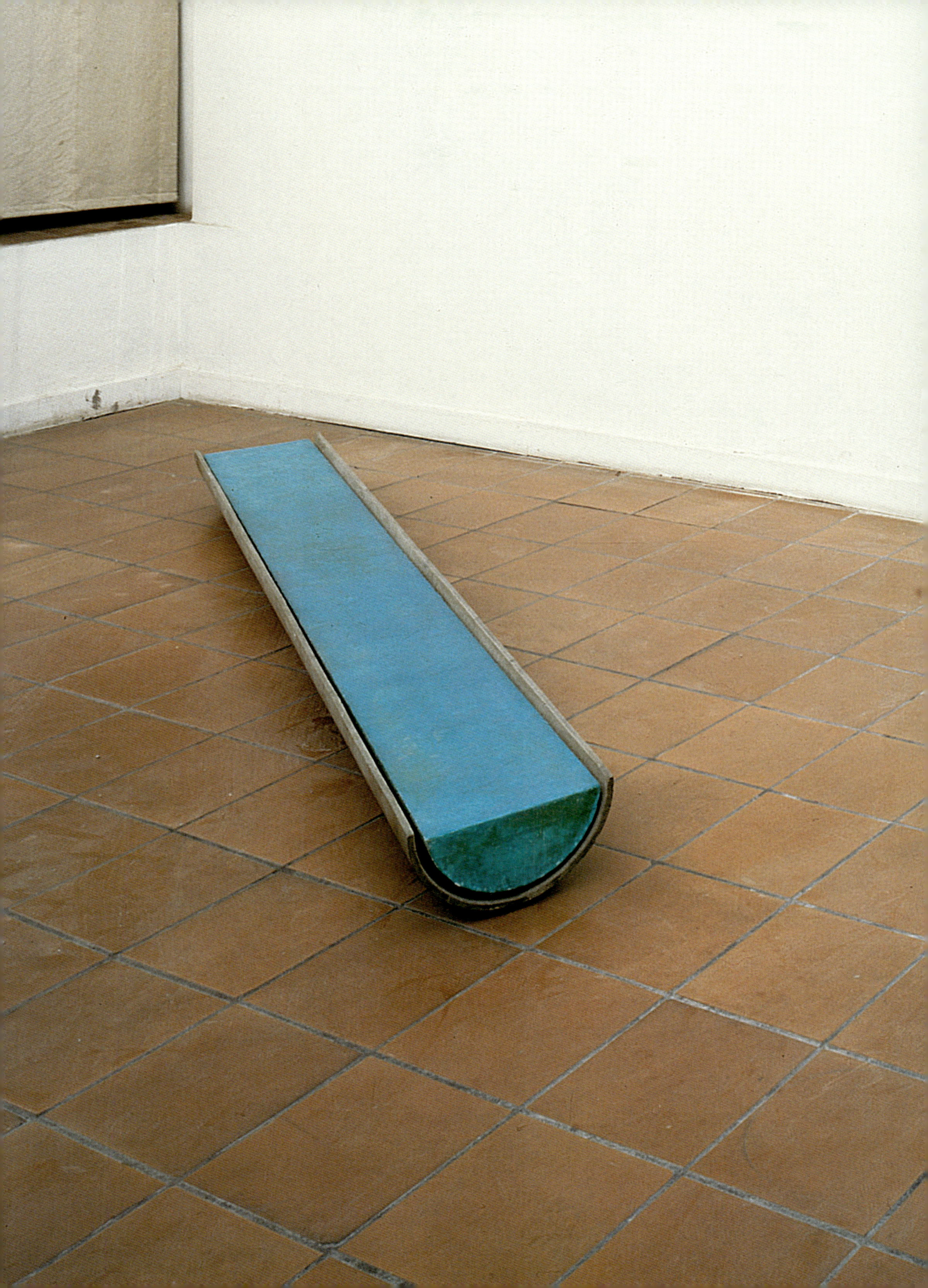

L'esposizione / The Exhibition

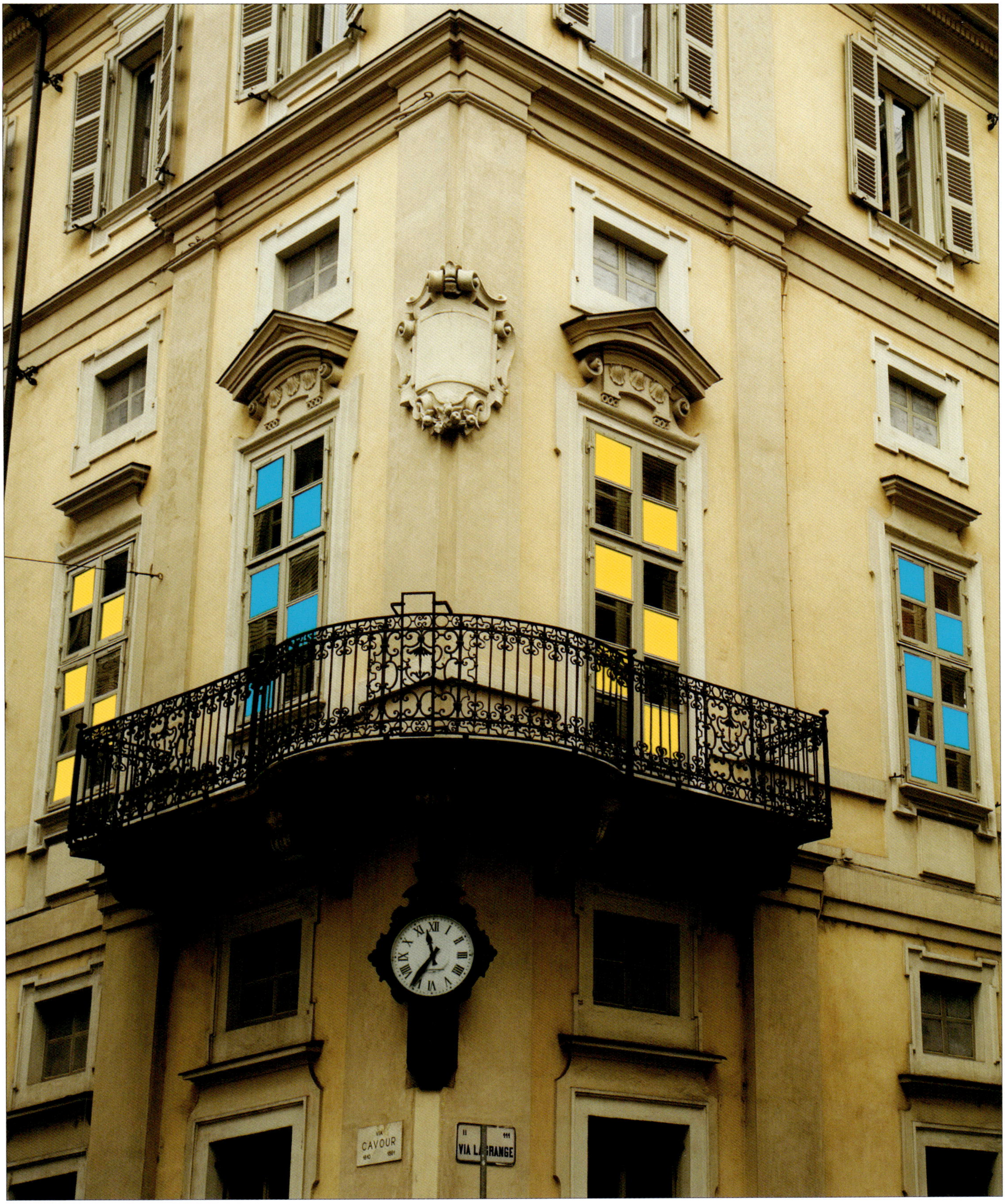

DANIEL BUREN
«Où est le blanc?», 2005
Opera / work in situ.
Palazzo Cavour, Torino 2005.

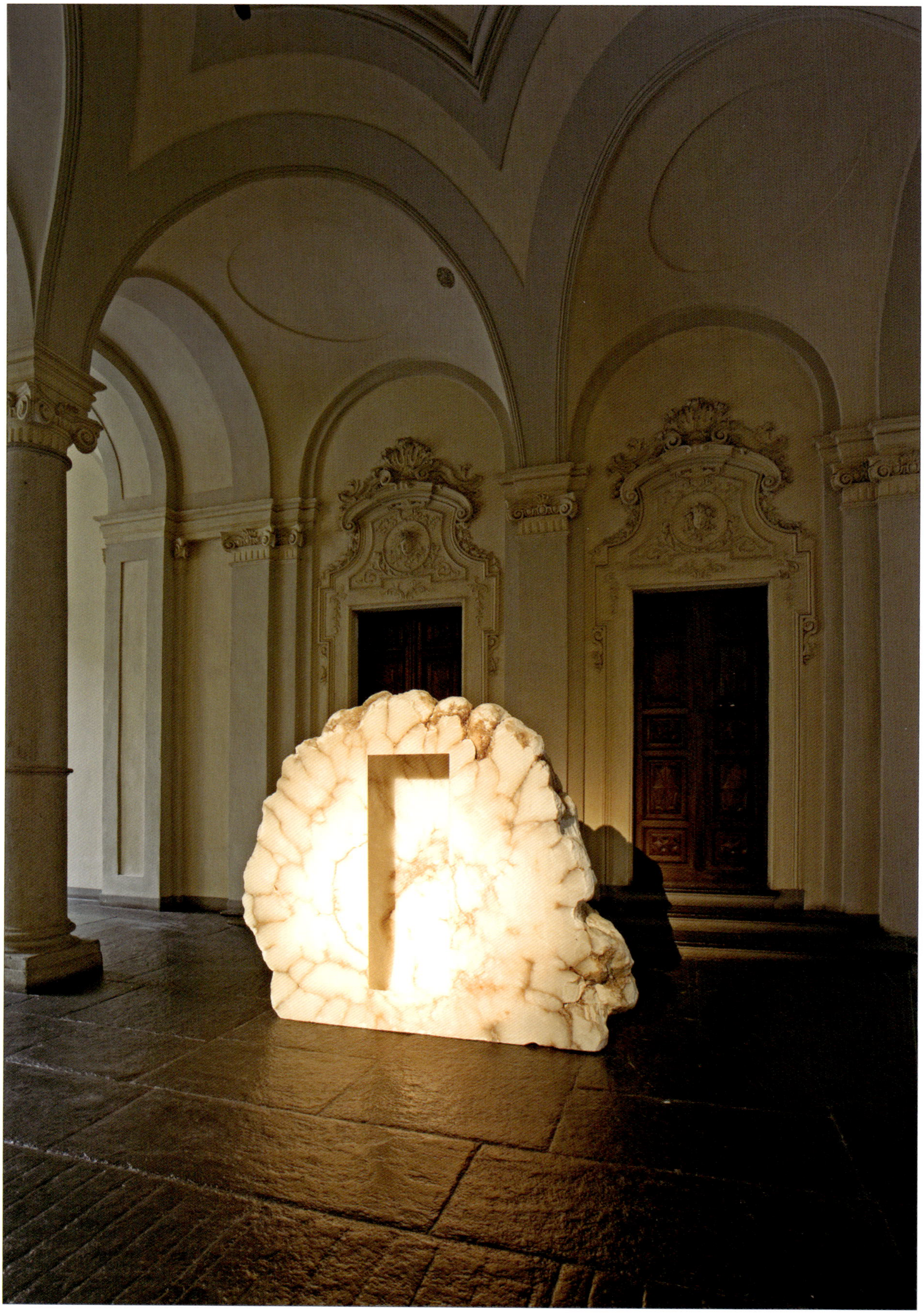

ANISH KAPOOR
«Untitled», 2003
Alabastro / alabaster, 210 x 230 x 70 cm.
Palazzo Cavour, Torino 2005.

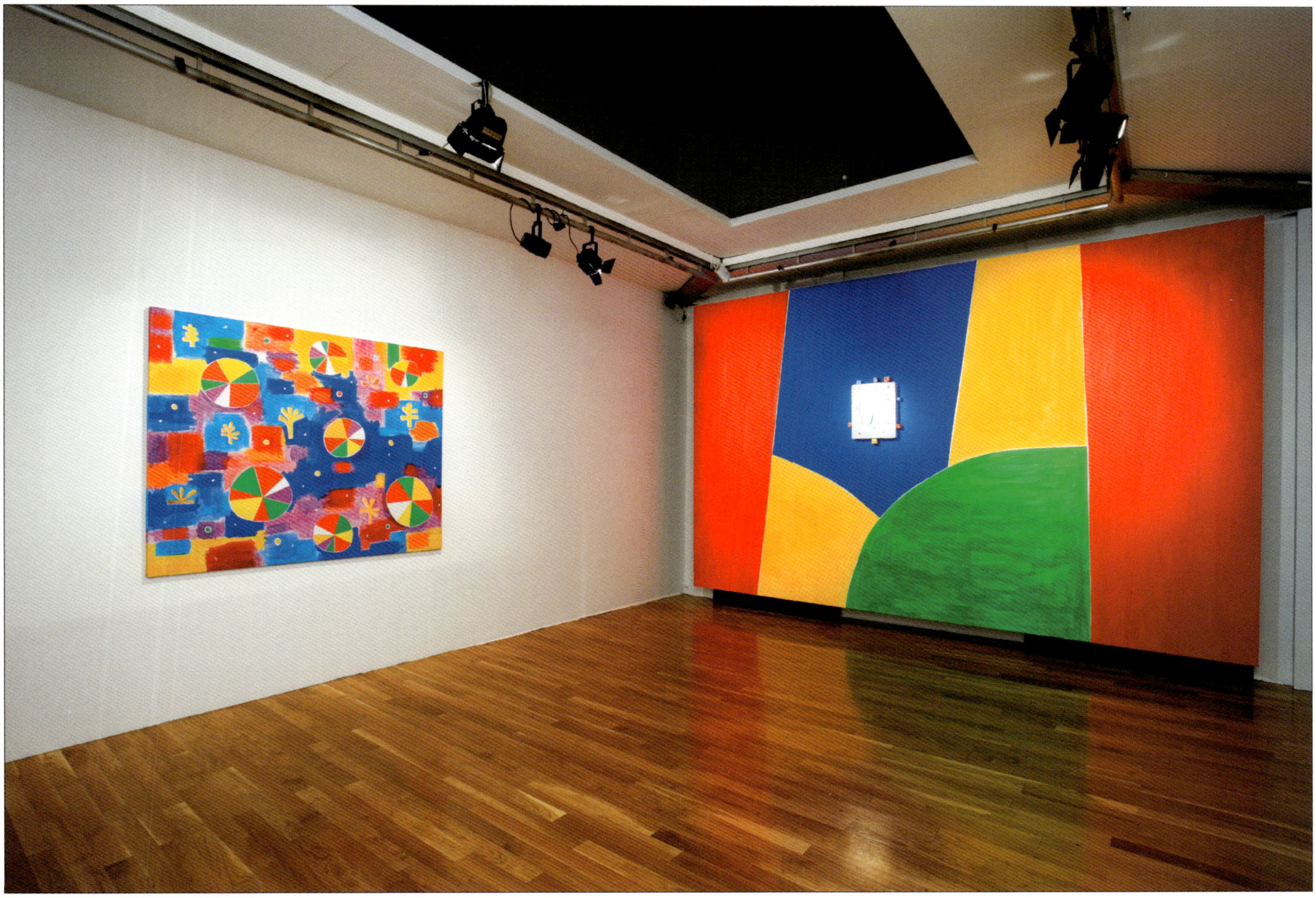

NICOLA DE MARIA
«Tre sguardi nella gloria della vita dentro il mistero dell'arte:
1. Astri fatati a Torino;
2. O vita, nell'arte mantieni intatto il tuo mistero;
3. Astri fatati (testa dell'artista cosmico)», 2004-2005
Tecnica mista / mixed media, 155 x 200 cm; 305 x 468 cm; ø 30 cm.
Palazzo Cavour, Torino 2005.

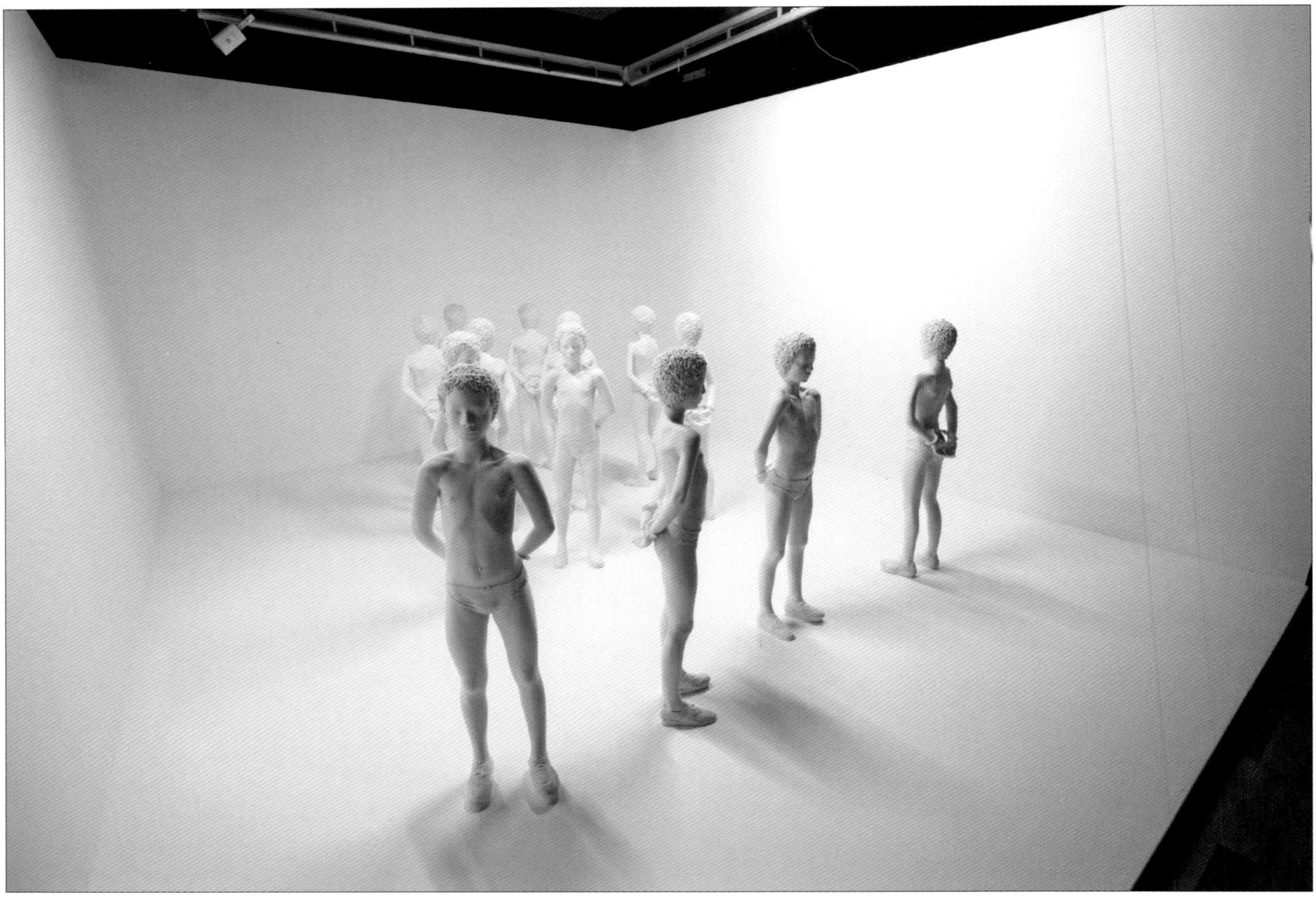

INNOCENTE
«Tredici», 2005
Polvere di marmo di Carrara in impasto / impasto of Carrara marble dust, 130 x 55 x 55 cm ognuno / each.
Palazzo Cavour, Torino 2005.

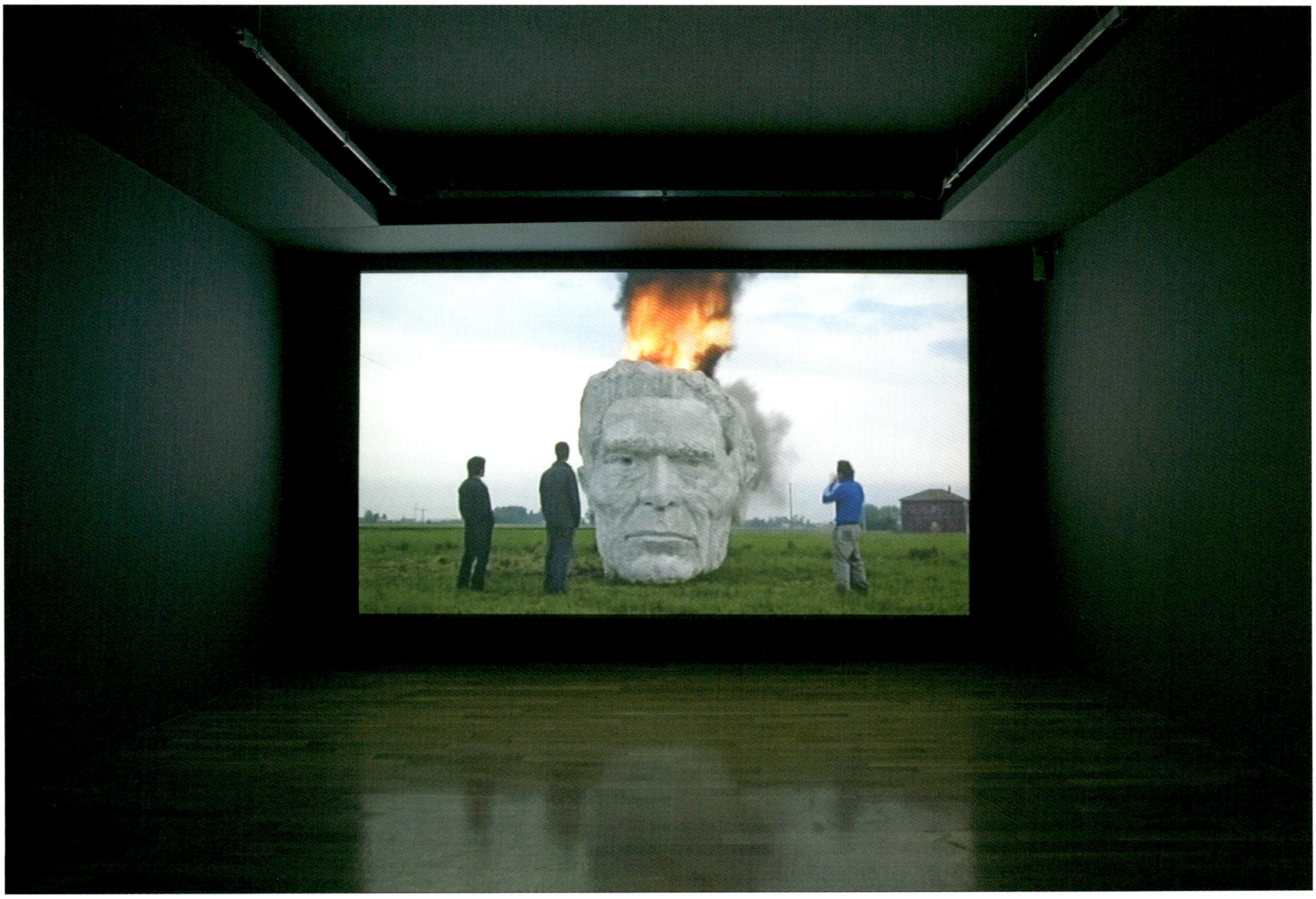

Paolo Chiasera
«The following days», 2005
Dvd, video, 16/9, pal, colore / colour, suono / sound.
Palazzo Cavour, Torino 2005.

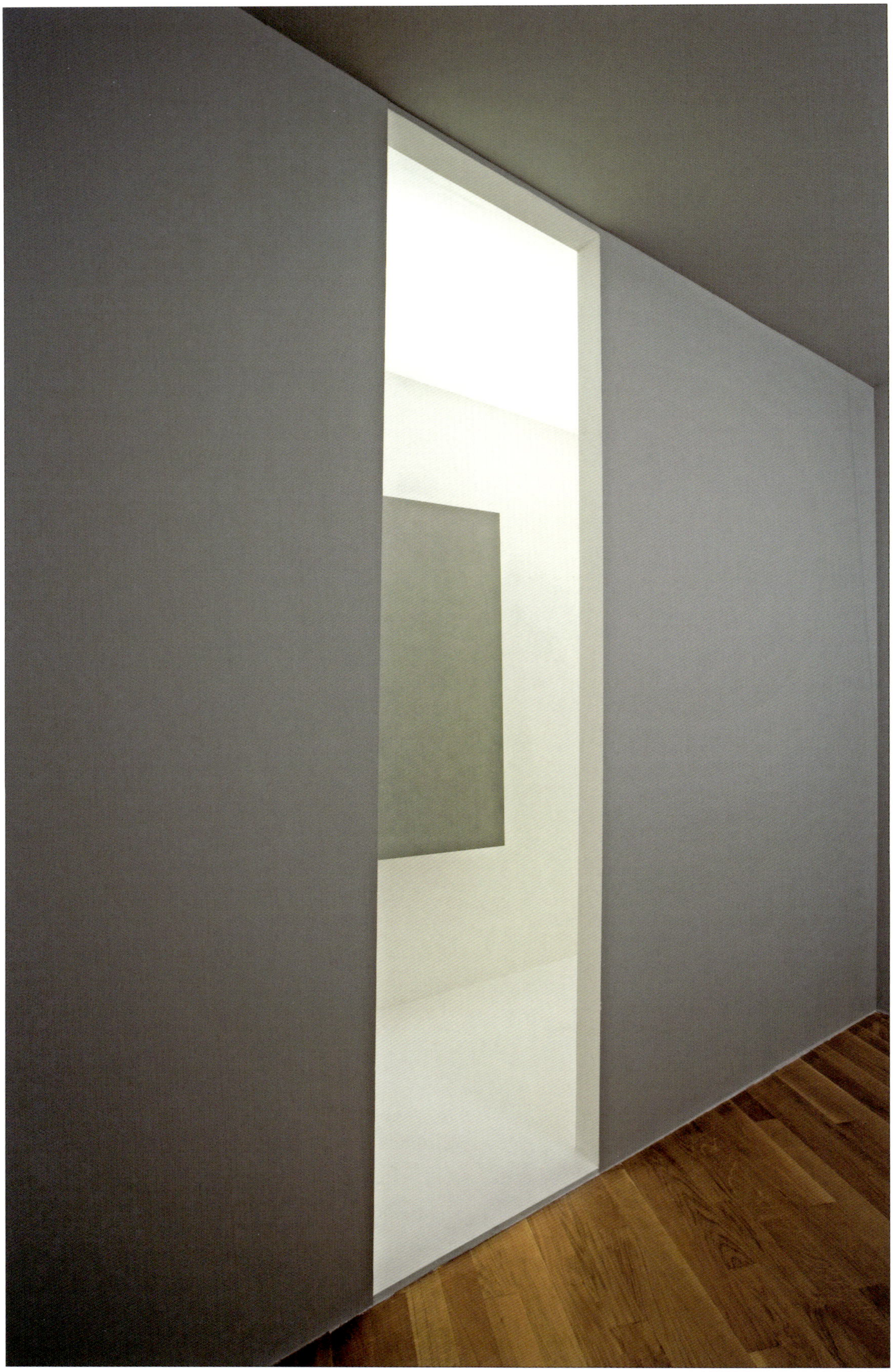

Ettore Spalletti
«Colore che restituisce e accoglie. Muro», 2002
Impasto di colore su tavola / impasto of colour on panel, 150 x 150 cm.
Palazzo Cavour, Torino 2005.

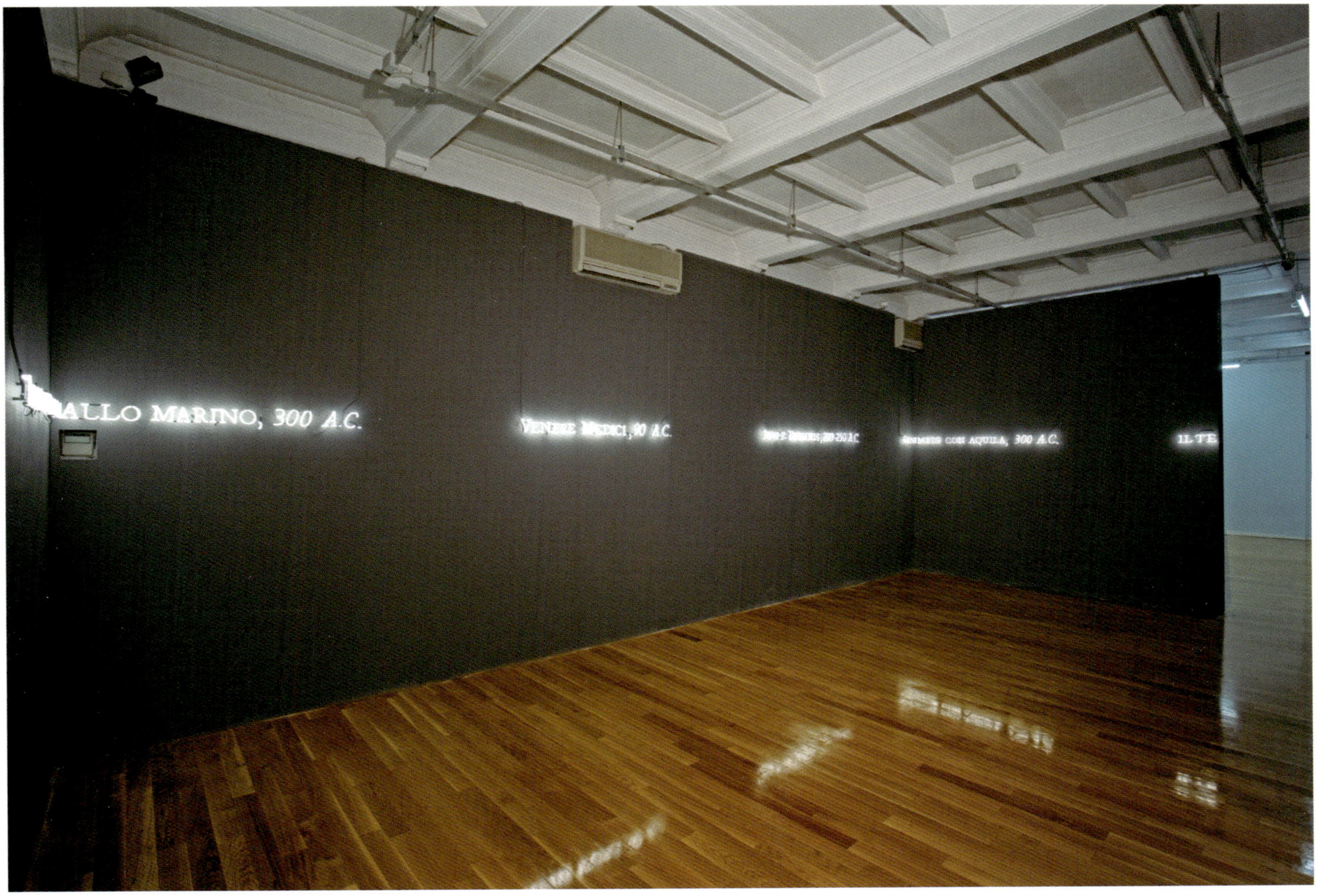

Joseph Kosuth
«Condizioni d'Assenza (per il nome e chi lo porta, per G.)», 1999
Neon.
Palazzo Cavour, Torino 2005.

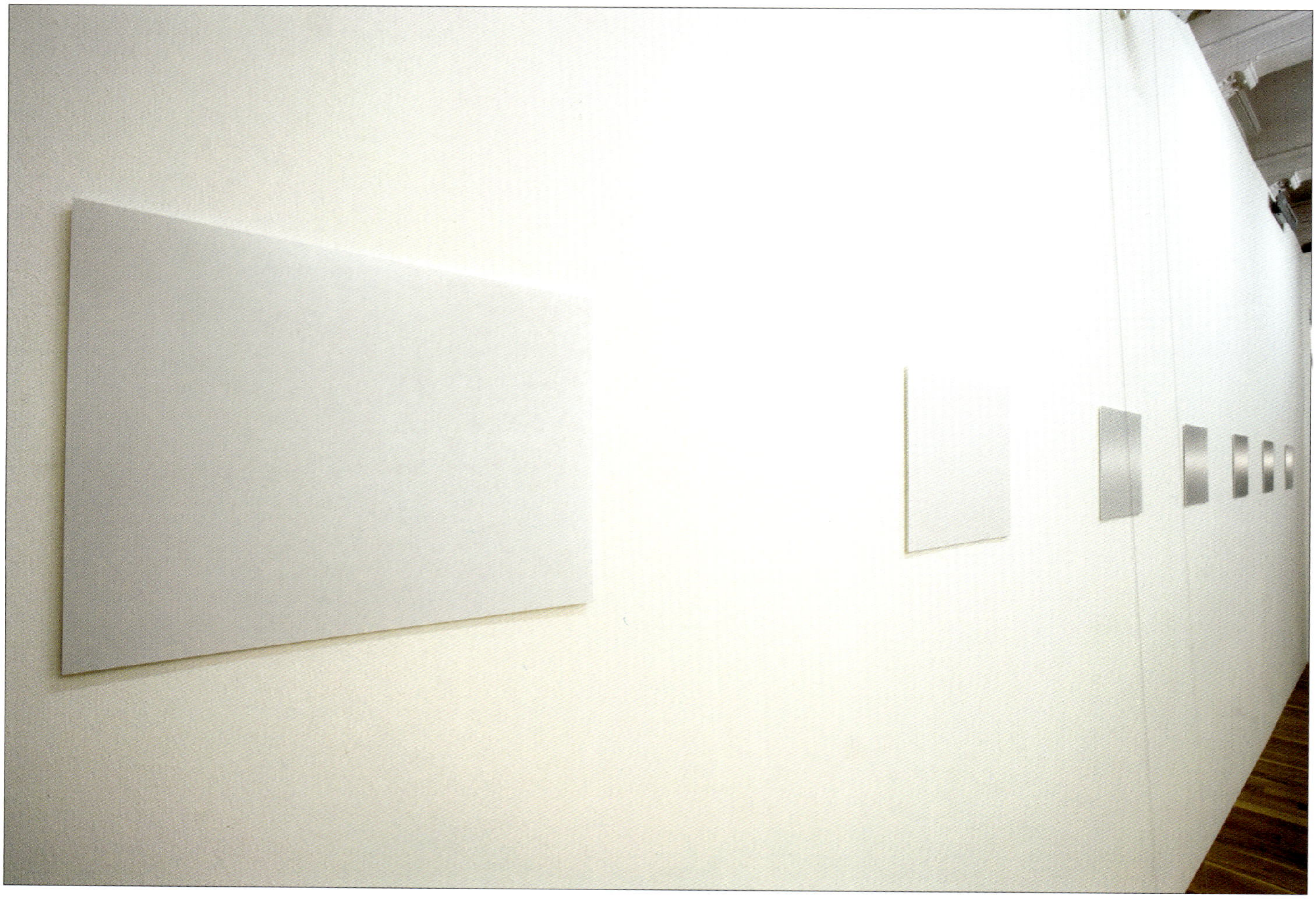

NIKOLA UZUNOVSKI
«Snow, Åre, Sweden», 2005
Stampa su carta, plexiglas / print on paper, plexiglas, 30 x 40 cm.
Palazzo Cavour, Torino 2005.

«Snow, Oulu, Finland», 2005
Stampa su carta, plexiglas / print on paper, plexiglas, 30 x 40 cm.
Palazzo Cavour, Torino 2005.

«Snow, Trondheim, Norway», 2005
Stampa su carta, plexiglas / print on paper, plexiglas, 30 x 40 cm.
Palazzo Cavour, Torino 2005.

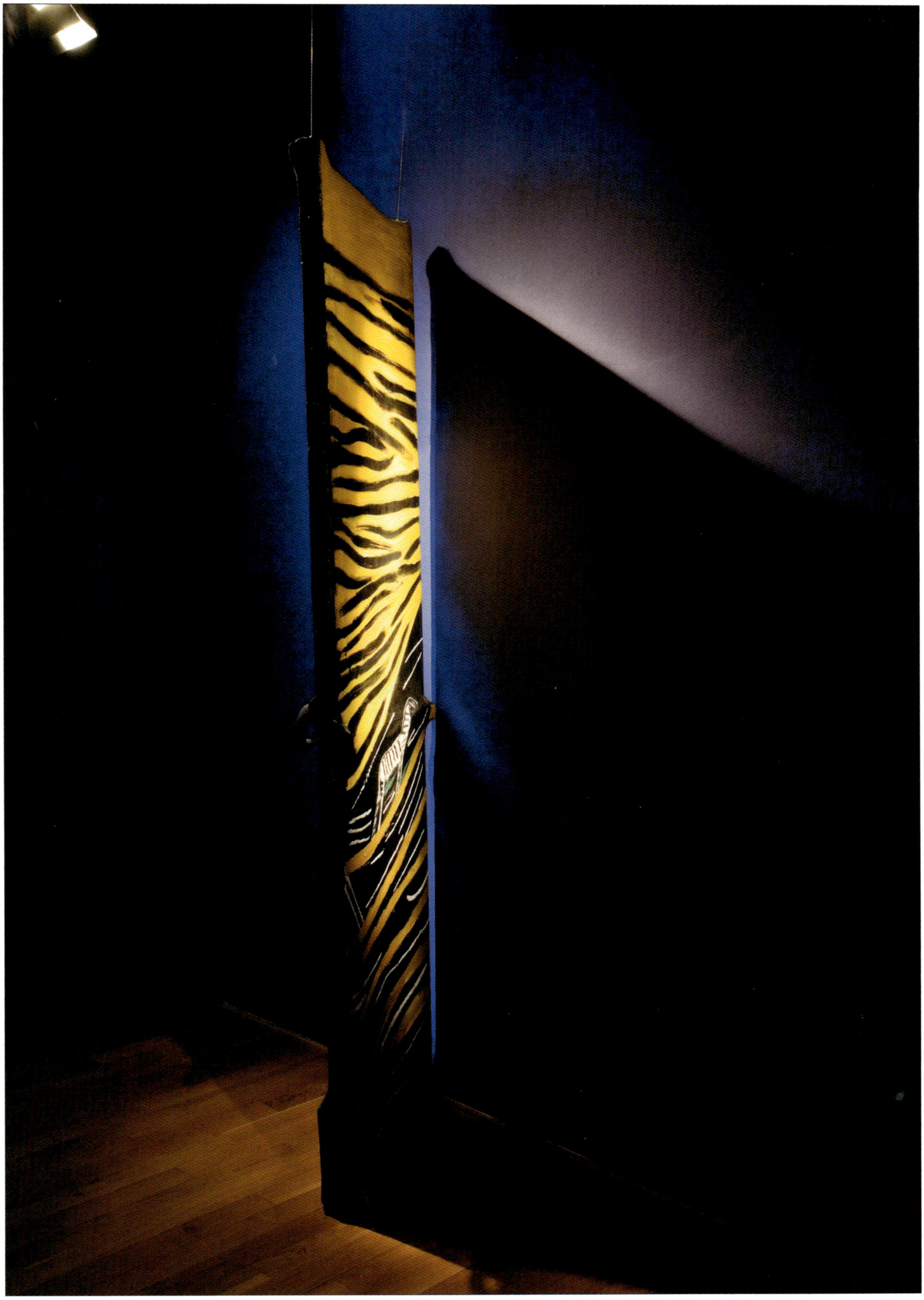

Mimmo Paladino
«Selvatico», 1979
Olio e pigmento su tela / oil and pigment on canvas, 254 x 72 cm (recto), 254 x 72 x 10 cm (verso).
Palazzo Cavour, Torino 2005.

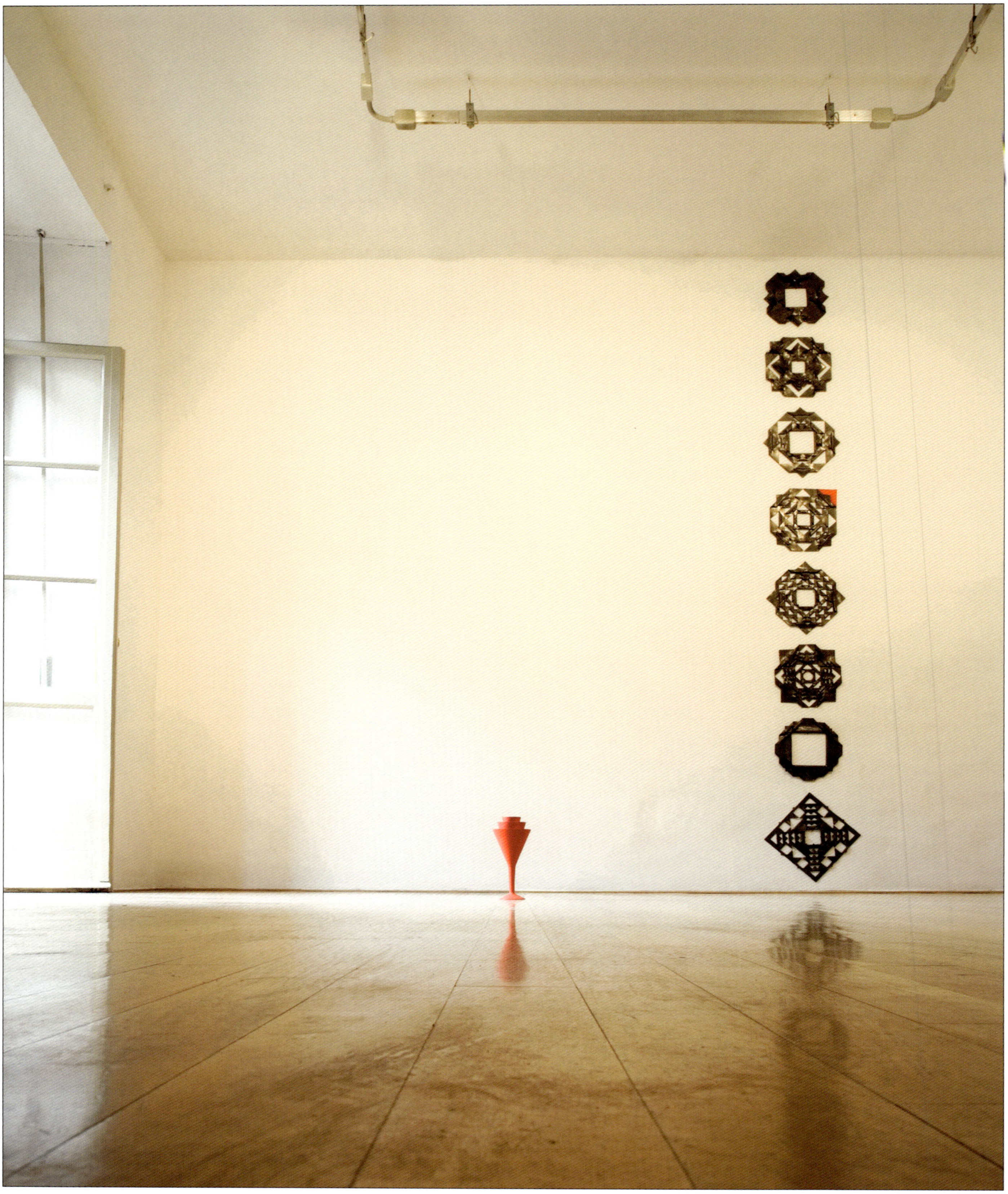

Remo Salvadori
«Triade», 2004-2005
Ceramica e acquerello / ceramic and watercolour, 7 elementi / elements, 30 x 12 x 12 cm ciascuno / each.
Palazzo Cavour, Torino 2005.

«Nel momento», 1996
Piombo / lead, 8 elementi / elements, 33,3 x 33,3 x 0,1 cm ciascuno / each.
Palazzo Cavour, Torino 2005.

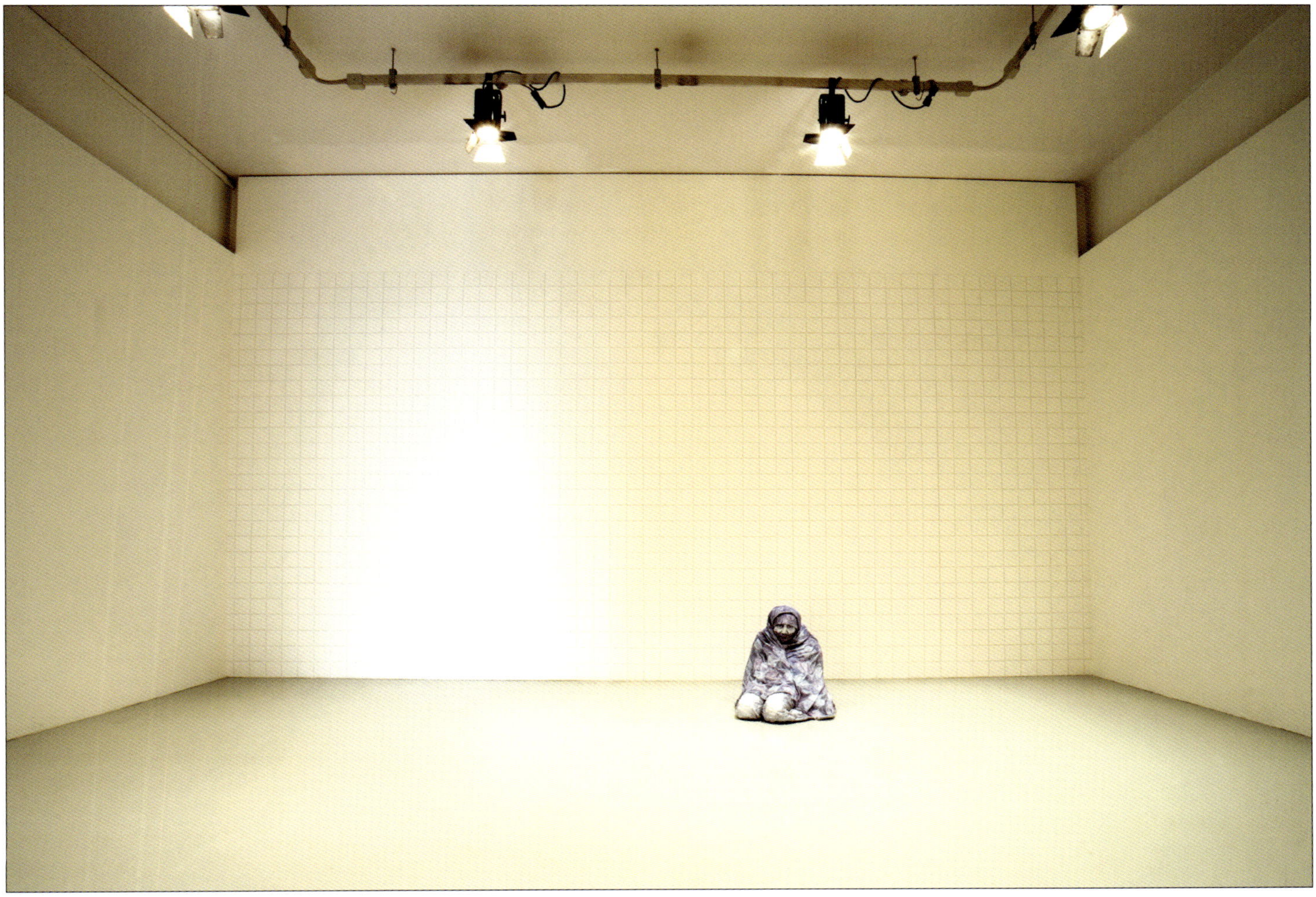

LUISA RABBIA
«Being staring at something», 2004
Matita blu su materiali vari / blue pencil on mixed materials, 63 x 56 x 58 cm.
Palazzo Cavour, Torino 2005.

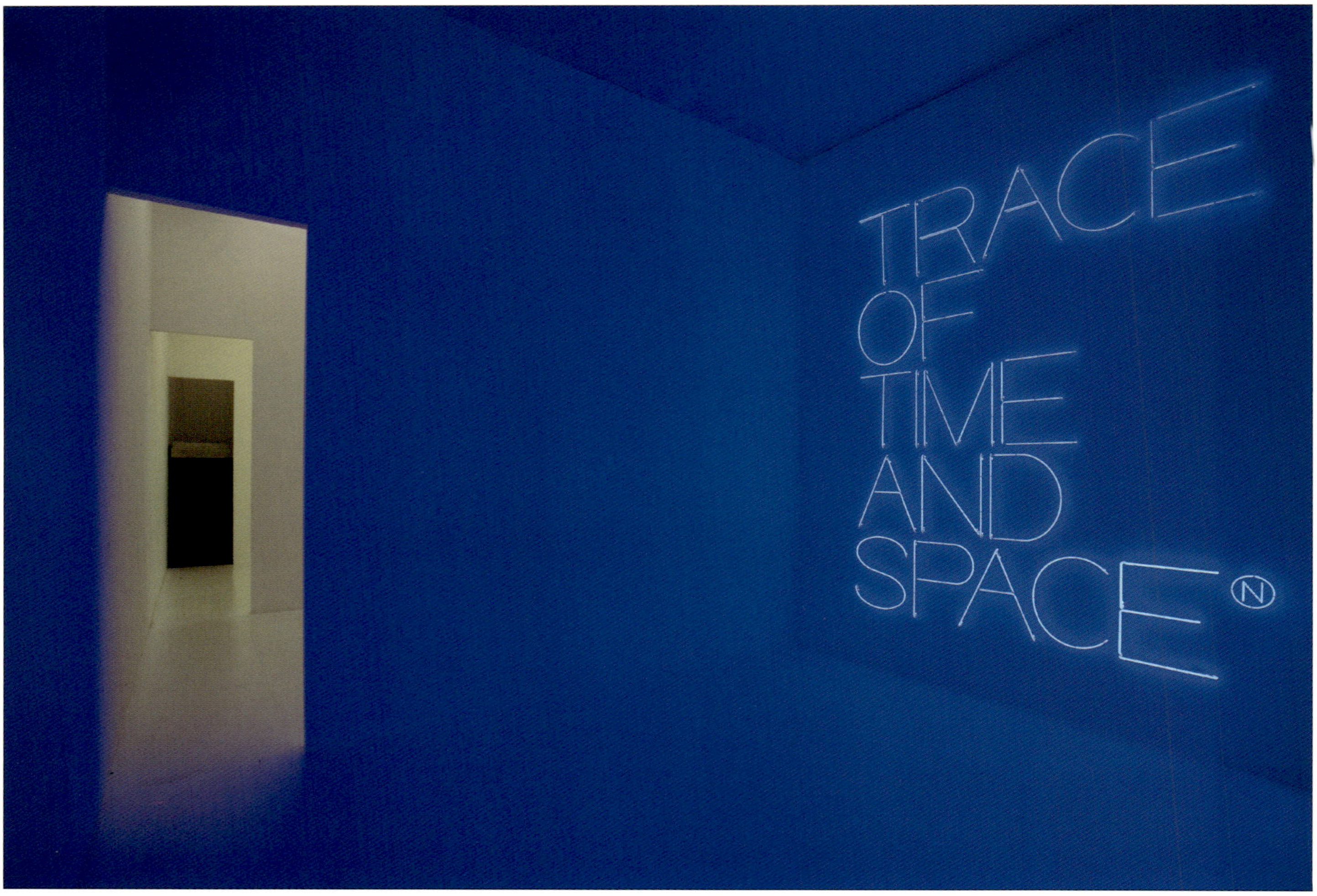

Maurizio Nannucci
«Trace of Time and Space», 2005
Installazione neon / neon installation.
Palazzo Cavour, Torino 2005.

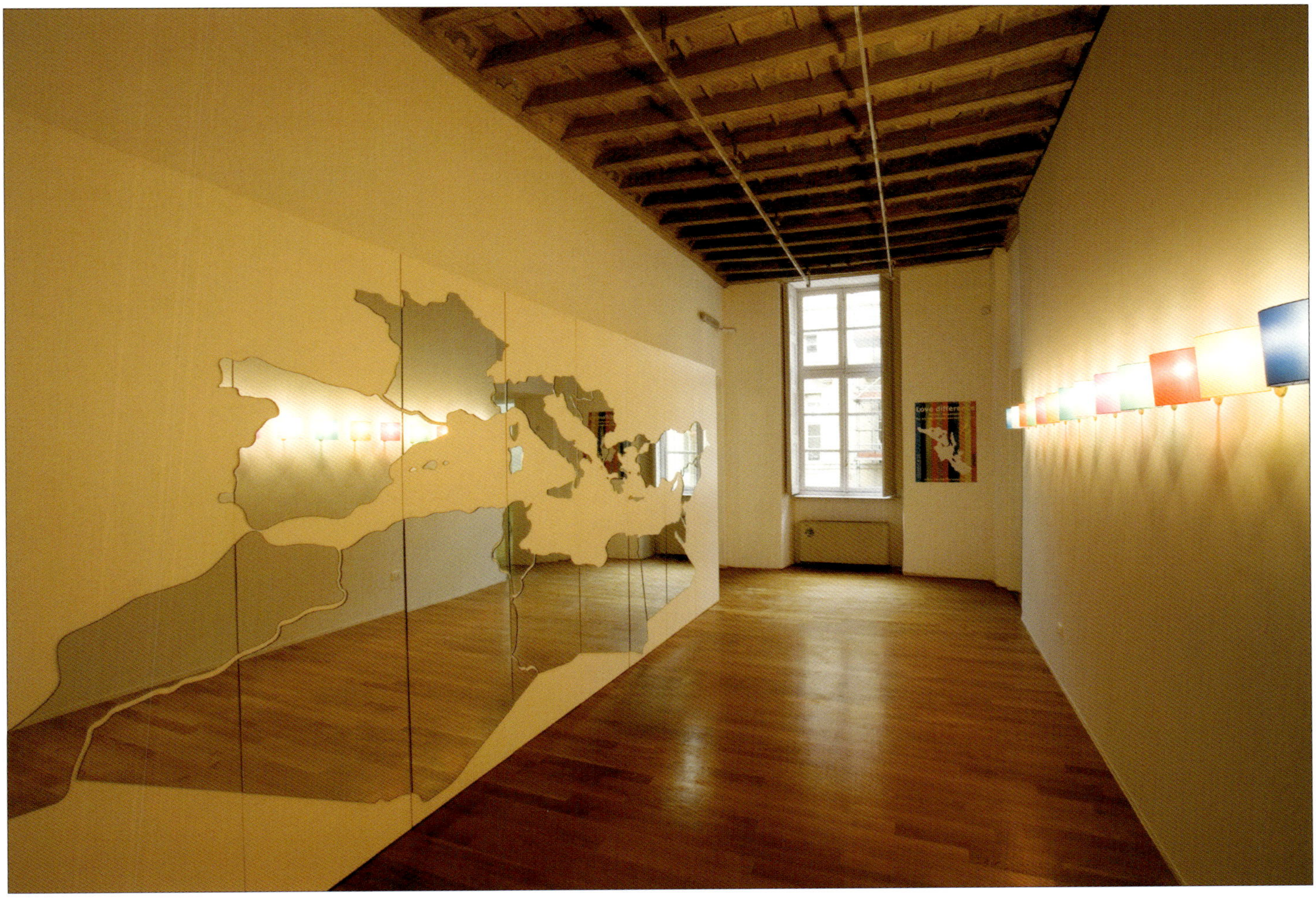

MICHELANGELO PISTOLETTO
«Biblioteca LOVE DIFFERENCE - il Mediterraneo», 2000
Specchio e legno / mirror and wood, 220 x 660 x 40 cm.
Palazzo Cavour, Torino 2005.

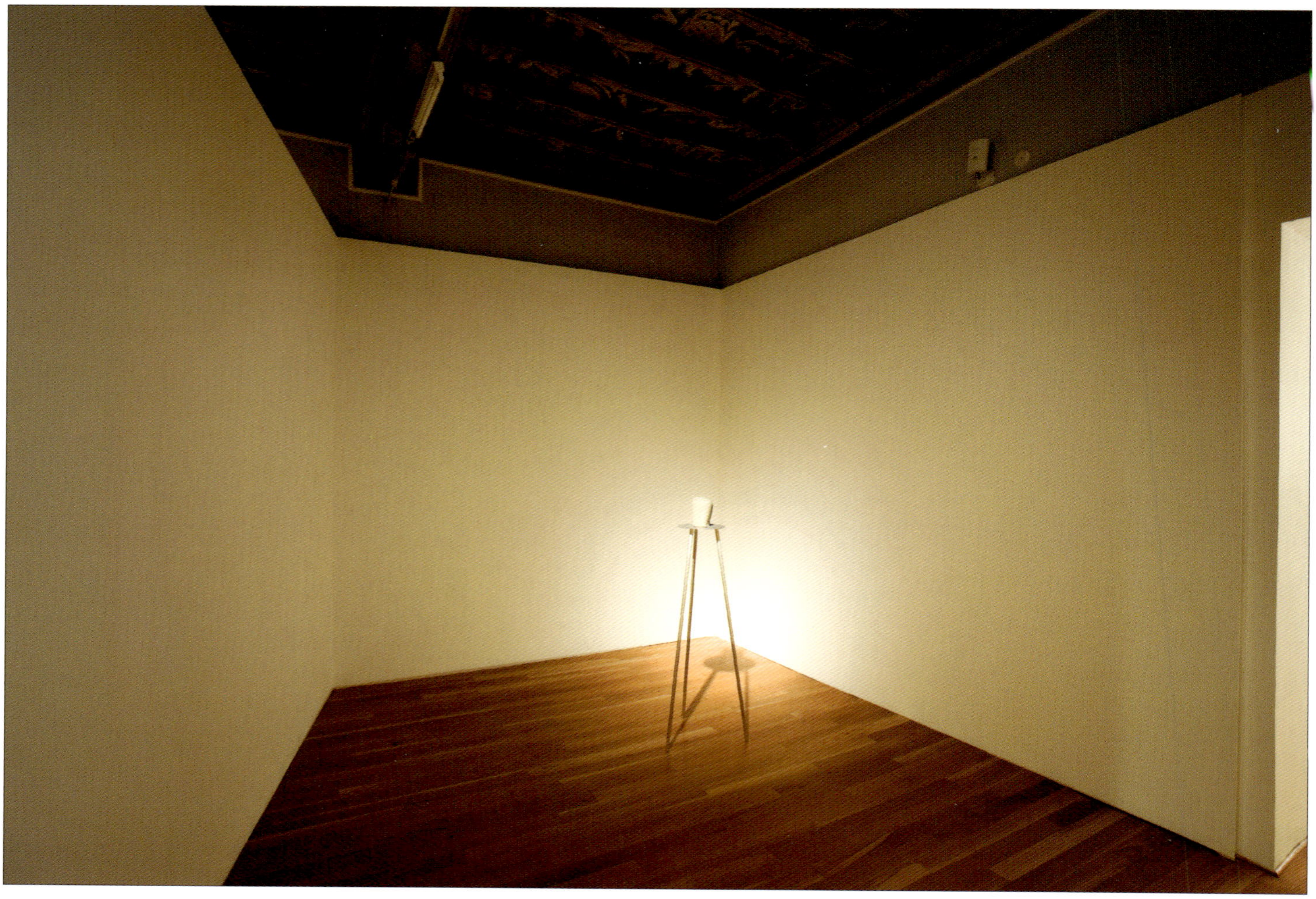

Marisa Merz
«Testina», 2005
Terracotta.
Palazzo Cavour, Torino 2005.

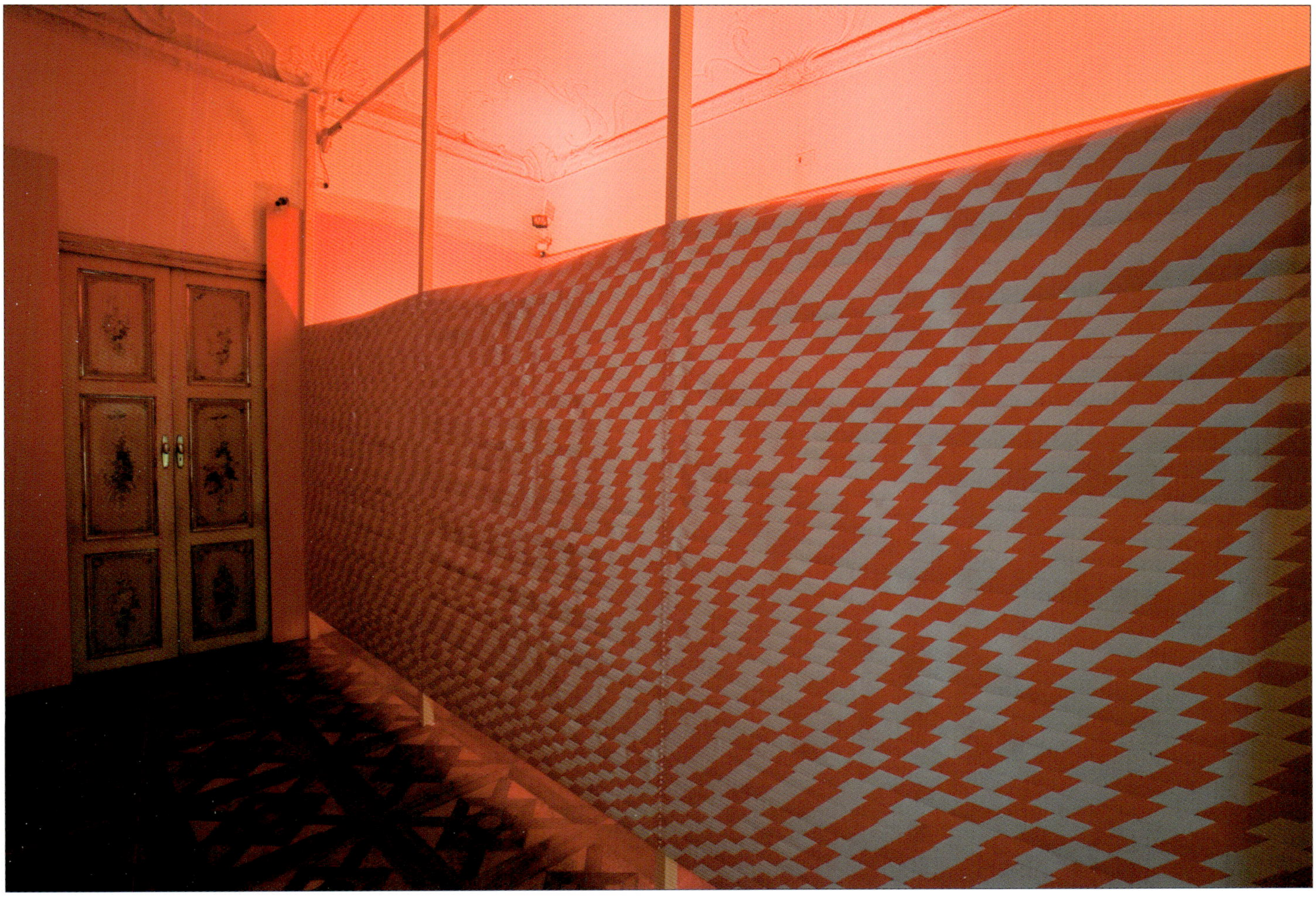

LILIANA MORO
«This is the end», 2004
Strisce adesive, lampade rosse, acustica / adhesive strips, red lamps, acoustics.
Palazzo Cavour, Torino 2005.

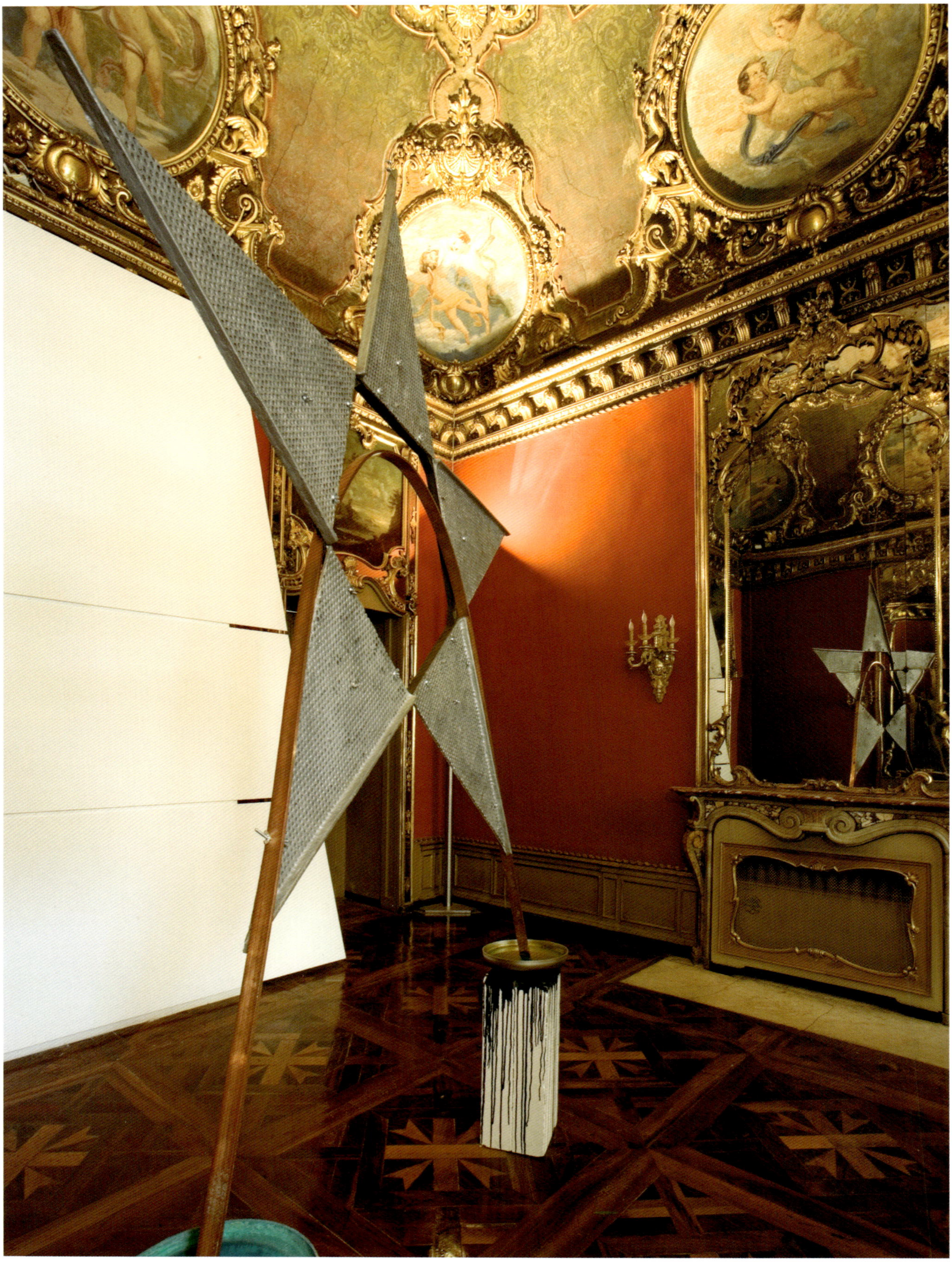

Gilberto Zorio
«L'arco che sorregge la stella», 2004
Rame, alluminio, ferro, mattoni, solfato di rame / copper, aluminium, iron, bricks, copper sulphate, 320 x 260 cm.
Palazzo Cavour, Torino 2005.

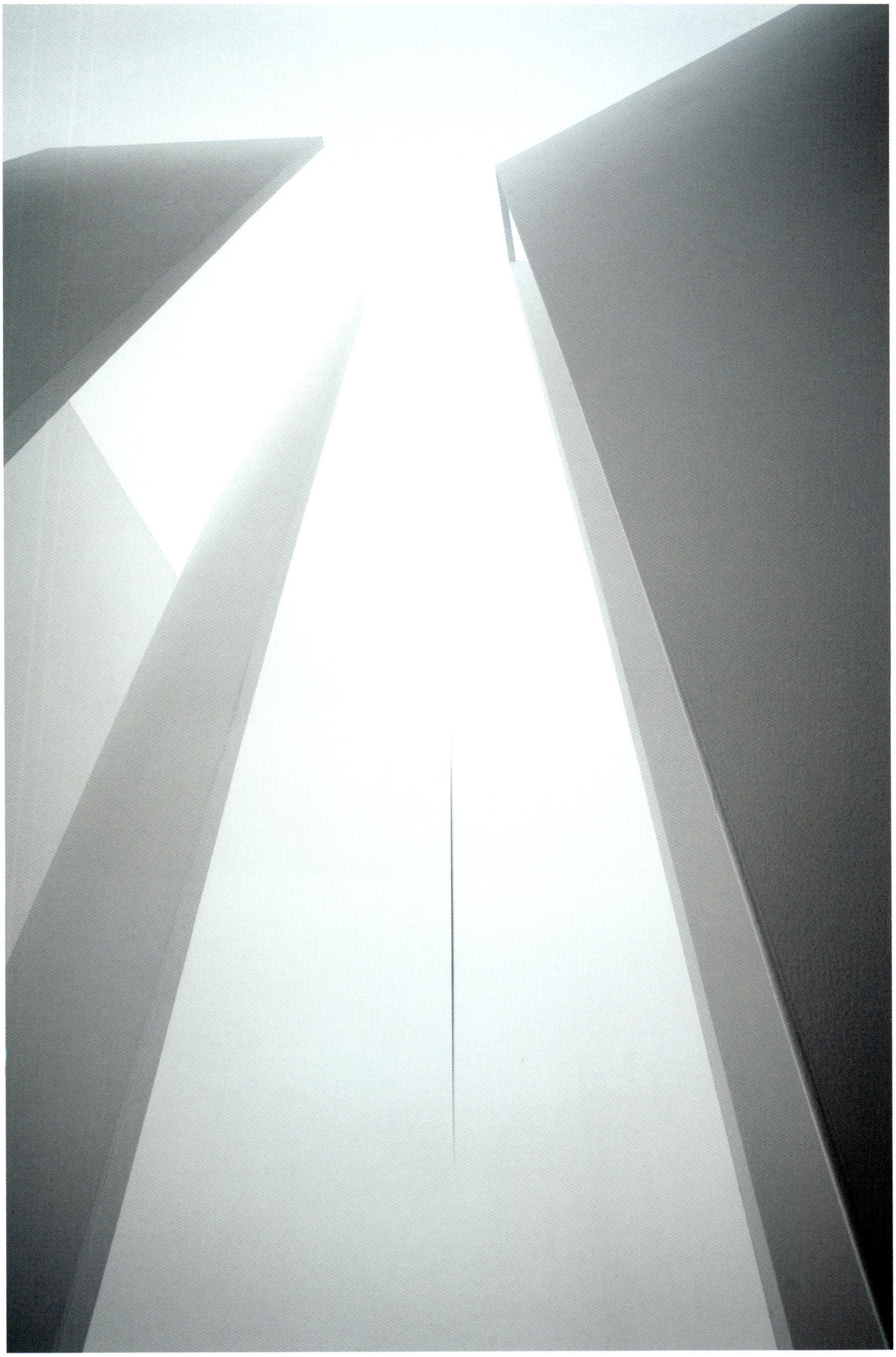

Lucio Fontana
«Ambiente spaziale», 1968
Ambiente in gesso, legno, luce e pannello in gesso / plaster environment, wood, light and plaster panel, 330 x 520 x 450 cm. Catalogo generale / General catalogue 68.A.2.
Palazzo Cavour, Torino 2005.

Schede degli artisti / Artist's entries

LORENA TADORNI

Daniel Buren

Boulogne-Billancourt (Francia/France), 1938

Da quasi quarant'anni la ricerca di Daniel Buren riflette sul concetto tradizionale di opera d'arte nei suoi rapporti con luogo e spettatore. Dopo i primi lavori su tela caratterizzati dall'alternanza di strisce verticali bianche e colorate, l'artista si è progressivamente dedicato a complesse installazioni ambientali. Il supporto ha subito le più diverse trasformazioni, in una continua esplorazione della potenzialità espressiva dei materiali. Tessuti prestampati, plastici, legno, vinile, si installano nello spazio, alterandone e modulandone le caratteristiche. In questo modo, Buren agisce su particolari ambienti o elementi che costituiscono la peculiarità architettonica del luogo, sottolineandone le funzioni e la storia in rapporto all'immaginario collettivo.

A Palazzo Cavour l'artista ha scelto di intervenire sia sulle specchiere della «Sala d'angolo», sia sull'esterno delle finestre dell'intero piano espositivo. Una serie di moduli autocollanti ricontestualizzano lo spazio giocando con il rapporto interno-esterno e tra ciò che è visibile e ciò che non lo è. Ancora una volta, Buren focalizza l'attenzione sugli elementi che caratterizzano strutturalmente e storicamente l'edificio, sottoponendoli a una metamorfosi che ne altera la percezione e gli abituali punti di riferimento.

Bibliografia selezionata

The Buren Times. The Eye of the Storm: Works in Situ, catalogo della mostra, a cura di L. Dennison, S. Cross e A. Gingeras, The Solomon R. Guggenheim Museum, New York 2005; A. Bonito Oliva, *L'arte oltre il 2000*, Firenze 2003; *Daniel Buren 1997-1999. Catalogue raisonné chronologique*, a cura di A. Boisnard e D. Buren, vol. XIII, Parigi 2002; *Daniel Buren 1964-1966. Catalogue raisonné chronologique*, a cura di A. Boisnard e D. Buren, vol. II, Villeneuve d'Ascq 2000; *Daniel Buren. Cabanes éclatées 1975-2000. Catalogue raisonné thématique*, a cura di A. Boisnard e D. Buren, vol. 2, Parigi 2000.

For almost twenty years Daniel Buren's research has focused on the traditional concept of the work of art in its relationships with place and spectator. After his first works on canvas, characterised by alternating vertical white and coloured stripes, the artist increasingly devoted himself to complex environmental installations. The support has undergone the most diverse transformations, in a constant exploration of the expressive potential of the material. Pre-stamped material, plastic, wood or vinyl are installed in the space, altering and modifying its nature. In this way, Buren works on special environments or elements that make up the architectural characteristics of a place, underlining its functions and history in relationship to the collective imagination.

In Palazzo Cavour, the artist has chosen to intervene both on the mirrors of the 'Sala d'angolo' and on the outside of the windows on the whole exhibition floor. A series of self-bonding modules contextualise the space, playing with the internal-external relationship and with what is visible and what is not. Once again Buren focuses his attention on elements that characterise the building in a structural and historical way, subjecting them to a process of metamorphosis that alters perception of them and the usual reference points.

Selected bibliography

The Buren Times. The Eye of the Storm: Works in Situ, exhibition catalogue, edited by L. Dennison, S. Cross and A. Gingeras, The Solomon R. Guggenheim Museum, New York 2005; A. Bonito Oliva, *L'arte oltre il 2000*, Florence 2003; *Daniel Buren 1997-1999. Catalogue raisonnée chronologique*, edited by A. Boisnard and D. Buren, vol. XIII, Paris 2002; *Daniel Buren 1964-1966. Catalogue raisonnée chronologique*, edited by A. Boisnard and D. Buren, vol. II, Villeneuve d'Ascq 2000; *Daniel Buren. Cabanes éclatées 1975-2000. Catalogue raisonnée thématique*, edited by A. Boisnard and D. Buren, vol. 2, Paris 2000.

Paolo Chiasera

Bologna (Italy), 1978

Il lavoro di Paolo Chiasera nasce da un'esperienza del corpo e dello spazio. L'artista sceglie il video come mezzo privilegiato per sperimentare una dimensione performativa in cui la figura umana è protagonista di azioni che alterano le consuete coordinate spazio-temporali. Cortocircuiti di equilibri, labirinti senza uscite, attese e sforzi fisici per raggiungere vie di fuga che si rivelano essere esclusivamente mentali.

«The following days» (2005) è la deriva di tre ragazzi che incontrano Pier Paolo Pasolini sullo sfondo della campagna bolognese. Il manifesto della copertina di un libro Garzanti, su cui è impresso il titolo del video, sarà la soglia da varcare per iniziare un allucinato viaggio nei meandri del cervello dello scrittore. Uno dei ragazzi deciderà di calarsi all'interno di una gigantesca testa in ges-

so con le fattezze pasoliniane che brucia in mezzo ai campi ma, giunto nel punto più profondo, capirà che l'unico atto possibile è fermarsi a riposare, cullato dal suo ricordo.
Utilizzando come sistema di riferimento la circolarità, sia nella strutturazione del paesaggio che dei percorsi, Paolo Chiasera crea uno stato in cui le coordinate visive si fondono con quelle del pensiero. Un viaggio metaforico per esplorare i concetti collettivi di memoria e appartenenza.

Bibliografia selezionata
(my private) HEROES, catalogo della mostra, a cura di J. Hoet, testo di R. Stange, MARTa Herford Museum, Herford 2005; *Le opere e i giorni*, catalogo della mostra, a cura di A. Bonito Oliva, Certosa di San Lorenzo - Padula (Salerno), Milano 2004; *Forse Italia*, catalogo della mostra, a cura di J. Hoet, testo di M. Beccaria, SMAK Gent, Gand 2003; *EXIT. Nuove geografie della creatività italiana*, catalogo della mostra, a cura di F. Bonami, Fondazione Sandretto Re Rebaudengo - Torino, Milano 2002.

Paolo Chiasera's work stems from an experience of body and space. Video is the artist's preferred means for experimenting a performing dimension in which the human figure is the protagonist of actions that alter habitual space-time coordinates. Short-circuits of equilibriums, labyrinths without escape, waiting and physical effort to reach escape routes that are revealed to be exclusively mental.
The following days (2005) narrates the adventure of three boys who meet Pier Paolo Pasolini against a background of the country around Bologna. The poster of the cover of a Garzanti book, on which the video title is printed, is the threshold to cross before beginning a hallucinating trip in the meandering of the author's brain. One of the boys decides to lower himself down into a giant plaster head with Pasolini's features that burns in the middle of the fields but, having arrived at the deepest point, understands that the only thing possible is to stop and rest, rocked by his memory.
Using circularity as a system of reference, in the structuring of the landscape and in the routes, Paolo Chiasera creates a situation in which the visual coordinates merge into those of thought. A metaphorical journey to explore the collective concepts of memory and belonging.

Selected bibliography
(my private) HEROES, exhibition catalogue, edited by J. Hoet, essay by R. Stange, MARTa Herford, Herford 2005; *Le opere e i giorni*, exhibition catalogue, edited by A. Bonito Oliva, Certosa di San Lorenzo in Padula (Salerno), Milan 2004; *Forse Italia*, exhibition catalogue, edited by J. Hoet, essay by M. Beccaria, SMAK Gent, Ghent 2003; *EXIT. Nuove geografie della creatività italiana*, exhibition catalogue, edited by F. Bonami, Fondazione Sandretto Re Rebaudengo in Turin, Milan 2002.

NICOLA DE MARIA
Foglianise (Benevento, Italy), 1954

La pittura di Nicola De Maria, esponente della Transavanguardia, vive di forme semplici e colori puri. Dalla metà degli anni settanta l'artista sperimenta un originale linguaggio in cui l'astrazione si carica di poetiche allusioni figurative, espressioni archetipiche di natura, gioia e passione. La forza cromatica che anima le superfici conduce l'osservatore in una dimensione oniricamente spirituale, un confine magico tra il quotidiano e la realtà interiore.
Anche a Palazzo Cavour, De Maria invita il pubblico a entrare in un luogo «altro» e a farsi accompagnare delicatamente dalla vivida cromia in un mondo fantastico in cui sognare a occhi aperti. Una forza rigogliosa e intensa invade la stanza, ridefinendola nella direzione dell'incanto e della leggenda.
È uno stato intimo che si trasforma in una visibile armonia cosmica.

Bibliografia selezionata
XIV Esposizione Quadriennale, GNAM Galleria Nazionale d'Arte Moderna di Roma, Milano 2005; *Le retour à la peinture. Les inventeurs de la Transavanguardia*, catalogo della mostra, Vence (Château de Villeneuve, Fondation Emile Hugues), Milano 2005; *Nicola De Maria*, catalogo della mostra, a cura di A. Bonito Oliva e D. Eccher, MACRO - Roma, Milano 2004; *Le opere e i giorni*, catalogo della mostra, a cura di A. Bonito Oliva, Certosa di San Lorenzo - Padula (Salerno), Milano 2004; *Transavanguardia*, catalogo della mostra, a cura di I. Gianelli, Museo d'Arte Contemporanea di Rivoli (Torino), Milano 2002.

Nicola De Maria's painting lives off simple forms and pure colours. From the mid-1970s, the artist has experimented an original language where abstraction is charged with figurative poetic allusions, archetypal expressions of nature, joy and passion. The force of the colours animating the surfaces leads the spectator into a spiritual dream dimension, a magical border between the everyday and inner reality.

In Palazzo Cavour too, De Maria invites the public to enter 'another' place, letting himself be gently accompanied by the vivid colours to daydream in a fantastic world. The room is invaded by an intense luxuriant force that redefines it as a space of enchantment and legend.

It is an intimate state that changes into a visible cosmic harmony.

Selected bibliography

XIV Esposizione Quadriennale, GNAM Galleria Nazionale d'Arte Moderna in Rome, Milan 2005; *Le retour à la peinture. Les inventeurs de la Transavanguardia*, exhibition catalogue, Vence (Château de Villeneuve, Fondation Emile Hugues), Milan 2005; *Nicola De Maria*, exhibition catalogue, edited by A. Bonito Oliva and D. Eccher, MACRO in Rome, Milan 2004; *Le opere e i giorni*, exhibition catalogue, edited by A. Bonito Oliva, Certosa di San Lorenzo in Padula (Salerno), Milan 2004; *Transavanguardia*, exhibition catalogue, edited by I. Gianelli, Museo d'Arte Contemporanea in Rivoli (Turin), Milan 2002.

Lucio Fontana

Rosario di Santa Fé (Argentina), 1899 - Comabbio (Varese, Italy), 1968

Dalla fine degli anni quaranta l'opera di Lucio Fontana è rivolta al superamento della superficie piana del quadro. Dal 1947, con la fondazione del Movimento Spaziale, l'artista inizia infatti a forare le tele alla ricerca della terza dimensione, intervenendo sulla tradizionalità del supporto e restituendogli un forte impulso vitale. Le sue note serie dei «Buchi» e dei «Tagli» si aprono, attraverso le fenditure, su uno spazio «nuovo» che rimanda al concetto di infinito.

Nel 1949 Fontana allestisce un «Ambiente spaziale» presso la galleria del Naviglio di Milano. Completamente nero, con luce di Wood, rappresenta il primo tentativo di allontanarsi da una forma di fruizione statica, ponendo il pubblico di fronte a un'esperienza non solo visiva, ma plurisensoriale.

Il primo esemplare dell'«Ambiente spaziale», in mostra a Palazzo Cavour (cat. gen. 68 A 2, II, p. 744), venne presentato nel 1968 in occasione di «Documenta 4» a Kassel. Entrando in un labirinto completamente bianco, l'osservatore inizia un percorso libero dalle imposizioni che considerano l'opera come un modello più che uno stimolo, reagendo con lo stato d'animo del momento. Fontana realizza un'opera che si apre e vive delle sensazioni del fruitore, solo con se stesso in un dedalo che lo conduce al cuore della struttura: un taglio bianco.

Bibliografia selezionata

Der unbekannte Fontana, catalogo della mostra, testi di L. Hegyi, R. Hirner, U. Köhler, A. Pfeiffer, R. Spieler e W. Renn, Städtische Galerie Villingen-Schwenningen, G. Hermann Voith Galerie Heidenheim e Museum Franz Gertsch Burgdorf, Ostfildern (Ruit) 2003; *Lucio Fontana. Metafore barocche*, catalogo della mostra, a cura di G. Cortenova, Galleria d'Arte Moderna - Verona, Venezia 2002; *Lucio Fontana a ótica do invisível*, catalogo della mostra, a cura di P. Herkenhoff, Rio de Janeiro, Brasilia e San Paolo, Milano 2001; E. Crispolti, *Fontana. Catalogo generale*, 2 voll., Milano 1986.

Since the end of the 1940s, Lucio Fontana's work has focused on going beyond the flat surface of the picture. In 1947, with the founding of the 'Spatial Movement', the artist began to pierce his canvases in a search for a third dimension, intervening on the traditional support and giving it back a strong vital impulse. His famed series of the *Buchi* [Holes] and the *Tagli* [Slashes] open up, through the slashes, onto a 'new' space that refers to the concept of the infinite.

In 1949 he created a *Spatial environment* in the Naviglio Gallery in Milan. Completely black and lit by Wood's light, it was his first attempt to move away from a static form of fruition, placing the public in front of an experience that was multidimensional and not just visual. The first example of the *Spatial environment* on display in Palazzo Cavour (cat. gen. 68 A 2, II, p. 744) was presented in 1968 at 'Documenta 4' in Kassel. Entering a completely white labyrinth, the spectator begins on a path free from the impositions that consider the work a model rather than a stimulus, reacting merely according to the mood of the moment. Fontana realises a work that opens up and lives off the sensations of the spectator, alone in a maze that leads to the heart of the structure: a white slash.

Selected bibliography
Der Unbekannte Fontana, exhibition catalogue, essays by L. Hegyi, R. Hirner, U. Köhler, A. Pfeiffer, R. Spieler and W. Renn, Städtische Galerie Villingen-Schwenningen, G. Hermann Voith Galerie Heidenheim and Museum Franz Gertsch Burgdorf, Ostfildern (Ruit) 2003; *Lucio Fontana. Metafore barocche*, exhibition catalogue, edited by G. Cortenova, Galleria d'Arte Moderna in Verona, Venice 2002; *Lucio Fontana a ótica do invisível*, exhibition catalogue, edited by P. Herkenhoff, Rio De Janeiro, Brasília and São Paulo, Milan 2001; E. Crispolti, *Fontana. Catalogo generale*, 2 vols, Milan 1986.

Innocente
Verona (Italy), 1948

Le opere di Innocente propongono una meditata inquadratura sulla condizione umana nei suoi rapporti con la storia individuale e collettiva.
L'artista si muove sul terreno della memoria, strappando il tempo dall'oblio e dalla voracità che lo consuma. In questo senso, la sua figura è testimonianza di un ruolo *engagé* che opera nel verso della costruttività, della responsabilità e della presa di coscienza sullo stato delle cose.
«Tredici» (2005) è il titolo e il numero delle figure che compongono l'installazione proposta per Palazzo Cavour. La sala è concepita come un contenitore inquietantemente ovattato dalle spigolature smussate. All'interno, una schiera di statue di gesso: bambine voltate di spalle e con le mani legate dietro la schiena. Tutte uguali, forti del proprio nudo come la Verità nell'iconografia antica, ma al tempo stesso vulnerabilmente esposte, congelano in maniera emblematica un'immagine mediatica spesso quotidiana: dai bambini soldato, allo sfruttamento dei minori, alla piccola americana ammanettata in classe per i suoi capricci. È il luogo di un'infanzia violata attraverso cui Innocente riflette sul più generale imbrigliamento della libertà individuale.
La musica diffusa nella sala dell'installazione è di Stefano Scodanibbio.

Bibliografia selezionata
Innocente. Eroi, catalogo della mostra, testo di A. Bonito Oliva, Boxart, Verona 2004; A. Bonito Oliva, *Libertà della memoria. Innocente*, Milano 2003 (con bibliografia precedente).

Innocente's works propose a meditated overview of the human condition and its relationships with individual and collective history.
The artist focuses on the dimension of memory, seizing time from the oblivion and voracity that devour it. In this sense, he acts in a committed way working with a constructive, responsible and critical attitude on the state of things.
Tredici [Thirteen] (2005) is the title and number of figures that make up the installation proposed for Palazzo Cavour. The room has been conceived as a disturbing padded container with rounded corners. Inside stand a rank of plaster statues: children with their backs turned to the spectator, hands tied behind their backs. Identical, proud of their nakedness like Truth in old iconography, but at the same time vulnerably exposed, they symbolically freeze an often daily media image of soldier-kids, from the exploitation of minors to the small American girl handcuffed in class because of her capricious behaviour.
Through the place of violated childhood, Innocente reflects on the more widespread bridling of individual liberty.
Music by Stefano Scodanibbio.

Selected bibliography
Innocente. Eroi, exhibition catalogue, essay by A. Bonito Oliva, Boxart, Verona 2004; A. Bonito Oliva, *Libertà della memoria. Innocente*, Milan 2003 (with preceding bibliography).

Anish Kapoor
Bombay (India), 1954

Anish Kapoor si muove tra polarità opposte: presenza e assenza, solido e intangibile, interiore ed esteriore.
Dopo le sculture astratto-naturalistiche ricoperte di pigmento puro dei primi anni ottanta, dal decennio successivo l'artista inizia a lavorare su dimensioni sempre più monumentali, esplorando l'espressività di materie e superfici e approfondendo un dialogo costante tra forma e vuoto, dinamico e statico.
Un'imponente scultura, «Untitled» (2003), accoglie il visitatore nell'androne di Palazzo Cavour. L'artista continua a esplorare il materiale e l'immateriale, le pie-

ghe e le aperture di uno spazio reso tangibile da una cavità che si riempie, oppure da un pieno che si svuota. L'opera vive della dicotomia degli stati, della geometria e dell'indefinito, dell'accumulazione e della sottrazione, dell'alternanza tra il bianco e il colore delle tessiture che percorrono la pelle dell'alabastro.
Scavando la pietra, Kapoor si sofferma sugli interstizi della forma e della luce, conducendo l'osservatore all'interno di un'esperienza del sublime.

Bibliografia selezionata
Le opere e i giorni, catalogo della mostra, a cura di A. Bonito Oliva, Certosa di San Lorenzo - Padula (Salerno), Milano 2004; A. Vidler, *Anish Kapoor. Whiteout*, catalogo della mostra, Barbara Gladstone Gallery - New York, Milano 2004; *Anish Kapoor. My Red Homeland*, catalogo della mostra, a cura di E. Schneider, Kunsthaus - Bregenz, Colonia 2003; *Anish Kapoor. Marsyas*, catalogo della mostra, a cura di D. De Salvo e N. C. Balmond, Tate Modern, Londra 2002.

Anish Kapoor moves between opposing poles: presence and absence, solid and intangible, interior and exterior. After the abstract-naturalist sculptures covered in pure pigment of the early 1980s, the artist began to work on increasingly monumental dimensions in the next decade, exploring the expressive qualities of matter and surface and investigating in greater detail the constant dialogue between solid and void, dynamic and static.
An imposing sculpture, *Untitled* (2003), welcomes the visitor in the hall of Palazzo Cavour. The artist continues to explore the material and the immaterial, the folds and openings of a space made tangible by a cavity that fills up, or by a solid that empties. The work lives the dichotomy of states, of geometry and the indefinite, of accumulation and subtraction, of alternation between white and the colour of the veins running through the alabaster skin.
Probing the stone, Kapoor pauses on the interstices of the form and of light, drawing the observer into an experience of the sublime.

Selected bibliography
Le opere e i giorni, exhibition catalogue, edited by A. Bonito Oliva, Certosa di San Lorenzo in Padula (Salerno), Milan 2004; A. Vidler, *Anish Kapoor. Whiteout*, exhibition catalogue, Barbara Gladstone Gallery in New York, Milan 2004; *Anish Kapoor. My Red Homeland*, exhibition catalogue, edited by E. Schneider, Kunsthaus in Bregenz, Cologne 2003; *Anish Kapoor. Marsyas*, exhibition catalogue, edited by D. De Salvo and N. C. Balmond, Tate Modern, London 2002.

Joseph Kosuth
Toledo (Ohio, USA), 1945

La ricerca di Joseph Kosuth si è orientata dalla metà degli anni sessanta sull'analisi del rapporto tra arte e linguaggio, influenzata dalle riflessioni filosofiche di Ludwig Wittgenstein.
Con la serie delle «Investigazioni», in cui sono esposti un oggetto, la sua riproduzione fotografica e la sua definizione tratta dal vocabolario, l'artista ha avviato una riflessione, che prosegue tuttora, sulle complesse relazioni tra realtà, rappresentazione iconica dell'immagine e logica della parola.
In «Condizioni d'Assenza (per il nome e chi lo porta, per G.)» (1999), Kosuth disegna attraverso il neon i titoli di opere d'arte disperse, accompagnati dalla relativa data di realizzazione. Ne nasce una didascalia luminosa in cui i segni delineano la materializzazione di un'assenza.
L'artista continua la radicale messa in discussione del concetto di produzione e oggetto artistico, spostando l'attenzione sulla dimensione mentale del lavoro.

Bibliografia selezionata
H. C. Andersen. A Life World, catalogo della mostra, Nikolaj Copenhagen Art Center, Copenaghen 2005; *Museo Obbligatorio. Metropolitana di Napoli*, a cura di A. Bonito Oliva, Napoli 2005; *La forma delle nuvole. Arte All'Arte IX*, catalogo della mostra, a cura di A. Bonito Oliva e J. Putnam, Galleria d'Arte Moderna e Contemporanea - San Gimignano, Pistoia 2004; *Isabella Stewart Gardner Museum. Guide to Contemporary Art. Special Edition Joseph Kosuth*, Milano 2003; *Orizzonti*, catalogo della mostra, a cura di A. Bonito Oliva e S. Risaliti, Forte di Belvedere - Firenze, Milano 2003; *Ripensare il Vero (B.C.) Joseph Kosuth*, Napoli 2002.

Since the mid-1960s Joseph Kosuth's research has focused on analysing the relationship between art and language, influenced by Ludwig Wittgenstein's philosophical writings.
With the series *Investigazioni* [Investigations], in which an object, together with a photograph and a dictionary definition of it, are exhibited, the artist initiated reflec-

tion on the complex relationships between reality, iconic representation of the image and logic of the word, which he continues today.
In *Condizioni d'Assenza (per il nome e chi lo porta, per G.)* [Conditions of Absence (for the name and who takes it, for G.)] (1999), Kosuth designs the titles of art works dispersed, together with their relative date of execution, in neon. An illuminated caption emerges in which the signs outline the material qualities of absence.
The artist continues his radical questioning of the concept of production and art object, shifting attention to the mental dimension of the work.

Selected bibliography
H. C. Andersen A Life World, exhibition catalogue, Nikolaj Copenhagen Art Center, Copenhagen 2005; *Museo Obbligatorio. Metropolitana di Napoli*, edited by A. Bonito Oliva, Naples 2005; *La forma delle nuvole, Arte All'Arte IX*, exhibition catalogue, edited by A. Bonito Oliva and J. Putnam, Galleria d'Arte Moderna e Contemporanea in San Gimignano, Pistoia 2004; *Isabella Stewart Gardner Museum. Guide to Contemporary Art. Special Edition Joseph Kosuth*, Milan, 2003; *Orizzonti*, exhibition catalogue, edited by A. Bonito Oliva and S. Risaliti, Forte di Belvedere in Florence, Milan 2003; *Ripensare il Vero (B.C.) Joseph Kosuth*, Naples 2002.

Marisa Merz
Torino/Turin (Italy), 1928

Dalla fine degli anni sessanta Marisa Merz ha elevato a pratica artistica un'attività tradizionalmente legata alla condizione femminile e ai processi artigianali.
Attraverso la tessitura l'artista crea delicate strutture, come nel caso delle celebri «Scarpette» (1968) in nylon lavorato a maglia, realizzate sulla misura del suo piede. Nella continua sperimentazione delle possibilità espressive della materia, Marisa Merz utilizza anche elementi naturali o dallo stato mutevole, come cera e sale. Intimi e visionariamente suggestivi, i suoi lavori sono spesso pensati per spazi aperti, situazioni particolari come una spiaggia, oppure disposti sulle pareti di luoghi espositivi in forma di agglomerati pulsanti, quasi a suggerire l'idea di creature viventi.
Le «Testine», che l'artista realizza da oltre un ventennio, sono caratterizzate da una fisicità chiaroscurale, da un silenzio urlante nella loro privazione delle caratteristiche peculiari del ritratto. Presenze antropomorfe che si manifestano come epifanie dello sguardo.
L'opera di Marisa Merz sgorga da un continuo interrogare la vita, la realtà delle cose e l'astrazione delle idee e dei sentimenti.

Bibliografia selezionata
Marisa Merz, catalogo della mostra, testo di D. Schwarz, Barbara Gladstone Gallery - New York, Torino 2004; *Orizzonti*, catalogo della mostra, a cura di A. Bonito Oliva e S. Risaliti, Forte di Belvedere - Firenze, Milano 2003; *Marisa Merz*, catalogo della mostra, Marian Goodman Gallery - Parigi, Torino 2002.

Since the end of the 1960s, Marisa Merz has elevated a traditionally female activity and handicraft to the status of art.
Through weaving the artist creates delicate structures, such as the famous *Scarpette* [Shoes] (1968) in knitted nylon produced to the size of her foot. In constant experimenting with the expressive qualities of materials, Marisa Merz also uses natural, or transforming, elements, such as wax and salt. Intimate and visionary, her works are often conceived for open spaces or particular sites, such as a beach, or are placed on exhibition walls as pulsing agglomerates, almost evoking living creatures. The *Testine* [Heads], which the artist has produced for more than twenty years, are characterised by a chiaroscuro physicalness and by a screaming silence arising from the lack of the particular traits of portraiture. They are anthropomorphic presences that appear as epiphanies of the gaze.
Marisa Merz's work emerges from her constant questioning of life, the reality of things and the abstraction of ideas and feelings.

Selected bibliography
Marisa Merz, exhibition catalogue, essay by D. Schwarz, Barbara Gladstone Gallery in New York, Turin 2004; *Orizzonti*, exhibition catalogue, edited by A. Bonito Oliva and S. Risaliti, Forte di Belvedere in Florence, Milan 2003; *Marisa Merz*, exhibition catalogue, Marian Goodman in Paris, Turin 2002.

Liliana Moro

Milano/Milan (Italy), 1961

Liliana Moro esplora la sfera delle identità individuali in rapporto ai condizionamenti sociali del vissuto quotidiano, utilizzando una varietà di mezzi espressivi tra cui disegno, scultura, video, installazioni ambientali e sonore.

Ultimamente la sua ricerca si è allargata a un più diretto coinvolgimento dello spazio espositivo inteso come involucro metaforico di un'esperienza personale. I lavori nascono in sinergia con e per il luogo, spesso alterato nella sua prima accezione a favore di una nuova ricontestualizzazione.

Anche in «This is the end» (2004) Liliana Moro agisce sullo slittamento di identità della stanza camuffandone l'aspetto reale. Un passaggio fisico e ideale, in cui ci si trova davanti un «muro» di scotch isolante dove all'osservatore non resta che intuire quello che si nasconde dietro. L'accesso è vietato, occorre abbassarsi per poter intravedere qualcosa, mentre la curiosità è accresciuta da un rumore di scimmie che urlano. Uno zoo fantasma che diventa attraente quanto più si sottrae, solleticando il desiderio di conoscenza per ciò che sfugge.

«This is the end» è un ribaltamento della convenzionalità del rapporto osservatore-osservato, una sollecitazione a porre lo sguardo sui «margini» e sugli schematismi dell'esperienza visiva.

Bibliografia selezionata

Liliana Moro. La fidanzata di Zorro, catalogo della mostra, a cura di L. Parmesani e C. Casorati, Fondazione Ambrosetti - Brescia, Milano 2004; *Le opere e i giorni*, catalogo della mostra, a cura di A. Bonito Oliva, Certosa di San Lorenzo - Padula (Salerno), Milano 2004; *1a Bienal de Valencia. Comunicación entre las artes*, catalogo della mostra, testo di A. Bonito Oliva, Milano 2001.

Liliana Moro explores the sphere of individual identities in relationship to the social conditions of everyday life, using a variety of expressive means, among which drawing, sculpture, video, environmental installations and sound.

Recently, her research has widened to include a more direct involvement of the exhibition space understood as the metaphoric shell of personal experience. The works emerge in symbiosis with and for the place, often altered in favour of a new arrangement.

In *This is the end* (2004), Liliana Moro also acts on the shift in the room's identity, disguising its real aspect. It is a physical and ideal passage, in which the visitor finds himself in front of a 'wall' of scotch tape and can only imagine what is hidden behind it. Entry is prohibited; it is necessary to bend right down in order to see something, while one's curiosity is increased by the sounds of screeching monkeys. A ghost zoo that becomes attractive the more things are removed from it, stimulating a desire to know about what is not there.

This is the end overturns the conventional observer-observed relationship; it is a request to look at the 'margins' and the schemes of the visual experience.

Selected bibliography

Liliana Moro. La fidanzata di Zorro, exhibition catalogue, edited by L. Parmesani and C. Casorati, Fondazione Ambrosetti in Brescia, Milan 2004; *Le opere e i giorni*, exhibition catalogue, edited by A. Bonito Oliva, Certosa di San Lorenzo in Padula (Salerno), Milan 2004; *1a Bienal de Valencia. Comunicación entre las artes*, catalogue, essay by A. Bonito Oliva, Milan 2001.

Maurizio Nannucci

Firenze/Florence (Italy), 1939

Dopo aver partecipato negli anni sessanta alle sperimentazioni artistiche internazionali, con particolare attenzione alle strutture linguistiche e all'utilizzo dei nuovi media, Maurizio Nannucci ha sviluppato la sua ricerca sulle potenzialità espressive della luce sul piano verbale-visivo.

L'artista esplora le complesse relazioni tra arte, linguaggio e immagine attraverso l'utilizzo di media diversi: neon, fotografia, video, suono, edizioni e libri d'artista, focalizzandosi sull'analisi dei processi di fruizione dei codici di lettura. Sono del 1967 i primi testi in neon che apportano al suo lavoro una dimensione più varia di significati e una nuova percezione dello spazio. L'attenzione dell'artista si è sempre rivolta verso il rapporto opera, architettura e paesaggio urbano, creando i presupposti per un'integrazione tra ambiente, linguaggio, colore e luce, divenuti elementi centrali nel suo lavoro.

A Palazzo Cavour, Nannucci presenta due grandi installazioni luminose interamente giocate sulla specularità. La sua ricerca continua a esprimere una profonda riflessione sui rapporti tra cultura e società e sull'evoluzione dei modelli comunicativi e di percezione.

Bibliografia selezionata
Maurizio Nannucci, catalogo della mostra, a cura di B. Schwabsky e S. Risaliti, Bury Art Gallery Museum, Manchester 2005; *Orizzonti*, catalogo della mostra, a cura di A. Bonito Oliva e S. Risaliti, Forte di Belvedere - Firenze, Milano 2003; J.-P. Criqui, *Maurizio Nannucci*, in «Les Cahiers du Musée National d'Art Moderne», n. 83, primavera 2003; *Maurizio Nannucci. «Nothing is original»*, catalogo della mostra, a cura di N. Nobis e G. Detterer, Sprengel Museum, Hannover 2002.

After taking part in international art experimenting of the 1960s, with particular attention to linguistic structures and the use of new media, Maurizio Nannucci developed his research on the expressive potential of light on the verbal-visual level.
The artist explores the complex relationships between art, language and image through the use of various media: neon, photography, video, sound, publications and artists' books, focusing on the analysis of processes of fruition of interpretative codes. His first texts in neon date to 1967, endowing his work with more varied levels of meaning and a new perception of space. The artist's attention is always focused on the relationship work-architecture-urban landscape, creating the prerequisites for integration between environment, language, colour and light, central elements in his work.
In Palazzo Cavour, Nannucci presents two large monochrome luminous installations that play on mirroring. His ideas continue to express deep reflection on the relationships between culture and society and on the evolution of models of communication and perception.

Selected bibliography
Maurizio Nannucci, exhibition catalogue, edited by B. Schwabsky and S. Risaliti, Bury Art Gallery Museum, Manchester 2005; *Orizzonti*, exhibition catalogue, edited by A. Bonito Oliva and S. Risaliti, Forte di Belvedere in Florence, Milan 2003; J.-P. Criqui, "Maurizio Nannucci", in *Les Cahiers du Musée National d'Art Moderne*, no. 83, spring 2003; *Maurizio Nannucci, "Nothing is Original"*, exhibition catalogue, edited by N. Nobis and G. Detterer, Sprengel Museum, Hanover 2000.

Mimmo Paladino
Paduli (Benevento, Italy), 1948

L'opera di Mimmo Paladino, esponente della Transavanguardia, è intrisa di memoria. I suoi lavori instaurano un libero dialogo con le forme del passato, attingendo da un vocabolario visivo che recupera una tradizione di impronta primitivistica.
Dai primi anni ottanta l'artista sperimenta superfici di grandi dimensioni, introducendo nelle sue tele elementi scolpiti e iniziando a muoversi in varie direzioni (pittura, scultura, grafica), allentando i confini tra le varie pratiche artistiche.
«Selvatico» (1979) è infatti un «monolite» dipinto su entrambi i lati, dal forte impatto scultoreo. Il *recto* è dominato dalle tonalità calde del giallo e dall'evocazione figurativa di un tratto suggestivamente semplificato, mentre il *verso* si stempera nella calma del monocromo blu. Paladino raffigura un universo primordiale e magico, in cui l'immagine della zebra avvolta dal colore fiammeggiante rimanda a un mondo selvaggio, mentre il blu lapislazzulo dialoga con tutta una tradizione italiana di derivazione giottesca.
Le forme e le figure affiorano dal profondo dell'immaginario, da una serie di impulsi che mescolano e stratificano le esperienze visive: frammenti di storia che acquistano vita attraverso un intervento generatore di forza simbolica.

Bibliografia selezionata
Mimmo Paladino, catalogo della mostra, a cura di E. Di Martino e F. Scotton, Ca' Pesaro - Venezia, Milano 2005; *Mimmo Paladino. In scena*, catalogo della mostra, a cura di G. Spadoni, Museo d'Arte della Città di Ravenna, Milano 2005; *Paladino*, catalogo della mostra, a cura di R. Fuchs, Reggia di Caserta, Milano 2004; *Le opere e i giorni*, catalogo della mostra, a cura di A. Bonito Oliva, Certosa di San Lorenzo - Padula (Salerno), Milano 2004.

Mimmo Paladino's work is steeped in history. It establishes a free dialogue with forms of the past, drawing on a visual vocabulary that restores elements of a primitive tradition.
Since the early 1980s, the artist has experimented with large-size surfaces, introducing carved elements into his canvases and beginning to move in various directions - painting, sculpture, graphics - stretching the boundaries

between the various artistic disciplines.
Selvatico [Wild] (1979), is a 'monolith' painted on both sides, with a strong sculptural impact. The front is dominated by warm yellow tones and the figurative evocation of a suggestively simplified sign, while the back dissolves in a calm monochrome blue. Paladino depicts a magic primordial universe, where the image of a zebra enveloped in flaming colour recalls a wild world, while the lapis lazuli blue dialogues with an entirely Italian tradition deriving from Giotto.
Forms and figures emerge from the depths of imagination, from a series of impulses that mix and stratify visual experiences: fragments of history that acquire life through a symbolic generating act.

Selected bibliography
Mimmo Paladino, exhibition catalogue, edited by E. Di Martino and F. Scotton, Ca' Pesaro in Venice, Milan 2005; *Mimmo Paladino. In scena*, exhibition catalogue, edited by G. Spadoni, Museo d'Arte della Città di Ravenna, Milan 2005; *Paladino*, exhibition catalogue, edited by R. Fuchs, Reggia di Caserta, Milan 2004; *Le opere e i giorni*, exhibition catalogue, edited by A. Bonito Oliva, Certosa di San Lorenzo in Padula (Salerno), Milan 2004.

Michelangelo Pistoletto
Biella (Italy), 1933

All'inizio degli anni sessanta Michelangelo Pistoletto, esponente dell'Arte Povera, intraprende una ricerca che interviene radicalmente sui processi percettivi e di compimento dell'opera d'arte. Una ridefinizione dei codici visivi che parte dalle tele de «Il presente» (1961), in cui la figura è dipinta a dimensioni reali su fondi neri riflettenti, e passa dai «Quadri specchianti» (1962), dove l'immagine è ritagliata e applicata su lastre d'acciaio lucidato che riflettono osservatore e ambiente circostante.
Da questi lavori, alle performance del Gruppo Zoo e alle installazioni poveriste, l'artista ha seguito un percorso di interazione connesso all'idea di molteplicità e di incontro tra persone, spazi e tempi differenti, idealmente approdato al coinvolgimento più esplicito della sfera sociale. Da «Progetto Arte» (1994) Pistoletto avvia una riflessione sul rapporto tra artista e collettività da cui è nata la «Cittadellarte» a Biella, attiva nella realizzazione di progetti legati a una trasformazione sociale responsabile.
La «Biblioteca» (2000), un grande armadio a parete che raffigura sulle porte esterne i paesi del Mediterraneo specchianti, è l'eloquente espressione di «Love Difference - Movimento Artistico per una Politica InterMediterranea», nato con lo scopo di favorire la conoscenza e le connessioni tra culture diverse. La struttura, a cui fanno fronte ventitré *appliques* luminose simbolo dei paesi dell'area, coniuga idealmente passato e futuro: come deposito di sapere e specchio di un mare in cui si riflette l'avvenire di una civiltà.

Bibliografia selezionata
L'isola interiore: l'arte della sopravvivenza, catalogo della mostra, a cura di A. Bonito Oliva, Milano 2005; *Azione-comunic-azione*, catalogo della mostra, testo di A. Bonito Oliva, Oredaria - Roma, Milano 2005; M. Farano, M. C. Mundici e M. T. Roberto, *Michelangelo Pistoletto. Il varco dello specchio. Azioni e collaborazioni*, Torino 2005; *Le opere e i giorni*, catalogo della mostra, a cura di A. Bonito Oliva, Certosa di San Lorenzo - Padula (Salerno), Milano 2004; *Michelangelo Pistoletto & Cittadellarte*, catalogo della mostra, a cura di P. Gielen, MuHKA, Anversa 2003.

At the beginning of the 1960s, Michelangelo Pistoletto initiated research that radically intervened on the perceptive and productive processes of art. He redefined visual codes from *Il Presente* [The Present] (1961), in which the figure is painted life size on black reflecting surfaces, and the *Quadri specchianti* [Mirroring Pictures] (1962), where the image is cut out and applied to sheets of steel that reflect the observer and surrounding environment.
From these works to the performance of the Gruppo Zoo to his Arte Povera installations, the artist has pursued a path of interaction, linked to the idea of multiplicity and meeting between different people, spaces and times, ideally approaching the more explicit implication of the social sphere. In *Progetto Arte* [Art Project] (1994), Pistoletto initiated a reflection on the relationship between artist and collectivity, from which the 'Cittadellarte', or town of art, in Biella originated, active in realising projects connected to responsible social transformation.
Biblioteca [Library] (2000), a large wall wardrobe depicting the mirrored countries of the Mediterranean on its external doors, is the eloquent expression of "Love Difference - Movimento Artistico per una Politica

InterMediterranea" [Love Difference - Art Movement for InterMediterranean Politics], founded with the aim of encouraging knowledge of and exchanges with different cultures. Faced by twenty-three light appliques, symbol of the countries in the area, the structure ideally combines past and future as a deposit of knowledge and mirror of a sea in which the future of a civilisation is reflected.

Selected bibliography

L'isola interiore: l'arte della sopravvivenza, exhibition catalogue, edited by A. Bonito Oliva, Milan 2005; *Azione-comunic-azione*, exhibition catalogue, essay by A. Bonito Oliva, Oredaria in Rome, Milan 2005; M. Farano, M. C. Mundici and M. T. Roberto, *Michelangelo Pistoletto. Il varco dello specchio. Azioni e collaborazioni*, Turin 2005; *Le opere e i giorni*, exhibition catalogue, edited by A. Bonito Oliva, Certosa di San Lorenzo in Padula (Salerno), Milan 2004; *Michelangelo Pistoletto & Cittadellarte*, exhibition catalogue, edited by P. Gielen, MuHKA, Antwerp 2003.

Luisa Rabbia

Torino/Turin (Italy), 1970

Luisa Rabbia esplora gli stati meno apparenti del rapporto tra uomo e ambiente attraverso performance, disegno, scultura e video. Una indagine che parte dal corpo inteso come *limen* tra l'interiorità e l'esteriorità dell'individuo, una ricerca incessante sui temi della memoria, della transitorietà del tempo e della vulnerabilità umana.

«Being staring at something» (2004) è parte di un ciclo di lavori incentrato sulla precarietà psicologica ed emotiva degli *homeless*, in cui l'artista indaga gli interstizi della mente e la dimensione di un mondo parallelo in cui vacilla il concetto di realtà.

La stanza si raccoglie intorno alla scultura di un'anziana donna avvolta negli stracci. Con il volto coperto e con lo sguardo impenetrabile, è un corpo ermetico di fronte al voyeurismo dell'osservatore, esposto ma al tempo stesso irraggiungibile nel suo paesaggio spirituale. L'intero ambiente è concepito come il luogo di un isolamento rispetto all'esterno, uno stato di sospensione in cui congelano tempo e spazio.

Un senso di solitudine, straniamento e fragilità percorre l'intero lavoro di Luisa Rabbia.

Bibliografia selezionata

Islands, catalogo della mostra, a cura di A. Bonito Oliva, Galleria d'Arte Moderna e Contemporanea, San Gimignano, Pistoia 2005; *La forma delle nuvole. Arte All'Arte IX*, catalogo della mostra, a cura di A. Bonito Oliva e J. Putnam, Galleria d'Arte Moderna e Contemporanea - San Gimignano, Pistoia 2004; L. Pratesi, P. Marino e L. Semerari, *NEXT ART. 20 Musei scelgono l'arte di domani*, Bari 2002.

Luisa Rabbia explores the less apparent states in the relationship between man and the environment through performance, drawing, sculpture and video. Her investigation starts from the body understood as *limen* between an individual's interiority and exteriority; constant research on the subject of memory, the fleetingness of time and human vulnerability.

Being staring at something (2004) is part of a cycle of work centring on the psychological and emotional precariousness of the homeless, in which the artist investigates the interstices of the mind and the dimension of a parallel world in which the concept of reality vacillates.

The room converges on the sculpture of an elderly woman enveloped in rags. Her face is covered, her gaze impenetrable, a hermetic body in front of the observer, exposed and yet unreachable at the same time in its spiritual passage. The whole environment has been conceived as a place of isolation with respect to the exterior. A state of suspension in which time and space freeze.

A sense of solitude, alienation and fragility run through all Luisa Rabbia's work.

Selected bibliography

Islands, exhibition catalogue, edited by A. Bonito Oliva, Galleria d'Arte Moderna e Contemporanea in San Gimignano, Pistoia 2005; *La forma delle nuvole, Arte All'Arte IX*, exhibition catalogue, edited by A. Bonito Oliva and J. Putnam, Galleria d'Arte Moderna e Contemporanea in San Gimignano, Pistoia 2004; L. Pratesi, P. Marino and L. Semerari, *NEXT ART. 20 Musei scelgono l'arte di domani,* Bari 2002.

Remo Salvadori

Cerreto Guidi (Firenze/Florence, Italy), 1947

Dai primi anni settanta Remo Salvadori impiega la fotografia oppure gli oggetti comuni per disseminarli in uno spazio inteso come fonte di energia. Forme geome-

triche, o particolari immagini ricorrenti, assumono una forte valenza filosofica, interpretate come emblemi di stati dell'esistenza ed entità cosmiche e in continuo dialogo con lo spirito del luogo che le accoglie.
A Palazzo Cavour l'artista ha installato due opere: «Nel momento» (1996) e «Triade» (2004-2005). Nella prima l'intervento di taglio e ripiegatura su un foglio di piombo produce configurazioni sempre diverse, rivelando l'espressività più intima del materiale e trasformandone la superficie in una sinfonia visiva. Nella seconda l'artista realizza intensi acquerelli tridimensionali che evocano l'essenza del colore.
Salvadori crea una costellazione in cui oggetti e valori numerici alludono a una forma simbolica: il rombo come espressione di fecondità e sensualità, il triangolo metafora di luce, il sette come rimando agli stadi della conoscenza del sé nella simbologia *chakra*. Espressione di una sacralità laica che regola una profonda visione della realtà.

Bibliografia selezionata
L'osservatore non l'oggetto osservato, catalogo della mostra, a cura di C. Bertola, Fondazione Querini Stampalia - Venezia, Milano 2005; *Il Cantiere Remo Salvadori*, San Quirico d'Orcia, Siena-Prato 2004; *Le opere e i giorni*, catalogo della mostra, a cura di A. Bonito Oliva, Certosa di San Lorenzo - Padula (Salerno), Milano 2004; *Libro aperto*, testi di G. Celant, F. Giommi, G. Poldi e P. Tazzi, Pisa 2004.

Since the early 1970s, Remo Salvadori has used photography or common objects, spreading them in a space understood as a fount of energy. Geometric forms, or details of recurrent images, take on strong philosophical value, interpreted as emblems of states of existence and cosmic entities in constant dialogue with the spirit of the place that houses them.
In Palazzo Cavour, Salvadori has installed two works: *Nel momento* [In the Moment] (1996) and *Triade* [Triad] (2004-2005). In the first, the cutting and folding on a sheet of lead produces different configurations, revealing the most intimate expressivity of the material and transforming its surface into a visual symphony. In the second, the artist has made intense three-dimensional watercolours that evoke the essence of colour.
Salvadori creates a constellation where objects and numeric values allude to a symbolic form: the rhombus expresses fecundity and sensuality; the triangle is a metaphor for light; seven refers to the stages of self-knowledge in the chakra symbology. An expression of secular sacredness that governs a profound vision of reality.

Selected bibliography
L'osservatore non l'oggetto osservato, exhibition catalogue, edited by C. Bertola, Fondazione Querini Stampalia in Venice, Milan 2005; *Il Cantiere Remo Salvadori*, San Quirico D'Orcia, Siena-Prato 2004; *Le opere e i giorni*, exhibition catalogue, edited by A. Bonito Oliva, Certosa di San Lorenzo in Padula (Salerno), Milan 2004; *Libro aperto*, essays by G. Celant, F. Giommi, G. Poldi and P. Tazzi, Pisa 2004.

Ettore Spalletti
Cappelle sul Tavo (Pescara, Italy), 1940

L'opera di Ettore Spalletti è sospesa tra pittura e scultura. L'artista parte dall'esperienza visiva per arrivare a forme primarie attraverso un processo di astrazione in cui il colore ha una valenza centrale. Steso e modulato come materia sulle superfici, esso contribuisce a ridefinire e ad allentare concettualmente le consuete divisioni di genere tra le pratiche artistiche. L'azzurro in primo luogo, ma anche il rosa, il grigio, l'arancione e il giallo rimandano nelle opere di Spalletti a un'idea di bellezza pura, di tensione verso l'infinito, che si ricollega idealmente alla forza cromatica della pittura antica.
«Colore che restituisce e accoglie. Muro» (2002) si allontana dalla tipologia del dipinto bidimensionale per situarsi tra installazione ambientale e scultura. L'artista ha concepito una stanza nella stanza, uno scrigno in cui l'opera sembra fluttuare nello spazio. Come consuetudine, la cromia è stesa sulla superficie attraverso una forte manualità che lascia intravedere tracce, anche se minime, di passaggi operativi che costituiscono il tempo biologico dell'opera, rendendola organismo pulsante.

Bibliografia selezionata
Ettore Spalletti, catalogo della mostra, Henry Moore Institute, Leeds 2005; *Ettore Spalletti*, catalogo della mostra, a cura di A. García, Fundación La Caixa, Madrid 2000; *Le stanze dell'arte*, catalogo della mostra, a cura di G. Belli, MART Rovereto (Trento), Milano 2002; *Singular Forms (Sometimes Repeated): Art from 1951 to the Present*, catalogo della mostra, a cura di L. Dennison e N. Spector, New York 2004.

Ettore Spalletti's work is suspended between painting and sculpture. The artist starts from visual experience to arrive at primary forms through a process of abstraction in which colour plays a central role. Laid and modulated as material on the surface, it helps redefine and conceptually relax the habitual divisions between artistic practices. In the first place, in Spalletti's works, light blue, but also pink, grey, orange and yellow refer to an idea of pure beauty and tension towards the infinite, which ideally links up with the chromatic force of antique painting.
Colore che restituisce e accoglie. Muro [Colour that Returns and Receives. Wall] (2002) moves away from two-dimensional painting to find its place between environmental installation and sculpture. The artist has conceived a room in a room, a sort of case in which the work seems to float in space. The colour is spread over the surface in a very physical way, revealing minimum traces of previous working layers that constitute the biological time of the work, making it a pulsating organism.

Selected bibliography
Ettore Spalletti, exhibition catalogue, Henry Moore Institute, Leeds 2005; *Le stanze dell'arte*, exhibition catalogue, edited by G. Belli, MART Rovereto (Trento), Milan 2002; *Ettore Spalletti*, exhibition catalogue, edited by A. García, Fundación La Caixa, Madrid 2000; *Singular Forms (Sometimes Repeated): Art from 1951 to the Present*, exhibition catalogue, edited by L. Dennison and N. Spector, New York 2004.

Nikola Uzunovski
Belgrado/Belgrade (Serbia), 1979

«A partire dall'invito di Vezio Tomasinelli e Achille Bonito Oliva di partecipare a una mostra sul bianco e sul monocromo, ho creduto pertinente trasmettere l'invito a esporre a Nikola Uzunovski, artista che ha sviluppato in maniera impegnata un lavoro di riflessione sul bianco e sulla sua rappresentazione.
Muntadas presenta/propone una forma per trasmettere questo invito e allo stesso tempo fare un commento sulla curatela di una mostra a tema e sull'importanza di proporre un lavoro idoneo in relazione al tema».
Muntadas, Venezia, giugno 2005

Nikola Uzunovski sviluppa una complessa ricerca di natura concettuale che spazia dall'utilizzo delle nuove tecnologie digitali, alle installazioni ambientali, ai progetti di arte pubblica.
«Snow» è un *work in progress* che vede l'artista impegnato a fotografare la neve in varie parti del mondo. Il risultato di ogni stampa è un foglio completamente bianco, visivamente simile anche se continuamente diverso in quanto testimonianza delle diverse peculiarità di ogni luogo. La serie di pannelli monocromi veicola una riflessione sulla percezione soggettiva in rapporto a quella collettiva e afferma l'importanza di un'esperienza personale nella fruizione dell'oggetto artistico.

Bibliografia selezionata
Nikola Uzunovski. Drops, catalogo della mostra, Center for Contemporary Arts, galleria Kursumli An, Skopje 2005; *Transmission.04*, a cura di ProgettoZero (+), Bassano del Grappa 2004; *88.ma*, catalogo della mostra, a cura di M. Ferraris e S. Coletto, Fondazione Bevilacqua la Masa, Venezia 2004.

"I believed it pertinent to extend the invitation from Vezio Tomasinelli and Achille Bonito Oliva to take part in an exhibition on white and on monochrome to Nikola Uzunovski, an artist who has developed her research on white and its representation in a very committed way.
Muntadas presents/proposes a form for transmitting this invitation and at the same time for commenting on the curating of a theme exhibition and the importance of proposing a suitable work for the theme."
Muntadas, Venice, June 2005

Nikola Uzunovski develops complex research of a conceptual nature that moves from new digital technologies to environmental installations, to projects of public art. *Snow* is a work in progress in which the artist photographs snow in various parts of the world. The result of every print is a completely white sheet, visually similar if constantly different, since it testifies to the diverse details in every place. A series of monochrome panels reflect on subjective perception in relationship to collective perception. It affirms the importance of personal experience in the fruition of the art object.

Selected bibliography
Nikola Uzunovski. Drops, exhibition catalogue, Center for Contemporary Arts, Galleria Kursumli An Skopje, Skopje 2005; *Transmission.04*, edited by ProgettoZero (+), Bassano del Grappa 2004; *88.ma*, exhibition catalogue, edited by M. Ferraris and S. Coletto, Fondazione Bevilacqua la Masa, Venice 2004.

Gilberto Zorio

Andorno Micca (Biella, Italy), 1944

Lo studio dell'espressività dei materiali, della tensione gravitazionale e dell'energia fisica e chimica sono alcune costanti che attraversano il lavoro di Gilberto Zorio, esponente dell'Arte Povera.
Zorio analizza le reazioni di metalli e acidi, realizzando «trasmutatori di energia» dalle forme più svariate: alambicchi, tubature, resistenze elettriche. L'interazione degli elementi dà vita a un continuo mutamento in cui l'intervento umano è messo in discussione e la completa realizzazione dell'opera è affidata alle sostanze impiegate e al tempo.
Dai primi anni settanta ricorre nelle sue installazioni la stella a cinque punte realizzata in diversi materiali (rame, terracotta, cristallo), oppure impressa sulle superfici con la fiamma ossidrica, come emblema dell'energia cosmica.
Questo simbolo continua a essere centrale anche nei lavori più recenti come «L'arco che sorregge la stella» (2004), in cui le trasformazioni chimiche scaturite dall'accostamento di nature differenti contribuiscono a creare un'opera viva.

Bibliografia selezionata
Gilberto Zorio. Il 14 novembre si apre, catalogo della mostra, testo di A. Bonito Oliva, Oredaria - Roma, Milano 2004; *Le opere e i giorni*, catalogo della mostra, a cura di A. Bonito Oliva, Certosa di San Lorenzo - Padula (Salerno), Milano 2004; M. Bertoni e A. Fiz, *Gilberto Zorio*, Milano 2004 (con bibliografia precedente).

The study of the expressive qualities of materials, gravitational tension and physical and chemical energy are some of the constants in Gilberto Zorio's work, a member of the Arte Povera group.
The artist analyses the reactions of metals and acids, creating 'transmuters of energy' from the most varied forms: alembics, piping, electric resistances. The interaction of the elements gives rise to constant change in which human intervention is questioned and the finishing of the work is left to the substances used and to time.
Since the early 1970s, the five-pointed star recurs frequently in his work, in various materials - copper, terracotta, crystal - or impressed on surfaces with the oxyhydrogen flame, as a symbol of cosmic energy.
This symbol continues to occupy a central position in his most recent works, such as *L'arco che sorregge la stella* [The Arch that Supports the Star] (2004), where the chemical transformations caused by juxtaposing material of different natures help to create a living work.

Selected bibliography
Gilberto Zorio. Il 14 novembre si apre, exhibition catalogue, essay by A. Bonito Oliva, Oredaria in Rome, Milan 2004; *Le opere e i giorni*, exhibition catalogue, edited by A. Bonito Oliva, Certosa di San Lorenzo in Padula (Salerno), Milan 2004; M. Bertoni and A. Fiz, *Gilberto Zorio*, Milan 2004 (with preceding bibliography).

NOTA BIOGRAFICA DI ACHILLE BONITO OLIVA

Achille Bonito Oliva è critico d'arte e docente di storia dell'arte contemporanea alla Facoltà di Architettura dell'Università «La Sapienza» di Roma. Ha curato mostre in Italia e all'estero, tra le quali «Vitalità del negativo nell'arte italiana» (1970), la partecipazione italiana alla «VII Biennale di Parigi» (1971), «La delicata scacchiera, Marcel Duchamp 1902-1968» (1973), «Contemporanea - arte» (1973), «Aperto '80» (1980), «Wahrol verso De Chirico» (1981), «Avanguardia transavanguardia 68-77» (1982), «Biennale di Sydney» (1982), «XIII Biennale di Parigi» (1985), «Ubi Fluxus ibi Motus» (1990), «Biennale di San Paolo» (1986), «Minimalia» (1997), «Biennale di Dakar» (1998), «Tribù dell'Arte» (2000), «Le opere e i giorni» (2002).
Ad Achille Bonito Oliva sono stati assegnati il premio della critica «Flash Art International» (1982), il primo premio internazionale «Tevere» (1986), il cavalierato per l'ordine delle arti e lettere della Repubblica francese (1992), il premio «Europa Festival» di Locarno (1995), il premio «Festival di Giffoni Vallepiana» (1996), il premio «Pino Pascali» per la critica d'arte di Polignano a Mare (1997), il premio «Fregene» per la saggistica e la critica d'arte (2000), la medaglia d'oro del Presidente della Repubblica Austriaca (2003) e della Repubblica Italiana (2004) per la Cultura e l'Arte, il premio per la critica «Biennale di Pechino» (2005).
Curatore culturale degli Incontri internazionali d'arte e dell'Electronic Art Café. Consulente per la Metropolitana di Napoli. Direttore degli Annali delle Arti per la regione Campania, consulente per le arti della Fondazione Orestiadi di Gibellina. Presidente del Comitato Scientifico del Museo MADRE di Napoli e membro del MART di Rovereto. Scrive per il quotidiano «la Repubblica». È stato curatore generale della 45ª edizione della Biennale di Venezia (1993): «Punti cardinali dell'Arte».
Tra le sue pubblicazioni: *Il territorio magico* (1971); *L'ideologia del traditore* (1976); *Le avanguardie diverse. Europa / America* (1976); *Vita di Marcel Duchamp* (1976); *Passo dello strabismo* (1978); *La transavanguardia italiana* (1980); *La transavanguardia internazionale* (1982); *Superarte* (1988); *Oggetti di turno* (1996); *Gratis. A bordo dell'arte* (2000); *I fuochi dello sguardo - Musei che reclamano attenzione* (2004); *Lezione di boxe* (2005).

BIOGRAPHICAL NOTES ON ACHILLE BONITO OLIVA

Achille Bonito Oliva is an art critic and lecturer in the history of contemporary art at the Faculty of Architecture in the University La Sapienza in Rome. He has curated exhibitions in Italy and abroad, among which "Vitalità del negativo nell'arte italiana" (1970), the Italian participation in the "7th Biennial of Paris" (1971), "La delicata scacchiera, Marcel Duchamp 1902-1968" (1973), "Contemporanea - arte" (1973), "Aperto '80" (1980), "Warhol verso De Chirico" (1981), "Avanguardia transavanguardia 68-77" (1982), "Biennial of Sydney" (1982), "13th Biennial of Paris" (1985), "Ubi Fluxus ibi Motus" (1990), "Biennial of San Paolo" (1986), "Minimalia" (1997), "Biennial of Dakar" (1998), "Tribù dell'Arte" (2000), and "Le opere e i giorni" (2002).
Achille Bonito Oliva has been assigned the "Flash Art International" critic's award (1982); the first international "Tevere" award (1986); he was made a knight of the order of arts and letters of the French Republic (1992); he received the "Europa Festival" of Locarno award (1995); the "Festival di Giffoni Vallepiana" award (1996); the "Pino Pascali" award for art criticism in Polignano a Mare (1997); the

"Fregene" award for essay-writing and art criticism (2000); the gold medal of the president of the Republic of Austria (2003) and the Republic of Italy (2004) for Culture and Art; and the "Biennial of Peking" critic's award (2005).
Cultural curator of the international art meetings and of the Electronic Art Café. Consultant for the Metropolitana in Naples. Editor of the *Annali delle Arti* for the Campania region and arts consultant for the Orestiadi Foundation in Gibellina. President of the Scientific Committee of the MADRE Museum in Naples and member of the MART in Rovereto. He writes for the daily *La Repubblica*. He was the overall curator of the 45th edition of the Venice Biennale (1993): "Punti cardinali dell'Arte".
Among his publications: *Il territorio magico* (1971); *L'ideologia del traditore* (1976); *Le avanguardie diverse. Europa / America* (1976); *Vita di Marcel Duchamp* (1976); *Passo dello strabismo* (1978); *La transavanguardia italiana* (1980); *La transavanguardia internazionale* (1982); *Superarte* (1988); *Oggetti di turno* (1996); *Gratis. A bordo dell'arte* (2000); *I fuochi dello sguardo - Musei che reclamano attenzione* (2004); *Lezione di boxe* (2005).

DESKTOP PUBLISHING CARLO NEPOTE
FOTOLITO FOTOMEC, TORINO
FINITO DI STAMPARE NEL MESE DI OTTOBRE 2005
PRESSO CAST, MONCALIERI (TORINO)